Karin Sorger

# Das Geheimnis des Glücks ist die Freiheit

**das Geheimnis der Freiheit aber ist der Mut**

## Der lange Weg von Ost nach West

Helios

Layout und Graphik:     Dieter Winkle
Cover vorn Foto:     Nikolaikirche Leipzig Gbecker 248
Cover hinten Foto:     Beatrix Krone

Impressum

© Copyright 2016 by
Helios Verlags- und Buchvertriebsgesellschaft
Postfach 39 01 12, 52039 Aachen
Tel.: (02 41) 55 54 26; Fax: (02 41) 55 84 93
eMail: Helios-Verlag@t-online.de
**www.helios-verlag.de**
Bitte fordern Sie beim Verlag aktuelle Informationen zu lieferbaren Titeln an.

ISBN 978-3-86933-151-5

Für meine Enkel Philipp, Jakob und Johannes

# Inhalt

# Vorwort
## Der Rausch der Freiheit

Die Erfahrungen mit politischer Strafjustiz im SED-Staat zählten, neben der Kritik an staatlicher Willkür, an ineffektiver Planwirtschaft und an wachsender Umweltverschmutzung, zu den verbotenen Themen in der DDR-Literatur 1949-89. Wie Monika Marons Roman „Flugasche" (1981), um ein Beispiel zu nennen, über lebensgefährliche Rauchgifte im Bitterfelder Industrierevier von keinem DDR-Verlag gedruckt werden konnte, so durften auch politische Häftlinge, die es offiziell überhaupt nicht gab, bei Strafe erneuter Festnahme und Verurteilung wegen „staatsfeindlicher Hetze", von ihren Erlebnissen in Gefängnissen, Zuchthäusern und Arbeitslagern nicht einmal im Verwandten- und Freundeskreis berichten.

Eine Lockerung dieses Verbots gab es erst 1989, als Christoph Heins Erzählung „Der Tangospieler" am 18. Mai in der Ostberliner Buchhandlung „Internationales Buch" der Öffentlichkeit vorgestellt wurde. Dass dieses Buch überhaupt erscheinen konnte, war dem absehbaren Untergang des DDR-Sozialismus geschuldet, der noch im gleichen Jahr mit dem Fall der Berliner Mauer am 9. November erfolgte.

In Heins Buch geht es um das Schicksal des Historikers Dr. Hans-Peter Dallow, Dozent für Neuere Geschichte an der Karl-Marx-Universität in Leipzig, der 1966 wegen „Verächtlichmachung Walter Ulbrichts" verhaftet und zu 21 Monaten Strafhaft verurteilt wird. Im Februar 1968 kehrt er aus dem Zuchthaus Waldheim nach Leipzig zurück und nimmt später eine Stelle als Kellner auf Hiddensee an, wo er mehr verdient als in seinem erlernten Beruf. Von den Zuständen im Zuchthaus Waldheim aber erfährt der Leser nichts, zumal die Handlung in die Zeit des SED-Vorsitzenden Walter Ulbricht 1949-71 verlegt ist und dadurch relativiert wird.

Von den weit über hundert Romanen und Erlebnisberichten aus DDR-Gefängnissen war Eva Müthels Roman „Für dich blüht kein Baum" (1957) der erste. Die 1927 im thüringischen Nordhausen geborene Studentin der Germanistik hatte Flugblätter verteilt und war 1948 zu 25 Jahren Zwangsarbeit verurteilt worden. Nach

sechs Jahren in den Zuchthäusern Bautzen, Hoheneck, Brandenburg und im Konzentrationslager Sachsenhausen wurde sie im
Januar 1954 freigelassen und floh nach Westberlin.

Das Zuchthaus Hoheneck in Stollberg/Erzgebirge wurde schon
1862 als „sächsisches Weiberzuchthaus" erwähnt. Es war die
größte Haftanstalt für straffällig gewordene Frauen im König-
reich Sachsen. Ein Jahr nach DDR-Gründung, 1950, wurde es zum
Gefängnis für weibliche politische Häftlinge, ausgelegt für 600
Frauen. Diese Belegung wurde aber fast immer überschritten,
zeitweise waren die Zellen mit mehr als 1600 Gefangenen überfüllt. Zwischen politischen und kriminellen Häftlingen wurde,
wie auch in anderen DDR-Zuchthäusern, nicht unterschieden,
im Gegenteil: die politischen wurden für weitaus gefährlicher
gehalten, da sie, so wurde argumentiert, die „sozialistische Ge-
sellschaftsordnung" hätten abschaffen und dadurch den Dritten
Weltkrieg hätten auslösen wollen.

Das erste Buch, worin ausführlich über die Zustände im Zuchthaus
Hoheneck informiert wurde, waren Ulrich Schachts „Hohenecker
Protokolle" (1984). Schacht, dessen Mutter selbst eine zehnjäh-
rige Haftstrafe in Hoheneck abzubüßen hatte, wurde 1951 im
Zuchthaus Hoheneck geboren und ist in Wismar, der Heimatstadt
seiner Mutter, aufgewachsen. Während seines Theologiestudi-
ums wurde er wegen „staatsfeindlicher Hetze" zu sieben Jahren
Strafhaft verurteilt und 1976 aus dem Zuchthaus Brandenburg
freigekauft, seit 1998 lebt er in Schweden. In seinem Buch hat er,
der als Lyriker bekannt wurde, elf Schicksale Hohenecker Frauen,
darunter das seiner Mutter und das seiner Ehefrau, aus den Jahren 1950 bis 1983 gebündelt.

Im gleichen Jahr 1984 erschien das Hoheneck-Buch „Stell dich
mit den Schergen gut" der 1937 geborenen Dresdnerin Ellen
Thiemann, die ein halbes Jahr nach der Entlassung, im Dezember 1975, ausreisen durfte und heute in Köln lebt. Als Ehefrau
des DDR-Sportreporters Klaus Thiemann in Ostberlin, der für die
„Staatssicherheit" arbeitete und über den sie später das Buch
schrieb „Der Feind an meiner Seite" (2005), erlebte sie in Hoheneck, mit welcher Grausamkeit der SED-Staat Bürger bestrafte,
die „Verbrechen" wie „Republikflucht" begangen hatten.

8

Die 1951 in Leipzig geborene Geigerin Eva-Maria Neumann ver-
brachte nach der Verurteilung 1977/78 anderthalb Jahre im
Zuchthaus Hoheneck, bevor sie freigekauft wurde. Seit 1982 ist
sie Geigenlehrerin an der „Städtischen Musikschule" in Aachen
und Mitglied im „Aachener Kammerorchester". Über ihre Jahre
in Hoheneck hat sie drei Jahrzehnte später das Buch „Sie nahmen mir nicht nur die Freiheit. Geschichte einer gescheiterten
Republikflucht" (2007) veröffentlicht. Um ihre dreijährige Tochter
nicht der sozialistischen Erziehung in Kindergarten und Schule
auszusetzen, plante sie seit 1976 mit ihrem Ehemann Dr. Rudolf
Neumann, der ihr Geigenlehrer an der Musikhochschule war, die
„Republikflucht" über Hirschberg nach Bayern. Am 19. Februar
1977 wurde sie mit Mann und Tochter aus dem Kofferraum des
Fluchtautos geholt, der „Staatssicherheit" in Leipzig überstellt und
zu drei Jahren Strafhaft verurteilt. Während der Haft erkrankte
die Geigerin an schwerem Gelenkrheuma und musste befürchten,
ihren Beruf nicht mehr ausüben zu können.

Das vorerst letzte Hoheneck-Buch haben Dorothea Ebert und ihr
Bruder Michael Proksch unter dem Titel „Und plötzlich waren wir
Verbrecher. Geschichte einer Republikflucht" (2010) veröffentlicht. Die Dresdner Musikstudenten und Geschwister Michael
Proksch (1958) und Dorothea Ebert (1960) unternahmen im
Sommer 1983 mit zwei Freunden einen Fluchtversuch über die
bulgarisch-jugoslawische Grenze. Sie wurden gestellt, verhaftet
und nach wochenlangen Verhören in bulgarischen Gefängnissen
an die „Staatssicherheit" in Ostberlin ausgeliefert. Anfang 1984
zu mehrjährigen Haftstrafen wegen „Republikflucht" verurteilt,
wurden die vier Studenten zur Jahreswende 1984/85 von der
Bundesregierung in Bonn freigekauft. Dorothea Ebert arbeitet
seit 1987 als Dozentin an der „Hochschule für Musik und Theater"
in München und ist seit 1988 als Geigerin Mitglied des „Bayeri-
schen Staatsorchesters". Michael Proksch lebt als freischaffender
Komponist in München.

Ihr Buch ist aus drei wechselnden Perspektiven geschrieben, in
denen die gescheiterte Flucht sowie die nachfolgende Haft Mi-
chaels in Cottbus und Brandenburg-Görden und die Dorotheas in
Hoheneck/Erzgebirge geschildert werden; die dritte Perspektive

ist die der Mutter Gertrud in Dresden, die nach dem Mauerfall 1989 aufgeschrieben hat, wie sie die Verhaftung ihrer beiden Kinder erlebte.

Karin Sorgers Buch ist weitaus breiter ausgelegt als andere Berichte über DDR-Gefängnisse, so spannend sie auch sein mögen. Ihr Buch ist eine Autobiografie, die auch ohne das Hoheneck-Erlebnis ein lesenswertes Buch geworden wäre. Während in anderen Haftbüchern fast immer nur Verhaftung, Verurteilung, Strafvollzug und Entlassung beschrieben werden, umfasst Karin Sorgers Bericht die Vorgeschichte der Verhaftung von der Kindheit in Magdeburg bis zur Einlieferung in Hoheneck.

Die Verfasserin, Jahrgang 1939, ist als „Karin Papendieck" bei Adoptiveltern in Magdeburg aufgewachsen. Ihr Vater war Bauingenieur und besaß eine Firma für Reparaturen und Neubauten von Fabrikschornsteinen, eine für die DDR-Wirtschaft unentbehrliche Spezialfirma. Karin Sorger erlebte als sechsjähriges Kind den Großangriff der angloamerikanischen Bomberflotte auf Magdeburg am 16. Januar 1945, bei dem 90 Prozent der Innenstadt zerstört wurden und nahezu 2500 Einwohner ihr Leben verloren, den Einmarsch der Amerikaner am 18. April und deren Ablösung durch Truppen der „Roten Armee" am 4. Juli. Die Firma des Vaters hatte einen Zweigbetrieb in Oberkochen/Ost-Alb, wohin die Familie 1950 übersiedeln wollte, zumal der Vater neben dem DDR-Ausweis auch einen westdeutschen Pass besaß. Die Fluchtpläne zerschlugen sich aber, als die Mutter 1950 nach einer Operation starb, noch keine 48 Jahre alt, und der Vater 1952 eine zweite Ehe eingegangen war.

Karin Sorger wurde zwar am Palmsonntag 1953 konfirmiert, war aber zugleich auch Mitglied der „Thälmannpioniere", der Vorstufe des Staatsjugendverbands „Freie Deutsche Jugend", der man mit 14 Jahren beitreten konnte. Diese Doppelmitgliedschaft in christlicher Kirche und atheistisch ausgerichtetem Jugendverband war zwingend notwendig, weil sie sonst nicht, trotz bester Schulnoten, im Herbst zur Geschwister-Scholl-Oberschule zugelassen worden wäre, zumal sie aus einem „bürgerlichen" Elternhaus kam und ihr Vater als „Kapitalist" galt. In dieser Zeit erfuhr sie von ihrem Vater auch den Umstand ihrer Adoption in ihren sehr frühen Jahren, was sie aber schon selbst herausgefunden hatte.

Als sie am 17. Juni 1953 mit dem Fahrrad durch die Magdeburger Innenstadt fuhr, sah sie auch die gegen die DDR-Regierung demonstrierenden Arbeiter, war aber zu jung, um sich diese hochpolitischen Vorgänge erklären zu können. Im Sommer 1957 bestand sie das Abitur mit „Auszeichnung" und vermerkte in ihren Bewerbungsunterlagen für die Universität, sie wolle, da sie auch eine gute Russisch-Schülerin war, entweder Slawistik oder Medizin studieren. Vor Beginn des Studiums stand der mehrwöchige Einsatz im Braunkohletagebau in der Umgebung von Leipzig. Auch während der Semesterferien waren für die Studenten immer mehrere Wochen Arbeitseinsätze zur Ernte verpflichtend, oder aber Einsatz in der Wische, einem Überflutungsgebiet der Elbe in der Altmark, dessen Entschlammung 1958/62 zum „Jugendobjekt" erklärt worden war. Der Schriftsteller Joachim Wohlgemuth (1932-1996) hat darüber den später auch verfilmten Roman „Egon und das achte Weltwunder" (1962) geschrieben. An den Abenden nach den „freiwilligen" Ernteeinsätzen, die mit dem Studium nicht das Geringste zu tun hatten, erfolgte die vormilitärische Ausbildung durch die 1950 gegründete „Gesellschaft für Sport und Technik" (GST): Die Studenten sollten schießen lernen, um den kriegslüsternen „Klassenfeind" in Westdeutschland abwehren zu können.

Karin Sorger studierte seit 1957 Medizin an der Leipziger Karl-Marx-Universität, wo hervorragende Professoren ihre akademischen Lehrer waren. Allerdings wurde ihr das Stipendium verweigert, weil ihr Vater nicht der Arbeiterklasse angehörte. Als er später aber mit seinem Betrieb einer „Produktionsgenossenschaft des Handwerks" (PGH) beitrat, wurde sie plötzlich zum Arbeiterkind, dem nun ein Stipendium zustand.

Das Jahr 1961 wurde für ihr privates und berufliches Leben zum Schicksalsjahr. Im Januar 1961, als sie gerade während der Semesterferien zu Besuch in Magdeburg war, erlitt ihr Vater einen Schlaganfall und starb an einer Lungenembolie. Wenige Wochen zuvor hatte sie ihre Leipziger Vermieter aufgelöst in der Wohnung vorgefunden: Sie hatten erfahren, dass sie von der „Staatssicherheit" verhaftet werden sollten, packten nur das Nötigste ein und flohen nach Westberlin. Karin lebte nun allein in der verlassenen Wohnung, durfte aber ihr Zimmer behalten, während die Räume der „Republikflüchtigen" von der „Staatssicherheit" versiegelt wurden.

Schon im zweiten Studienjahr hatte sie einen Arztsohn aus Greiz kennengelernt, der aus ähnlichen Familienverhältnissen wie sie selbst kam und mit dem sie im Sommer 1961 mit Zelt und Paddelboot an die Mecklenburgische Seenplatte fuhr. Dort hörten sie am 13. August 1961 im Kofferradio vom Mauerbau in Berlin. Im Frühjahr 1963 bestand sie ihr Staatsexamen mit „Sehr gut". Als sie ihre Doktorprüfung bestanden hatte, war sie noch nicht 24 Jahre alt. Die Trauung fand in der Leipziger Thomaskirche statt, in die Flitterwochen fuhren sie nach Mecklenburg. Danach folgte die einjährige Pflichtassistentenzeit am Kreiskrankenhaus in Suhl/Thüringen. Das, was sie dort lernte, war nicht nur für ihr Selbstverständnis als Ärztin wichtig. So erfuhr sie, dass manche Patienten, die als SED-Mitglieder in der Bezirkshauptstadt Suhl lebten und Beziehungen zum Regierungskrankenhaus in Ostberlin hatten, mit Westmedikamenten versorgt wurden, die normalen Patienten nicht zugänglich waren. Der gewitzte Chefarzt aber unterlief dieses Verfahren, indem er immer in Ostberlin die doppelte Menge bestellte und dadurch auch bei anderen Patienten Westmedikamente einsetzen konnte.

Nach der Ausbildung in Suhl folgte ein freiwilliges Jahr als Landärztin in der Umgebung, was natürlich mit Hausbesuchen verbunden war. Was sie dort an Erfahrungen sammeln konnte, reichte für ein ganzes Leben. Auch dem heutigen Leser, und das macht dieses Buch so wertvoll, dürfte dieser ernüchternde Einblick in die ärztliche Versorgung in der DDR-Provinz weithin unbekannt sein. In der Regel waren es alte, vereinsamte Menschen, die versorgt werden mussten und für die der Besuch des Hausarztes oft der einzige Gesprächskontakt am Tage war. Diese Patienten und ihre Angehörigen waren dafür so dankbar, dass sie Karin Sorger mit Würsten und Schinken aus der Hausschlachtung und mit Eiern vom Bauernhof versorgten.

Mitte Mai 1965 begann Karin Sorger, inzwischen fast 26 Jahre alt, als wissenschaftliche Assistentin am Institut für Pathologie der Leipziger Karl-Marx-Universität zu arbeiten, während ihr Ehemann noch bis September am Kreiskrankenhaus in Suhl tätig blieb. Nach langer Wartezeit bekam das junge Ehepaar eine Wohnung mit nur anderthalb Zimmern in einem Gründerzeithaus. Da aber der Arbeitstag vom 8.00 Uhr morgens bis 20.00 Uhr abends oder noch länger dauerte, war die Wohnung nur zum Essen und Schlafen da. Am 17. November 1968 schließlich wurde die Tochter Natalie geboren, drei Wochen danach folgte die Facharztprüfung in Magdeburg. Über die unglaublichen Schwierigkeiten, Kind, Ehe und Beruf unter den bedrückenden DDR-Verhältnissen miteinander zu vereinbaren, berichtet sie auf mehreren Seiten. Dem westdeutschen Leser, der diese Sorgen in seiner wohlsituierten Wohlstands- und Wegwerfgesellschaft nicht kannte, wird dieser Bericht aus dem Mangelsystem DDR wie eine Schilderung aus einem exotischen Land vorkommen. Ebenso eindringlich aber lässt sie den Leser wissen, wie nach dem Mauerbau jeglicher wissenschaftliche Kontakt zu Westkollegen in Westdeutschland, Frankreich, England, Amerika unterbunden wurde: Fachzeitschriften und Fachliteratur durften aus Devisenmangel nicht mehr bestellt werden, die Teilnahme an Fachkongressen wurde untersagt! Nicht nur die DDR-Medizin, auch andere Wissenschaftsdisziplinen versanken gnadenlos in einem staatlich verordneten Provinzialismus. 1972 reichte das Ehepaar Sorger schließlich die Scheidung ein.

Karin Sorger arbeitete weiterhin im Institut für Pathologie, leitete das Histologische Eingangslabor und wandte sich wissenschaftlich den entzündlichen Nierenerkrankungen zu. Dabei entdeckte sie immer wieder, dass „im Westen" neue Arbeitsmethoden entwickelt wurden, die ihr unzugänglich waren. So reifte, auch durch die gescheiterte Ehe vorangetrieben, langsam der Plan in ihr, diesen in vielen Bereichen unfähigen und unzurechnungsfähigen SED-Staat zu verlassen. Schon vor Jahren, im Sommer 1968, war sie mit ihrem Ehemann durch Südböhmen gereist und hatte dort hautnah den politischen Aufbruch und die Begeisterung der Tschechen und Slowaken für den Reformkommunismus miterlebt und die Rückkehr nach Sachsen als Rückkehr in ein Gefängnis empfunden. Als sie dann im Frühjahr 1976 auf einer Dienstreise nach Ostberlin mit einem Kollegen in der Nacht nach Leipzig zurückfuhr, offenbarte er ihr seine Fluchtabsichten. Seit diesem nächtlichen Gespräch nahmen ihre Fluchtpläne konkrete Formen an, allerdings scheiterten dann beide Versuche, im Container-Lastwagen mit Hilfe von Fluchthelfern mit ihrer achtjährigen Tochter Natalie über die Grenze nach Westberlin zu gelangen: beim ersten Versuch erschien der Fluchthelfer nicht, beim zweiten Versuch wurde sie schon im Vorfeld von der „Volkspolizei" festgenommen! Ihre Schilderung, wie sie das Weihnachtsfest und die Silvesterfeier wie immer vorbereiten musste, damit ihre Tochter nichts von der Fluchtabsicht merkte, ihr Gewaltmarsch bei eisiger Kälte durch den verschneiten Wald zur Autobahn, ihr von ständiger Angst begleitetes Warten, die Rückkehr in die eben verlassene Wohnung: Das alles löst beim Leser noch nachträglich einen Schauer aus!

Die Verhaftung erfolgte am Sonntag, 6. Februar 1977, als Karin Sorger zu Fuß lediglich den Zugang zur Autobahn erkunden wollte. Zum Glück war ihre Tochter Natalie an diesem Wochenende beim Vater untergebracht und bekam nicht mit, wie ihre Mutter über Nacht verschwand. Zunächst wurde sie im Volkspolizeikreisamt Bitterfeld vernommen, dann erschien ein brüllender Offizier der „Staatssicherheit", der sie bei Schlafentzug bis tief in die Nacht verhörte und ihr weder zu essen noch zu trinken anbot. Schließlich wurde sie nach Halle in den berüchtigten „Roten Ochsen" überführt und zehn Tage später in die Untersuchungshaftanstalt in der Beethovenstraße nach Leipzig. Am 17. Mai 1977 wurde sie vom Kreisgericht Leipzig-Mitte zu anderthalb Jahren Strafhaft verurteilt. Nach der Verurteilung kam sie in das Leipziger Gefängnis in der Alfred-Kästner-Straße, wo die Sammeltransporte in die DDR-Zuchthäuser zusammengestellt wurden, und von dort mit dem „Grotewohl-Express" (in einem Waggon der „Reichsbahn") nach Karl-Marx-Stadt, wie Chemnitz 1953-90 hieß. Von hier fuhren Gefangenen-Busse nach Stollberg/Erzgebirge ins Frauenzuchthaus Hoheneck.

In Hoheneck, diesem „dunklen Ort" (Buchtitel 2012), waren damals 1600 verurteilte Frauen untergebracht, darunter auch Mörderinnen und ehemalige KZ-Aufseherinnen. Sie produzierten im Drei-Schichten-System unter anderem Strumpfwaren für das

ESDA-Werk in Thalheim/Erzgebirge, die in den Westen exportiert wurden. Karin Sorger schaffte ihre Norm nie und bekam im Monat nur zehn DDR-Mark Entlohnung, die sie in der HO-Filiale der Anstalt ausgeben konnte. Gegen Haftende machte ihr der Verbindungsoffizier der „Staatssicherheit" schließlich das zweifelhafte Angebot, als Ärztin zu arbeiten. Als sie dann noch acht Wochen im Chemnitzer Gefängnis Kaßberg, von wo die Busse mit den freigekauften Häftlingen nach Wartha-Herleshausen an die innerdeutsche Grenze fuhren, warten musste, verlor sie jeglichen Mut, zumal die von Hoheneck mit ihr nach Chemnitz gekommenen Häftlinge längst abgereist waren und man ihr angedroht hatte, die inzwischen fast neun Jahre alte Tochter nicht mitausreisen zu lassen. Auf diese und andere Weise haben die DDR-Behörden 1949-89 Zehntausende von Familien zerstört. Am 18. November 1977 fuhr sie endlich mit dem Häftlingsbus über die thüringisch-hessische Grenze und traf abends im Aufnahmelager Gießen ein.

Was jetzt begann, dieser unvorstellbare Rausch der Freiheit, nennt Karin Sorger in ihrem Buch „mein zweites Leben". Sie war 38 Jahre alt, als sie die Grenze überschritt und musste in Westdeutschland völlig neu anfangen. Aber sie hatte langjährige Freunde aus DDR-Zeiten, an die sie sich nun erinnerte, zum Beispiel in Idstein/Hessen, die sie anrief, und dort wurde sie weitervermittelt an andere Freunde bei Kiel. Es entstand eine wahre Lawine der Gastfreundschaft und Hilfsbereitschaft. Vor allem musste sie erzählen, von ihrem Schicksal und vom Umgang mit Menschen im Sozialismus, dann wollte sie reisen, die neu erschlossene Welt sehen, hören, riechen, schließlich wieder an einer Universität unterkommen. Stellenangebote von Universitäten und Instituten bekam sie mehrere. Sie entschied sich für das Institut für Pathologie an der Universität Mainz.

Mit ihrem geschiedenen Mann in Leipzig und ihrer dort lebenden Tochter, deren Ausreise sie sehnlichst erwartete, hatte sie längst Kontakt aufgenommen und erfuhr dann offiziell, dass der Übergabetermin für den 9. März 1978 um 10.00 Uhr im Leipziger Rathaus vorgesehen wäre. Da sie mit dem Zug einreiste, musste sie bereits vor Mitternacht in Frankfurt am Main abfahren, um gegen 6.00 Uhr morgens in Leipzig anzukommen. „In jener Nacht konnte ich nicht schlafen und ging ab und zu aus dem Abteil auf den Gang, weil die Angst mir zuweilen die Luft nahm." In Leipzig wurde sie von ihrem ehemaligen Mann am Hauptbahnhof abgeholt und in dessen Wohnung gebracht, wo ihre Tochter Natalie sie mit Jubelschreien und Tränen empfing. Karin Sorger hatte, auch das muss erwähnt werden, unglaubliches Glück, dass ihre Tochter am besagten Sonntag vor der geplanten Flucht in der Wohnung des Vaters war und deshalb nicht in ein Kinderheim kam mit dem Ziel der Zwangsadoption. Hunderten von DDR-Frauen, die Fluchtversuche unternommen hatten, ging es anders: Ihre schreienden und weinenden Kinder wurden ihnen weggenommen und durch jahrelange Erziehung bei staatstreuen Eltern ihrer Ursprungsfamilie entfremdet. Katrin Behr schrieb darüber das Buch „Entrissen. Der Tag, als die DDR mir meine Mutter nahm" (2011).

Am 1. April 1978 begann für Karin Sorger die Arbeit an der Universität Mainz. Trotz der Freude über den neuen Arbeitsplatz mit den ungeahnten Möglichkeiten wissenschaftlichen Arbeitens musste sie aber auch feststellen, dass im Westen nur wenige über die Zustände im SED-Staat Bescheid wussten. Entschädigt wurde sie freilich dadurch, dass die Voraussetzungen für die medizinische Forschung in Mainz, verglichen mit denen in Leipzig, ideal waren. Ihr Habilitationsverfahren verlief ohne Komplikationen, im Januar 1985 wurde sie zur Privatdozentin, im Herbst 1987 zur Professorin ernannt. Ihre Tochter Natalie war inzwischen von der Grundschule auf das altsprachliche Rabanus-Maurus-Gymnasium in der Mainzer Altstadt übergewechselt, und sie war konfirmiert worden. Das Abitur bestand sie im Juni 1988 und begann, an der Semmelweis-Universität in Budapest Medizin zu studieren, was sie in Berlin fortsetzte. Heute lebt sie als Ärztin in München.

Nach der Habilitation erfüllte sich Karin Sorger einen Lebenstraum: Sie besuchte dieVereinigten Staaten, um vor Kollegen Vorträge über ihr Fachgebiet Pathologie zu halten. Auch hier staunte sie über die technische Ausrüstung der Labore und Forschungsinstitute, vor allem aber darüber, wie offen und zwanglos die Wissenschaftler miteinander und auch mit Ausländern umgingen. Die Hauptstadt Washington und die Millionenstadt New York an der Ostküste wurden, nachdem auch Natalie aus Mainz nachgereist war, ausgiebig erforscht. Namen wie Empire State Building, Fifth Avenue, Brooklyn und Manhattan, die Freiheitsstatue an der Hafeneinfahrt, die in Leipzig und Hoheneck unerreichbare Sehnsuchtsorte geblieben waren, nahmen nun Gestalt an: Es gab sie wirklich, und sie lagen nicht auf dem Mond!

Einige Wochen nach der amerikanischen Reise, von der sie und Natalie begeistert nach Mainz heimgekehrt waren, durfte plötzlich ihr ehemaliger Mann, der mit seiner Frau in Leipzig lebte, zum 80. Geburtstag seiner Tante nach Offenbach fahren. Es schien, als wären auch die DDR-Behörden, wo es mit dem Staat zu Ende ging, einsichtiger und zugänglicher geworden, was die Reisewünsche ihrer Bürger betraf. Auch als Mutter und Tochter über Weihnachten 1986 polnische Freunde in Gdingen/Gdynia besuchten, durften sie mit dem Zug die wirtschaftlich ausblutende DDR durchqueren, um in Berlin-Lichtenberg umzusteigen. Als sie am Bitterfelder Industrierevier vorbeifuhren, das Monika Maron in ihrem Roman „Flugasche" (1981) so drastisch beschrieben hatte, und Abraumhalden, verfallende Häuser, tiefe Schlaglöcher in den Straßen sahen, waren beide froh, diesem Albtraum entkommen zu sein. Silvester 1987 sogar, zwei Jahre vor dem Mauerfall, bekam Karin Sorger, wider Erwarten, die Erlaubnis zur Einreise nach Braunsdorf bei Dresden zu Freunden. Im Sommer 1989 schließlich, als sich die DDR-Bürger nach vier Jahrzehnten Unterdrückung gegen die Willkürherrschaft ihrer Regierung zu wehren begannen, wurde der Hunger nach Freiheit noch stärker. Aber auch das kommunistische Ungarn gewährte seinen Bürgern auf Jahrzehnte entbehrte Freiheiten. Der Autorin fiel dies sofort auf, als sie im August 1989 ihre Tochter zum Studienbeginn nach Budapest begleitete, wo Straßen und Plätze von ausreisewilligen DDR-Bürgern überschwemmt waren, nachdem die ersten am 19. August zu Hunderten am Neusiedler See über die Grenze nach Österreich geflüchtet waren.

Beruflich begann sich Karin Sorger nach Auszug der Tochter neu zu orientieren und bewarb sich auf eine Stelle als Chefärztin an der „Klinik am Eichert" in Göppingen, die dem Landkreis unterstand. Als einzige weibliche Bewerberin wurde sie auserwählt und trat die neue Stelle im Frühjahr 1989 an. Während der Zeit in Göppingen suchte sie nach ihrer leiblichen Mutter, die, inzwischen 74 Jahre alt, damals in Braunschweig wohnte.

Die Kämpfe um das Haus ihrer Eltern in Magdeburg, das ihr eigentlich nach der Wiedervereinigung am 3. Oktober 1989 „rückübereignet" werden sollte, was dann an bürokratischen Hürden scheiterte, sind ein besonderes Kapitel deutscher Teilungsgeschichte. Auch wenn Karin Sorger, die immer noch in Süddeutschland lebt, von Reisen innerhalb Deutschlands und in die weite Welt nicht genug bekommen kann, so bleibt sie doch der Stadt Mainz, die sie 1978 aufgenommen hatte, als es ihr schlecht ging, sehr verbunden. Sie beendet ihr Buch mit einem Zitat des griechischen Staatsmannes Perikles: „Das Geheimnis des Glückes ist die Freiheit ...".

Jörg Bernhard Bilke                         Coburg, im März 2016

# Kindheit

Ich war etwa sieben Jahre alt, als mir die Kinder auf der Straße nachriefen: „Eh, du bist ja gar nicht das richtige Kind!" Ich war sprachlos! Wie konnte das sein? Bei uns zu Hause gab es ein Fotoalbum mit Bildern aus meiner Kleinkinderzeit, und es begann mit Fotos, auf denen ich als Säugling zu sehen war. Und doch ließ mir das Ganze keine Ruhe, so dass ich eines Tages, als ich allein zu Hause war, den Schreibtisch meines Vaters durchsuchte, und siehe da, ich wurde fündig! Mir fiel ein grauer, verschlissener Ordner aus Pappe mit der Aufschrift **Karin** in die Hände. Aufgeregt öffnete ich ihn und las darin, dass mich meine Eltern im Alter von anderthalb Jahren adoptiert hätten, weil ihre Ehe bis dahin kinderlos geblieben war. Mit im Ordner enthalten waren ein Ahnenpass, mit dem ich damals aber noch nicht viel anfangen konnte, sowie ein handgeschriebener Brief, dessen Schrift ich nicht zu entziffern vermochte. Ich legte den Ordner wieder an seinen Platz zurück und beschloss, niemandem, auch nicht meinen Eltern, von meinem Fund zu berichten.

Ich verlebte eine schöne, behütete Kindheit in einem gemieteten Reiheneckhaus in der Gartenstadt Südost von Magdeburg. Mein Vater war Bauingenieur und hatte sich kurz vor der Rezession 1929 selbständig gemacht. Seine Firma war ein Spezialbetrieb, der Fabrikschornsteine kleiner und größerer Unternehmen reparierte, aber auch neu baute. Zugleich waren seine Mitarbeiter im Feuerungsbau bei Großbetrieben, vor allem im Winter, beschäftigt.

Meine Adoptiveltern umgaben mich mit großer Liebe und Fürsorge. An die Zeit des Zweiten Weltkrieges habe ich nur wenige Erinnerungen. So zum Beispiel an die Nächte, die wir wegen Fliegeralarms im Keller unseres Hauses verbrachten und dann nach dem Bombenangriff froh waren, wenn wir wieder in unsere Betten zurückkonnten. Während eines Bombenangriffs am Tage wurden einmal die Scheiben unseres Küchenfensters eingedrückt und zersplitterten so sehr, dass wir die Splitter noch tagelang in den Ecken der Küche und sogar im Birnenkompott fanden, das auf dem Küchentisch gestanden hatte. Die Hauptangriffe der Alliierten galten der Innenstadt Magdeburgs und den zahlreichen Betrieben des Schwermaschinenbaus, darunter auch dem Rüstungsbetrieb Krupp.

Eines Tages lief ich mit meiner Mutter durch die Innenstadt, als die Sirenen heulten. Sie nahm mich an die Hand und rannte mit mir wie die anderen Passanten zu einem großen, unter der Erde gelegenen gefliesten Keller voller Bierfässer, „Kurtes Bierhallen", der der Bevölkerung als Luftschutzkeller diente. Ich erinnere mich noch heute an die Beklemmung, die ich damals inmitten der vielen verängstigten Menschen während des Luftangriffs empfand und wie froh ich war, als wir den Keller endlich heil wieder verlassen konnten. Am nächsten Tag lasen wir in der Zeitung, dass der Keller bei einem erneuten Angriff durch Trümmer zugeschüttet worden war, sodass die darin eingeschlossenen Menschen langsam und qualvoll erstickt sind.

Den Großangriff auf Magdeburg am 16. Januar 1945, bei dem die Stadt weitgehend zerstört worden ist, konnten wir in der Peripherie vom Dachboden unseres Hauses zusammen mit einigen Nachbarn mit Entsetzen beobachten. Der nächtliche Himmel über der Stadt war glutrot durch die Feuersbrunst gefärbt. Wenige Häuser wurden auch in unserer Gartenstadt getroffen. Am Tage darauf stand die Schwester meiner Mutter mit ihrem Mann vor unserer Tür, weil ihre Wohnung in der Nähe des Domes einen Volltreffer abbekommen hatte und die beiden obdachlos geworden waren. Alle waren froh, dass sie wenigstens noch am Leben waren. Fortan wohnten sie bei uns im ersten Stock unseres kleinen Reihenhauses, dessen Platz begrenzt war, da sich im Erdgeschoss das Büro meines Vaters befand, in dem er eine Sekretärin beschäftigte und technische Zeichnungen zur Projektierung im Feuerungs- und Schornsteinbau anfertigte.

Im September 1945 kam ich in die Grundschule in Westerhüsen und gehörte damit zu der ersten Generation, die im vom Hitler-Faschismus befreiten Nachkriegs-Deutschland eine Schulausbildung erhielt.

Anfangs waren die Amerikaner als Besatzungsmacht in meiner Heimatstadt. Ich erinnere mich, dass ich eines Tages in kindlicher Naivität einen amerikanischen Besatzungssoldaten mit nach Hause genommen hatte, um ihn meiner Mutter vorzustellen.

Die war zutiefst erschrocken, als ich strahlend an der Hand eines großen farbigen Mannes vor unserer Haustür stand und ihn mit den Worten: „Mami, das ist Johnny", mit in das Haus nahm. Als Johnny jedoch begann, die Schubladen mit unserem Silberbesteck im Wohnzimmerschrank zu inspizieren, nahm ich ihn wieder an die Hand und sagte: „Jetzt musst du gehen." Seltsamerweise gehorchte er widerstandslos. Meine Mutter war sprachlos, aber doch froh, als er hinausging.

Die Amerikaner zogen sich dann jedoch zurück und überließen den Russen am 4. Juli 1945 das Territorium östlich der Elbe.

Die ersten Jahre nach dem Kriege waren Jahre des Mangels an Wohnraum, an Nahrung, aber auch an Strom, Gas und Kohle zum Heizen. So fand der Schulunterricht wegen der Kälte im Winter oftmals in den Fabrikräumen einer pharmazeutischen Firma (Fahlberg und List), die Süßstofftabletten herstellte, statt. Uns Kinder hat das jedoch nicht gestört. Anstelle von Schulheften benutzten wir alte Kalender in Buchform aus früheren Jahren, denn auch Papier war knapp. Nachmittags, wenn wir keine Schule hatten, gingen wir an die Eisenbahnstrecke und warteten darauf, dass Güterzüge mit Braunkohle vorbeifuhren, auf die wir, wenn sie ihre Fahrt verlangsamten, aufsprangen, schnell einige Briketts herunterwarfen, dann heruntersprangen und sie aufsammelten. So hatten wir es bei den Erwachsenen gesehen. Es war allerdings eine gefährliche Aktion, und meine Eltern hatten es mir verboten.

Ich hatte das Glück, dass es bei uns zu Hause schon eine zentrale Warmwasserheizung gab, die mit Steinkohlenkoks betrieben wurde. Dieser Koks war noch schwerer als Braunkohle zu bekommen, aber mein Vater als Besitzer eines Baugeschäftes verstand es immer, ihn zu besorgen. Wir hatten auch ein Bad mit einem Gasdurchlauferhitzer. Da es damals nicht üblich war, dass wir Kinder in der Wohnung unserer Freunde spielten, sondern uns eher draußen trafen, habe ich lange geglaubt, dass es allen so gut ging wie mir.

In den Sommerferien schickten mich die Eltern in den Nachkriegsjahren nach Krevese bei Osterburg in der Altmark zu einem Molkereibesitzer, dessen Fabrikschornstein mein Vater einst repariert hatte und mit dessen Familie wir inzwischen befreundet waren.

Dort gab es Milch und Butter für ein heranwachsendes Mädchen. Außerdem konnte ich zusammen mit der Tochter des Hauses das Leben auf dem Lande genießen. Wir durchstreiften die Kiefernwälder, suchten Pilze, fuhren Fahrrad oder preschten mit einem Pferdefuhrwerk über das Land.

Eines Sommers gesellte sich noch Claus, ein Gymnasiast aus Hamburg, zu uns, den der Molkereibesitzer ebenfalls eingeladen hatte, die Ferien auf dem Lande zu verbringen. Wir waren uns nicht unsympathisch, und der Kontakt blieb über Jahrzehnte bestehen. Trotz allem freute ich mich immer, wenn ich wieder nach Hause zurück in die Großstadt kam.

Ich ging sehr gern zur Schule. Wir hatten überwiegend junge Lehrer, sogenannte Neulehrer, die meines Wissens keine nennenswerte Nazivergangenheit aufzuweisen hatten. Sie waren nach dem Krieg in Kurzlehrgängen ausgebildet worden und den Schülern der älteren Jahrgänge manchmal im Lehrstoff nur wenige Stunden voraus. Es gab keine körperlichen Disziplinarstrafen an unserer Schule. Lediglich der Mathematiklehrer, der schon älter war und bei dem der tägliche Unterricht mit etwa zehn Minuten langem Kopfrechnen begann, zog die Jungen, wenn sie seinen Anforderungen nicht genügten, an den kurzen Härchen über den Ohren. Mit den Mädchen machte er das jedoch nicht. Trotzdem war ich immer froh, wenn die morgendliche Kopfrechnen-Runde vorüber war, da der- oder diejenige, die die Aufgabe zuerst herausbekommen hatte, zu ihm nach vorn laufen und ihm das Ergebnis ins Ohr flüstern sollte. Wenn ich einmal nicht bei den Ersten dabei war, versuchte er, mich immer mit den Worten:„Karin, Karin, na, wird's bald" anzuspornen, was mich verrückt machte, obwohl ich natürlich wusste, dass er es eigentlich gut mit mir meinte und sich freute, wenn ich als Erste die richtige Zahl in sein Ohr hauchte.

Am liebsten hatte ich unseren Klassenlehrer, Herrn Knott. Er wohnte in der Nähe unserer Straße, und oft traf ich ihn morgens auf dem Weg zur Schule, den wir dann gemeinsam gingen. Jahrzehnte später habe ich, nachdem ich erfahren hatte, dass er inzwischen in München lebt, mich noch einmal mit ihm getroffen. Ich fand ihn kaum verändert, noch immer vital und liebenswert wie damals während meiner Schulzeit. Zu meinem Erstaunen konnte er sich genau an mich und mein Elternhaus in Magdeburg erinnern. Leider ist er inzwischen verstorben.

1949 wurde die Bundesrepublik Deutschland gegründet, kurz darauf die Deutsche Demokratische Republik (DDR), zwei deutsche Staaten, die eine völlig verschiedene politische Entwicklung anstrebten. Die DDR verkündete stolz, dass sie der erste „Arbeiter- und Bauernstaat" auf deutschem Boden sei. Gemäß den Lehren von Marx und Engels sollten künftig die Produktionsmittel dem Volke gehören und deshalb die Kapitalisten enteignet werden.

Mein Vater war in Sorge um seinen Betrieb und hatte schon vor Gründung der DDR eine Dependance in Oberkochen in Baden-Württemberg gegründet. Er besaß einen westdeutschen Pass und beschäftigte drei Schornsteinbauer. Als Sekretärin arbeitete meine Tante für ihn, eine Schwester meiner Mutter, die 1945 vor den Russen in den Westen geflüchtet war, als diese sie wegen ihrer Mitgliedschaft in der Frauenschaft der NSDAP abholen wollten.

Es war geplant, dass die Familie 1950 in den Westen übersiedeln würde. Als Kind verstand ich natürlich die politischen Zusammenhänge nicht. Es war auch nicht üblich, dass darüber in meiner Gegenwart gesprochen wurde. Einige Male bin ich mit meinem Vater über die „grüne Grenze" gegangen, eine Demarkationslinie, die das Territorium der DDR, die ehemalige sowjetische Besatzungszone, von dem Territorium der Bundesrepublik Deutschland, das die ehemaligen amerikanischen, englischen und französischen Besatzungszonen umfasste, trennte und von Soldaten der jeweiligen Besatzungsmächte bewacht wurde. Wir besuchten jedes Mal meine Tante in Oberkochen, die Lieblingsschwester meiner Mutter.

Eine Erkrankung meiner Mutter war der Anlass, dass mein Vater uns beide in den Sommerferien 1949 zu ihrer Schwester in den Westen schickte, in der Hoffnung, dass sich ihr Gesundheitszustand bessern würde. Diese Hoffnung erfüllte sich leider nicht. Schließlich entschieden sich meine Eltern nach Konsultation der Ärzte zur Operation. Mir hatte man gesagt, dass meine Mutter an der Gallenblase operiert werden müsse, obwohl sie selbst immer geglaubt hatte, der Urheber allen Übels sei ihr Magen. So ging sie nach Weihnachten ohne Angst zur Operation ins Krankenhaus, nachdem sie sich liebevoll von meinem Vater und mir verabschiedet und uns damit getröstet hatte, dass sie ja bald wieder daheim wäre. Jeden Tag wartete ich sehnsüchtig auf meinen Vater, wenn er von seinem Besuch aus dem Krankenhaus zurückkam, um zu erfahren, wie es meiner Mutter ginge. Er erzählte nicht viel, doch sein Gesicht wurde immer besorgter. Eines Tages, als er wieder einmal aus dem Krankenhaus nach Hause kam, nahm er mich auf seinen Schoß, drückte mich an sich und sagte mit tränenerstickter Stimme: „Die Mutti kommt nie wieder!" Ich war wie erstarrt, und die wildesten Gedanken jagten durch meinen Kopf. Erst wollte ich fragen, ob sie sich scheiden lassen wollten, verwarf diese Frage jedoch sofort wieder, da ich wusste, dass meine Eltern sich gut verstanden. Stattdessen sagte ich tonlos: „Tot?" Mein Vater nickte nur schluchzend. Ich erinnere mich, wie ich mechanisch mit ihm in unser Auto stieg und wir in die Stadt fuhren, um irgendwelche Formalitäten zu erledigen. Ich war damals zehneinhalb Jahre alt und konnte es nicht fassen, dass wir unsere liebevolle und fröhliche Mutti im Alter von kaum 48 Jahren verloren hatten. Es war mir, als ob die Welt still stehen müsse! Während ich im Auto auf meinen Vater wartete, beobachtete ich das um mich her weiter gehende Leben auf der Straße und dachte jedes Mal, wenn ich Kinder an der Hand ihrer Mutter sah: deren Mutter lebt noch! Es war furchtbar!

*Meine Eltern mit mir Weihnachten 1949, kurz bevor meine Mutter starb*

Der unerwartete Tod meiner Mutter im Januar 1950 hatte das Leben unserer Familie total verändert. Einerseits wurde die schon immer gute Beziehung zwischen mir und meinem Vater noch enger, andererseits konnte der Haushalt nicht ohne eine Frau geführt werden. Mein Vater war oft mehr als zehn Stunden am Tage auf den Baustellen unterwegs und kam meist erst spät am Abend nach Hause.

Eine Bekannte meiner Eltern, die in unserer Siedlung wohnte und deren Mann aus dem Krieg nicht heimgekehrt war und als vermisst galt, kam und kümmerte sich um den Haushalt. Sie hatte vorher im Büro eines Rechtsanwaltes gearbeitet und konnte nun auch als Sekretärin für meinen Vater arbeiten, was sie für ihn noch attraktiver machte. Sie brachte einen Sohn, der sechs Jahre jünger war als ich, mit in die Familie.

Anfangs habe ich um ihre Liebe gebuhlt und ihr in meiner kindlichen Naivität einen holzgeschnitzten schwarzen Yorkshire-Terrier, der ein kleines Schild mit der Aufschrift „Hab mich lieb" um den Hals trug, von einem Schullandheim-Aufenthalt im Harz mitgebracht. Im Laufe der Jahre musste ich erkennen, dass sie eifersüchtig auf das gute Verhältnis zwischen mir und meinem Vater war und jede Gelegenheit nutzte, mich bei ihm in Misskredit zu bringen.

Zu allem Überfluss eröffnete mir mein Vater im Sommer 1952, dass er sie heiraten werde, da sie im November ein Kind erwartete. So bekam ich eine um 13 Jahre jüngere Schwester. Ich mochte Heike sehr, doch war sie mir immer dann lästig, wenn ich mit Schulkameraden spielen wollte und dazu den Kinderwagen mitnehmen sollte. Das war manchmal kaum zu vereinen. Wir schoben den Wagen dann in irgendeine Ecke im Park, und, wenn ich heimgehen musste, klemmte ich mich in letzter Minute hinter die Wagenstange und raste wie eine Verrückte über das holprige Pflaster vom Tonschacht in Westerhüsen mit dem Baby nach Hause. Ich bin bis zum heutigen Tage froh darüber, dass damals nichts mit dem Kind passiert ist!

Nach dem Tod meiner Mutter hatte mein Vater den Plan, in den Westen zu gehen und seinen Betrieb dort weiter aufzubauen, fallen gelassen. Er meinte, dort müsse er noch einmal ganz von vorn anfangen und erneut Reputation erlangen, während er im Osten Aufträge für zwei Jahre im Voraus hätte. Ich war zu jung, um die Situation richtig einschätzen und ihm Mut machen zu können. Gerade in den 50er Jahren herrschte in der Bundesrepublik Deutschland eine enorme Aufbruchsstimmung, wie ich später erfuhr, und mein Vater hätte es schaffen können.

Ich trauerte noch immer um den Verlust meiner Mutter. Mein Vater, der sicher ebenso traurig war, hielt jedoch nichts von schwarzer Kleidung als Zeichen der Trauer und meinte, man könne seine Trauer sehr wohl im Herzen tragen, ohne dies so offen zu dokumentieren. Damals trug ich einen Mittelscheitel und hatte mein Haar zu zwei Zöpfen geflochten. Ich nahm ein schmales, schwarzes Samtband, das im Nacken mit einem Druckknopf geschlossen werden konnte, und legte es mir um den Kopf. Niemand ahnte, dass dies ein Zeichen meiner stillen Trauer um den viel zu frühen Verlust meiner geliebten Mutter war!

Am schlimmsten war es, wenn ich Geburtstag hatte und die Nachbarinnen und Tanten, die zu Besuch kamen, jedes Mal sagten: „Wenn das deine Mutti erlebt hätte!" Sie rissen damit immer wieder eine noch nicht vernarbte Wunde in meiner Seele auf, so dass ich manchmal schon Tage vor dem Geburtstag Angst vor diesem Satz hatte. Es hat Jahre gedauert, bis ich ihn ertragen konnte.

## Frühe Jugendjahre

1953 war ein ereignisreiches Jahr. Ich war gerade dabei, für die Abschlussprüfungen der Grundschule zu lernen, die in der DDR nach acht Jahren erfolgten, und lag auf dem Bett in einem Zimmer auf dem Dachboden unseres Hauses, das ich mit meinem jüngeren Stiefbruder teilen musste. Ich lernte gerade für die Geschichtsprüfung den Kapp-Putsch und war bei dem Satz „Die Arbeiter streikten" angekommen, als mein Stiefbruder ins Zimmer gestürzt kam und sagte: „Karin, sie streiken!" Ich verstand gar nichts. Da es an jenem 17. Juni ziemlich warm war, glaubte ich zuerst, dass mich die Prüfungsvorbereitungen verwirrt hätten, sprang dann aber vom Bett auf, schnappte mein Fahrrad und fuhr in Richtung der Hauptstraße, wo die Straßenbahn verkehrte, um zu sehen, was los war. Auf der Hauptstraße schlug ich dann die stadtauswärts führende Richtung nach Schönebeck ein. Nur wenige Minuten später kamen mir russische Panzerspähwagen entgegen, die mir Angst einflößten, so dass ich schleunigst nach Hause zurückkehrte, zumal mein Vater nicht wusste, dass ich unterwegs war.

Am Abend hörten wir dann im RIAS, dass die Arbeiter in Berlin und anderen großen Städten wie Leipzig, Halle, Bitterfeld, Magdeburg, Dresden und Görlitz streikten und neben einer Verbesserung der Lebensbedingungen die Rücknahme der staatlich verordneten Normerhöhungen im Baugewerbe, den Rücktritt der SED-Führung, freie Wahlen und die Einheit Deutschlands in Freiheit forderten.

Stefan Heym hat die dramatischen Ereignisse in dem Roman „5 Tage im Juni" geschildert. Ein Arbeiteraufstand passte so gar nicht in das Bild des ersten „Arbeiter- und Bauernstaates" auf deutschem Boden, das von der SED entworfen worden war. Der Aufstand wurde durch russische Panzer niedergeschlagen. Die fünf jungen Männer, die im Karl-Liebknecht-Werk in Magdeburg im Überschwang den roten Sowjetstern von einem Turm am Werkseingang geholt hatten, wurden standrechtlich erschossen. Unsere Prüfung wurde um einige Tage verschoben, doch im September begann der Unterricht in der Oberschule „Geschwister Scholl", die ich nun besuchte, als sei nichts gewesen.

Am Palmsonntag vor Ostern desselben Jahres war ich konfirmiert worden. Von staatlicher Seite wurde das nicht so gern gesehen, aber mein Vater, der selbst nicht Gemeindemitglied war, vertrat die Auffassung, dass ich mit dieser Option später als Erwachsene immer noch entscheiden könnte, ob ich Mitglied der Kirche bliebe oder nicht. Natürlich war ich auch Mitglied der „Jungen Pioniere". In dieser Funktion habe ich einmal dem damaligen Ministerpräsidenten der DDR, Otto Grotewohl, der meine Heimatstadt besuchte, als Abgeordnete meiner Grundschule in Westerhüsen einen Blumenstrauß überreicht.

Mit 14 Jahren musste man in der DDR einen Ausweis beantragen und auf dem Anmeldeformular wohl seine Herkunft angeben. Mein Vater hatte sich jedenfalls vorgenommen, mich aus diesem Anlass über meine Adoption aufzuklären. Sichtlich bewegt, bat er mich, ihm in die „gute Stube" im ersten Stock unseres Hauses zu folgen. Dort eröffnete er mir, dass ich als kleines Mädchen von ihm und der Mutti adoptiert worden sei, weil sie sich so sehnlich ein Kind gewünscht hätten und die Mutti wegen einer Bauchhöhlenschwangerschaft keine Kinder bekommen konnte. Meine leibliche Mutter wäre sehr jung gewesen. Er und die Mutti hätten sie einmal von weitem gesehen, ohne mit ihr gesprochen zu haben. Er hätte sich durch einen Ahnenpass aber abgesichert, dass ich aus einer „guten Familie" stammte. Mein Großvater mütterlicherseits wäre Tierarzt in Friedberg in Hessen gewesen, mein „Erzeuger" ein Architekt, den er aber nicht kennte. Letzterer hätte die gesamte Alimente in Form von 6 000 Goldmark gezahlt, die auf einem Sparbuch für mich angelegt wären. Im Alter von 18 Monaten hätten sie mich endgültig aus dem Kinderheim in Magdeburg geholt, nachdem ich schon einige Male besuchsweise bei ihnen gewesen war und meine leibliche Mutter einer Adoption zugestimmt hätte.

Als mein Vater geendet hatte, stand ich auf, nahm ihn in den Arm und sagte, dass ich die Unterlagen meiner Adoption schon viele Jahre zuvor in seinem Schreibtisch entdeckt hätte, nachdem die Kinder auf der Straße gesagt hätten, dass ich nicht das „richtige Kind" meiner Eltern wäre. Mein Vater blickte mich erschrocken an und fragte, ob ich ihn trotzdem noch lieb hätte, woraufhin ich ihm erklärte, dass ich ihn lieber als einen leiblichen Vater hätte, denn für diesen wäre es ja selbstverständlich, dass er seine Kinder liebe. Sichtlich erleichtert und eng umschlungen, kam er mit mir die Treppe herunter, sehr zur Verwunderung der Stiefmutter, die geglaubt hatte, dass diese Eröffnung unser bisher gutes Verhältnis trüben könnte. Weit gefehlt! Ich habe meinen Vater mehr denn je geliebt, und das sollte bis zu seinem Lebensende so bleiben. Er hat mir das Beste, was man einem Kind geben kann, gegeben: eine liebevolle und verständnisvolle Begleitung meiner Entwicklung, eine liberale Erziehung, die die Meinung des Anderen stets achtete, Vertrauen in meine Fähigkeiten sowie die Freiheit der Entscheidung.

Vor einem hat er mich allerdings schon damals im Alter von 14 Jahren gewarnt. Er beschwor mich, dass ich niemals bei einem Geheimdienst mitmachen sollte, denn ich käme da nicht wieder heraus. Ich habe das zu dieser Zeit zwar nicht verstanden, aber ich habe seine Worte nicht vergessen und zu gegebener Zeit befolgt! So wie ich viele Aussagen meines Vaters verinnerlicht und bis heute nicht vergessen habe! Leider war mein Vater als Unternehmer tagsüber oft abwesend, da er die Baustellen seines Betriebes in der ganzen Republik besuchte, und er kam oft erst spät am Abend heim. So spielte sich der Alltag meist ohne ihn ab. Sehr gern habe ich ihn, wenn ich Ferien hatte, auf seinen Fahrten im Auto begleitet, und ich konnte ihm dann alles, was mich bewegte, erzählen.

Ich ging gern zur Schule, fand ich doch dort die Anerkennung, die ich zu Hause von meiner Stiefmutter nicht bekam. Das Lernen fiel mir leicht, und in der Frühe, wenn ich zur Schule kam, warteten einige meiner Mitschüler schon sehnsüchtig auf meine Hefte, damit sie noch vor Unterrichtsbeginn die Hausaufgaben abschreiben konnten. Wenn ich gute Noten bekam, habe ich mich immer vor allem wegen meines Vaters darüber gefreut, weil ich wusste, dass er dann stolz auf mich war. Für mich war es die einzige Möglichkeit, ihm gegenüber meinen Dank auszudrücken, denn ich war damals und bin noch heute dankbar dafür, dass ich zu diesen Eltern mit diesem Vater gekommen bin!

Als ich in die Oberschule ging, durfte ich die Hausaufgaben an einem Schreibtisch im Büro meines Vaters machen, der dem seinen direkt gegenüberstand und an dem meine Stiefmutter für meinen Vater vormittags meist Schreibmaschinenarbeiten erledigte. Manchmal saß er mir gegenüber am Reißbrett und machte Projektierungen. Meist arbeitete jeder still vor sich hin, aber in den Pausen wurde doch kurz miteinander gesprochen. Dabei pflegte er im Hinblick auf meine guten schulischen Leistungen oft zu sagen: „Wenn du das Zeug hast, dann kannst du studieren." Mit dem „Zeug" war das intellektuelle Vermögen gemeint. Diesen Satz habe ich so oft von ihm gehört, so dass ich schon als Schülerin mir keinen anderen Bildungsweg als ein Studium für mich vorstellen konnte. Die Frage war nur, was ich studieren werde. Ich hatte meinem Vater gegenüber eigentlich immer ein schlechtes Gewissen, weil ich technisch so unbegabt war und keinen Ehrgeiz zeigte, eines Tages seine Nachfolgerin im Betrieb zu werden. Vielmehr war ich als Oberschülerin, konfrontiert mit den Lehren von Marx und Engels, überzeugt, dass die Produktionsmittel dem Volke, also den Arbeitern, gehören müssten. Ich diskutierte das leidenschaftlich mit meinem Vater und versuchte, ihn zu überzeugen, seinen Betrieb in eine Produktionsgenossenschaft des Handwerks, eine sog. PGH, einzubringen. Ein Onkel, der Zeuge des Gesprächs war, meinte: „Na, die ist auch schon rot!" Mein Vater saß ruhig im Sessel und sagte nur: „Die kommt noch!"

Tatsächlich hatte die DDR in den 50er Jahren die Kollektivierung der Landwirtschaft und später auch die Enteignung der kleinen Betriebe wie Bäckereien, Friseurgeschäfte sowie Hotels und Gaststätten vorangetrieben. Mit dem Ergebnis, dass die ehemaligen Besitzer zu Tausenden in den Westen flüchteten oder auch, wenn sie keinen anderen Ausweg mehr sahen, Selbstmord begingen.

Mein Vater hatte erkannt, dass es nur eine Frage der Zeit war, wie lange er seinen Betrieb noch halten konnte und riet mir schon aus diesen Gründen nicht dazu, mich mit dem Gedanken zu befassen, die Verpflichtung zu haben, eines Tages den Betrieb übernehmen zu müssen. Er ließ mir völlig freie Wahl, doch ganz so einfach war es nicht. Mich hätte damals am meisten der Journalismus interessiert. Mein Vater wies mich darauf hin, dass ich dann Mitglied der SED werden müsse. Das wollte ich jedoch nicht.

Ich hatte auf der Oberschule die sprachliche und nicht die mathematisch-naturwissenschaftliche Ausrichtung gewählt, weil mich Deutsch und Literatur sowie Fremdsprachen am meisten interessierten. Auch Russisch machte ich sehr gern. Eines Tages wurde ich von der Schulleitung gefragt, ob ich Lust hätte, in Leningrad zu studieren. Ich hätte dann in der 11. Klasse nach Halle auf einen Vorbereitungskurs gehen müssen. Ich hätte das gern gemacht, aber mein Vater erlaubte es nicht. So kam es, dass ich auf dem Bewerbungsbogen zum Studium als Studienwunsch Slawistik oder Medizin angab.

Eigentlich sollten nach dem Wunsch der Partei vor allem die Arbeiter und Bauern zum Studium zugelassen werden, während Kinder von Ärzten, Pfarrern und Privatunternehmern wie meinem Vater weniger erwünscht waren, oftmals erst ein Jahr in der Produktion arbeiten mussten oder aus irgendwelchen fadenscheinigen Gründen ganz abgelehnt wurden. Für meinen Vater stand es fest, dass ich bei einer Ablehnung zum Studium in den Westen gehen müsste, so schwer ihm dieser Entschluss der Trennung auch gefallen wäre.

Da ich das Abitur an der Geschwister-Scholl-Schule als Beste mit „Auszeichnung" bestand, bekam ich sofort einen Studienplatz für Medizin in Leipzig.

## Studienjahre in Leipzig

Ich war gerade 18 und noch ziemlich unerfahren, als ich nach Leipzig kam. Die ersten Tage waren völlig verwirrend. Man bekam einen Laufzettel von der Medizinischen Fakultät, den man abarbeiten musste. Zuerst ging es natürlich auf Zimmersuche. Bei der Wohnungsvermittlung der Universität wurde mir gesagt, dass ich, da ich ja aus Magdeburg sei, mit einer Kommilitonin zusammen ein Zimmer nehmen könne, da sie ebenfalls von dort sei, und wie sich dann herausstellte, waren wir zwei Jahre Klassenkameradinnen gewesen, jedoch ohne sonstigen Kontakt während der Schulzeit. Das hing zum einen mit der räumlichen Entfernung unserer Wohnsitze in Magdeburg zusammen, zum anderen damit, dass sie einfach weiter als ich „entwickelt", schon in der Oberschule mehr an den Jungen interessiert war und diese das auch gespürt hatten und ihr entsprechend den Hof machten. Dies wurde dann allerdings während unseres gemeinsamen Wohnens zunehmend ein Problem. Es konnte passieren, dass ich nach einer Prüfung mich tagsüber wenig bekleidet erschöpft ins Bett gelegt und etwas geschlafen hatte. Beim Aufwachen sah ich dann plötzlich einen jungen Mann mit meiner Kommilitonin im Zimmer, so dass ich nicht wusste, wie ich aus dem Bett kommen sollte. Im darauf folgenden Studienjahr habe ich mir dann mit viel Mühe ein Einzelzimmer besorgt.

Wir hatten noch keinen Tag studiert, da mussten wir erst einmal zum Einsatz in einen Braunkohlentagebau in der Nähe von Leipzig, zu dem wir mit Lastwagen gebracht wurden. Wir standen an Rüttelbändern und sortierten die Briketts acht Stunden am Tag. Der feine Staub, der von den Bändern aufstieg, setzte sich in die Augen, die Ohren und in die Nasenlöcher. Am Ende der

Schicht war man froh, wenn man unter die warme Dusche durfte, doch selbst dort hatte man Mühe, den Braunkohlenstaub aus den Körperritzen zu entfernen. Er war schmierig wie Ruß. Ich habe damals als junges Mädchen zum ersten Mal mit, wie mir schien, Massen von Frauen jeglichen Alters unter der Dusche gestanden. So lernten wir die Bedingungen der „Produktion" kennen, und während des gesamten Studiums wurde uns immer wieder gesagt, wie dankbar wir sein müssten, dass wir studieren dürften, denn, während wir im Hörsaal säßen, stünden die Arbeiter in der „Produktion", um die Voraussetzungen für unser Studium zu schaffen. Ich hatte dieses so verinnerlicht, dass ich noch heute dankbar für die Möglichkeit einer guten Ausbildung bin, die ich damals genossen habe.

Wir begannen das Studium im ersten Semester in Leipzig mit einer Studentenzahl von etwa 600 in der Vorklinik. Für die Seminare und Präparationskurse in der Anatomie waren wir in Seminargruppen von ca. 24 Studenten und Studentinnen aufgeteilt. Hier konnte man sich etwas näher kennenlernen und zaghafte Freundschaftsbande knüpfen. Die Vorlesungssäle waren groß und oft überfüllt, so dass man dort ziemlich anonym war, worunter ich anfangs litt. Die Zoologie-Vorlesung hörten wir zusammen mit

*Arbeitseinsatz der Studenten im Braunkohlentagebau bei Leipzig*

den Veterinärmedizinern. Die waren etwa 40 in einem Semester und meinten, ich solle doch zu ihnen überwechseln. Der Vorschlag gefiel mir auf Anhieb. Schließlich hatte ich doch Tiere gern! Und natürlich wollte ich dann später Kleintiere behandeln. Also ging ich zum Dekanat und fragte, ob ich mich umschreiben lassen könne. Glücklicherweise saß dort eine erfahrene Frau, die mich kurz musterte und dann sagte: „Was haben Sie sich eigentlich vorgestellt? Tierarzt bedeutet nicht, Hunde und Katzen zu behandeln. Sie müssen sich dann um Schweine- und Rinderfarmen auf dem Lande kümmern, und, wenn ich Sie so anschaue, kann ich mir nicht vorstellen, dass Sie mit dem Arm bis zum Ellenbogen im Hintern einer Kuh stecken." Das war deutlich. Ich konnte es mir, ehrlich gesagt, in diesem Moment auch nicht vorstellen. Ab und zu lächele ich noch immer über meine damals naiven Vorstellungen. Hier war eine Weiche von einer klugen Frau richtig gestellt worden.

Obwohl ich mich so auf das Studium gefreut hatte, haderte ich mit den Fächern Chemie und Physik, die ich auf der Oberschule nicht so intensiv wie diejenigen gehabt hatte, die den mathematisch-naturwissenschaftlichen Zug gewählt hatten. Stattdessen freute ich mich immer, wenn wir Russisch-Unterricht hatten. Einmal fragte mich der Lehrer, woher ich so gut Russisch könne, und ich klagte ihm mein Leid, dass ich eigentlich von der Ausbildung aus dem sprachlichen Zug der Oberschule käme und somit das, was ich am schlechtesten könne, studierte. Er sah das ganz anders und meinte: „Die naturwissenschaftlichen Fächer hören Sie in der Vorklinik sowieso, Ihren Kommilitonen aus dem nicht-sprachlichen Zug werden aber immer die Sprachen fehlen."

In den Präparations-Kursen der Anatomie mussten wir fortlaufend Testate über den Verlauf von Muskeln, Nerven und Gefäßen ablegen, nachdem wir diese durch Präparation an der in Formalin fixierten Leiche dargestellt hatten. Das bedeutete stures Auswendiglernen. War es denn das, was ich gewollt hatte?

Ich dachte, das Vorphysikums-Examen wirst du noch ablegen, damit niemand sagen kann, du hättest das Studium abgebrochen wegen Nichtbestehens der Prüfungen. Außerdem wollte ich natürlich auch meinen Vater nicht betrüben, der so stolz auf mich wegen meines glänzenden Abiturs gewesen war und von dem ich noch immer finanziell abhängig war, da ich als Unternehmerkind kein Stipendium bekam. Meine Leistungen waren offenbar trotz meiner innerlichen Ressentiments nicht schlecht, so dass ich für ein Leistungsstipendium von 80,- Mark vorgeschlagen wurde, dies aber nicht erhielt, da ich ja wegen meines Vaters kein Grundstipendium bekam!

Dann kam eine Wende in meinem Leben. Im zweiten Studienjahr kam ein neuer Kommilitone in unsere Seminargruppe. Er hatte bereits ein praktisches Jahr in der Hautklinik in Jena absolvieren müssen, ehe er als Arztsohn mit dem Studium dort beginnen durfte. Da er eine Mitschülerin nach Beendigung der Oberschule in Greiz geheiratet hatte, die bereits in Leipzig studierte, wollte er hier sein Studium der Medizin fortsetzen und kam in unsere Seminargruppe, weil er mit einer Kommilitonin der Gruppe zur Schule gegangen war. Inzwischen hatten wir uns alle mehr oder weniger angefreundet. Es hatten sich Grüppchen gebildet, die sich mittags in der Mensa trafen und auch miteinander feierten. In den Semesterferien verbrachten wir einige Wochen gemeinsam während der Ernteeinsätze auf dem Lande, ehe wir nach Hause fuhren.

Sein Vater war Arzt, und für ihn und seinen jüngeren Bruder gab es als Berufswunsch nur die Medizin. Als ich ihm einmal von meinen Zweifeln, ob das Medizinstudium für mich die richtige Wahl gewesen sei, erzählte und dabei auch die Einschränkungen erwähnte, die sich aus politischen Gründen für mich bei der Berufswahl ergeben hätten, meinte er: „Der Blinddarm liegt im Osten wie im Westen auf derselben Seite." Ich verstand sofort und beschloss, mich in Zukunft mehr mit den Naturwissenschaften anzufreunden, was mir dann auch gelang.

Wir hatten in Leipzig sowohl in der Vorklinik als auch später in der Klinik sehr gute Lehrer, darunter den Anatomen Alverdes, der selbst ein Buch über die Anatomie des Menschen geschrieben hatte, und seine Oberärzte Leutert und Bertolini, die uns die Histologie und die Embryologie lehrten.

Professor Bauereisen in der Physiologie folgte leider einer Berufung in den Westen. Seine Vorlesung soll sagenhaft gewesen sein! Nach seinem Weggang wurde Professor Drischel berufen, den wir ebenfalls sehr mochten.

Eine gute Erinnerung habe ich auch noch an die Vorlesung des Zoologen Professor Wetzel. Wenn er über das Liebesleben der Spinnen sprach, gab es keinen freien Platz mehr im Hörsaal. Ich sehe noch heute das verschmitzte Lächeln dieses kleinen, überaus agilen Mannes, wenn er, die Worte sorgfältig wählend, seine Zuhörer während seiner Ausführungen beobachtete.

Wir hatten das Glück, dass wir noch westliche Lehrbücher auf Bezugsschein erwerben konnten. Ich war während der Studentenzeit Mitglied in der „Gesellschaft der Naturforscher und Ärzte" geworden und hatte die „Deutsche Medizinische Wochenschrift", eine Fachzeitschrift, die in der Bundesrepublik Deutschland erschien, abonniert.

Bis zum Physikum hatten wir regelmäßig Vorlesungen in dem Fach Gesellschaftswissenschaften über die Lehren von Marx und Engels sowie den dialektischen Materialismus und wissenschaftlichen Sozialismus. Ich saß tagelang in der Bibliothek und machte Exzerpte von den unzähligen Seiten an Literatur, die wir durchlesen und in einem Referat wiedergeben sollten. Der Dozent war gut, und ich wollte mich mit der marxistischen Theorie auseinandersetzen und sehen, was gut daran war.

Nicht dazu passten die Erfahrungen, die ich dann in der Praxis während der Ernteeinsätze auf dem Lande machte. Ich sah Äcker, die gut gepflegt und solche, die weniger gut gepflegt waren, dicht nebeneinander liegen. Wenn ich dann fragte, warum das so sei, erhielt ich zur Antwort, dass der Besitzer des ersteren erst vor kurzem in den Westen gegangen, der des letzteren schon länger „abgehauen" sei. Wenn die Studenten kamen, blieben die Frauen der Bauern, die eigentlich ebenfalls Mitglied der Landwirtschaftlichen Produktionsgesellschaft (LPG) waren, erst einmal zu Hause. Wir waren ja da!

Einmal wurden wir zu einem Einsatz in die Wische nach Badrina geschickt. Wir mussten dort die Flusssohle von Drainage-Gräben ausheben und standen mit Gummistiefeln in den mit Wasser gefüllten Gräben und versuchten verzweifelt, mit Schaufeln den nassen und schweren Sand vom Boden an die viel höher gelegenen Ränder zu befördern. Wenn man länger als ein paar Minuten an einem Fleck verweilte, sank man mit den Stiefeln ein, und das

Wasser lief von oben in die Gummischuhe, so dass man nun gar nicht mehr weg kam. Das war Schwerstarbeit, besonders für die Frauen, die reihenweise umkippten oder deren Monatsblutung während der ganzen drei Wochen nicht aufhörte. Untergebracht waren wir in großen Zelten, die um einen schmutzigen See gruppiert waren, in dem wir uns waschen mussten. Als eine Hygiene-Kommission aus Leipzig zur Prüfung der hygienischen Verhältnisse mit Herrn Professor Wildführ, dem Ordinarius für Mikrobiologie und Hygiene an der Spitze, kam, war Wildführ entsetzt, und ich hörte, wie er zu den Verantwortlichen sagte: „Wenn hier etwas passiert, geht Ihr alle in den Knast!" Daraufhin bekam er zur Antwort: „Wer hier in den Knast geht, das wollen wir erstmal sehen!"

Nach der Arbeit hatten wir dann vormilitärische Ausbildung in der „Gesellschaft für Sport und Technik" (GST), bei der wir unter anderem lernen sollten, mit einem Gewehr zu schießen. Das kam für mich überhaupt nicht in Frage. Uns wurde erklärt, wie man über Kimme und Korn zielt. Ich habe beim Abdrücken immer die Augen geschlossen und dadurch nur einmal durch Zufall die Scheibe getroffen. Die Ausbilder konnten sich mein Versagen gar nicht erklären, da ich sonst nicht unsportlich war, und dachten schon, dass ich einen Augenfehler hätte.

Als Entlohnung für die drei Wochen Arbeit bekam ich 35,- Mark. Mein erstes verdientes Geld! Ich schwankte, ob ich dafür meinem geliebten Vater etwas kaufen oder mir eine Tischlampe, die ich dringend in meinem Studentenzimmer brauchte, genehmigen sollte. Der Wunsch nach mehr Licht hat dann gesiegt.

Inzwischen bewohnte ich schon das zweite Zimmer zur Untermiete. Als ich eines Morgens in diesem Zimmer erwachte, saß ein mir unbekannter Mann mittleren Alters an meinem Bett, der mich offenbar schon eine Weile im Schlaf betrachtet hatte und gern unter meine Decke geschlüpft wäre. Ich erschrak total! Nachdem ich ihn aus dem Zimmer gewiesen und mich angekleidet hatte, gab es ein Gespräch mit ihm und der ziemlich alten, nicht sehr ansehnlichen Wirtin in deren Küche. Dabei stellte es sich heraus, dass die Wirtin zuweilen ihr Schlafzimmer an Fernfahrer vermietete, die sie damit anlockte, dass sie ihnen sagte, bei ihr wohnte auch eine nette Medizinstudentin. Offenbar glaubte sie, dass sie sonst keine Schlafgäste bekommen hätte. Ich war entsetzt und wollte nun wieder ausziehen, obwohl ich mich in dem kleinen Zimmer im fünften Stock der Straße der Deutsch-Sowjetischen Freundschaft, in das nachmittags die Sonne schien, eigentlich wohl gefühlt hatte.

Mein drittes Zimmer war ein Glücksfall! Es lag in Stadtmitte in der Gustav-Adolf-Straße in einer Souterrain-Wohnung, aber nach hinten heraus, und es bekam keine Sonne. Unter dem Zimmer war ein Kellergang, der es im Winter ziemlich fußkalt machte. Aber die Wirtsleute waren einmalig, und wir waren uns auf Anhieb sympathisch! Der Wirt war ein bekannter Kunst- und Antiquitätenhändler in Leipzig, wie ich später erfuhr, seine Frau eine ehemalige Tänzerin, deren schöne Beine ihr Mann noch immer bewunderte. Mein Zimmer war schlicht eingerichtet bis auf drei Neorokoko-Stühle, die ich heute noch besitze.

Der übrige Teil der Wohnung war außergewöhnlich möbliert. Das Esszimmer stammte aus dem Hause des Fürsten von Altenburg. In dem langen und geraden Flur hing am Ende ein großer, antiker Spiegel, dem man nach dem Eintreten in die Wohnung förmlich entgegen schritt und der den Flur nochmals optisch vergrößerte. Dieser Flur war mein täglicher Parcours, denn mein Zimmer lag am Ende des Flurs. Das berühmte Meißener Zwiebelmuster war das Alltagsgeschirr der Familie, zu der noch zwei erwachsene Söhne gehörten. Wenn mein Vater mich in Leipzig besuchte, was selten vorkam, für mich aber immer ein Festtag war, servierte uns die Wirtin Kaffee und Kuchen auf Meißener Porzellan.

In diesem Zimmer lernte ich für die Physikums-Prüfungen, die den Abschluss der Vorklinik bildeten und besonders schwer waren. Es war bei uns Studenten bekannt, dass etwa die Hälfte der Prüflinge durchfiel, so dass die hohe Anfangszahl der Studenten von 600 auf etwa 300 reduziert wurde. Danach begannen die Vorlesungen in den klinischen Fächern, gekoppelt an Übungen am Krankenbett, die in kleinen Gruppen durchgeführt werden mussten, da man den Patienten nicht zu viel zumuten wollte. So waren auch 300 Studenten noch zu viel. Inzwischen waren in Magdeburg, Dresden und Erfurt Medizinische Akademien gegründet worden, auf die ein Teil der Studenten je nach Wohnort verteilt wurde. Der Rest durfte in Leipzig bleiben.

Da ich aus Magdeburg stammte, sollte ich natürlich dort weiter studieren. Das Verhältnis zu meiner Stiefmutter hatte sich nicht gebessert, und ich war froh, nicht mehr unter ihrer Herrschaft leben zu müssen. Alle paar Wochen am Wochenende nach Hause zu fahren, konnte ich ertragen, schon meinem Vater zuliebe, der sich immer freute, wenn ich kam. An wen sollte ich mich wenden? Ich hatte auch Hemmungen, diese familiäre Problematik öffentlich zu thematisieren. In meiner Verzweiflung ging ich zum Dekanat und trug der zuständigen Sachbearbeiterin meine Gründe vor, weshalb ich nicht an die Medizinische Akademie nach Magdeburg wollte. Sie hörte aufmerksam zu und meinte, ich bekäme Bescheid. Das Wochenende darauf fuhr ich nach Hause, nicht ahnend, dass die Verwaltung der Akademie meinen Vater bestellt und ihn gefragt hatte, ob er meine Angaben bestätigen könne. Ich hielt den Atem an, als er mir dies erzählte, denn ich wollte ihn doch nicht verletzen und hatte nicht gedacht, dass auch er bestellt werden würde. „Und was hast du gesagt?" fragte ich bang. Daraufhin antwortete er traurig, dass er meine Angaben leider habe bestätigen müssen. Er hätte so gern gehabt, dass ich wieder nach Magdeburg zurück komme. So kam es, dass ich in Leipzig bleiben durfte.

Kurz vor Weihnachten 1960 habe ich die Führerscheinprüfung gegen den Willen meines Vaters gemacht, der der Meinung war, dass ich die Prüfung erst dann machen sollte, wenn ich das Geld hätte, mir selbst ein Auto zu kaufen, Da hätte ich noch lange warten müssen! Ganz abgesehen davon, dass es in der DDR bis zu 14 Jahren dauern konnte, bis man ein bestelltes Auto ausgeliefert bekam! Ich hatte so oft meinen Vater auf seinen Geschäftsreisen im Auto begleitet und untätig danebengesessen. Da war mir der Gedanke gekommen, dass ich ihn doch etwas entlasten könnte, wenn ich wenigstens einen Teil der Strecke übernehmen würde.

In den Weihnachtsferien war es dann soweit. Ich durfte ihn auf einer Geschäftsfahrt nach Halberstadt begleiten. Der Wetterdienst hatte „überfrierende Nässe" vorausgesagt. Es waren also nicht gerade günstige Bedingungen. Zudem hatte man mir erzählt, dass meine verstorbene Mutti auch Auto fahren konnte, jedoch, nachdem sie bei Glätte einmal mit dem Auto ins Rutschen gekommen wäre, nie mehr ans Steuer gedurft hätte. Ich wusste also, was auf dem Spiel stand und war aufs Höchste angespannt. Gegen Mittag hatte die Straßenglätte nachgelassen, und ich wurde etwas lockerer, als ich sah, dass mein Vater neben mir sich genüsslich eine Zigarette angezündet und sich in den Sitz zurückgelehnt hatte. Als wir heil zu Hause in Magdeburg gelandet waren, meinte er nur: „Wenn du das Auto mal brauchst, kannst du es nehmen." Das war das höchste Lob, das ich erwarten durfte! Dieser Tag war für mich eine größere Herausforderung als der eigentliche Prüfungstag gewesen.

Eines Tages wurde ich ins Dekanat bestellt. Man hatte als Student immer etwas Angst, was einen dort erwartete. Mein Vater war inzwischen in die Produktionsgenossenschaft des Handwerks (PGH) mit seinem Betrieb eingetreten und bildete mit dem Feuerungs- und Schornsteinbau eine Spezialabteilung unter den übrigen Baubetrieben. Ich wurde gefragt, ob mein Vater seinen Betrieb in die PGH mit eingebracht hätte. Ich bejahte dies, verstand aber nicht die Bedeutung der Frage. Plötzlich erhellte sich das Gesicht der Dekanats-Mitarbeiterin und sie rief: „Dann sind Sie ja Arbeiterkind!" Ich war völlig überrascht von der Transformation von einem Unternehmer- zu einem Arbeiterkind, begriff dann aber die Option, dass ich jetzt auch ein Stipendium bekäme und mir nun endlich das mir bis jetzt wegen mangelnden Grundstipendiums vorenthaltene Leistungsstipendium ausgezahlt werden müsste. Ich wollte meinem Vater, der schon so viel für mich getan hatte, nicht ewig auf der Tasche liegen.

Als ich eines Tages von der Universität in meine Studentenbude zurückkehrte, fand ich meine so netten Wirtsleute in heller Aufregung vor. Sie waren dabei, eilig ein paar persönliche Sachen zusammenzupacken und erzählten mir weinend, dass sie den Hinweis bekommen hätten, dass sie von der Stasi abgeholt werden sollten und deshalb noch heute mit dem Auto nach Potsdam fahren würden, um von dort mit der S-Bahn nach West-Berlin zu kommen. Ich war wie erstarrt! Das bedeutete ein Abschied auf unbestimmte Zeit. Sie mussten praktisch von einer Stunde auf die andere ihr schönes Heim mit den wertvollen Antiquitäten verlassen, ganz zu schweigen von dem Geschäft, ihrer Existenzgrundlage, dem Kunstsalon in der Nähe der Leipziger Oper! Ich fuhr an dem Wochenende zufällig nach Hause und hatte Angst vor der Begegnung mit der Stasi und dass ich nun wahrscheinlich auch die von mir so geliebte Wohnung verlassen müsste. Doch ich hatte Glück. Alle Zimmer außer Küche und Bad sowie meinem Zimmer wurden versiegelt, und ich durfte wohnen bleiben, fürchtete mich allerdings abends oft allein in der großen Wohnung.

Meine Kommilitonen halfen mir, diese Angst zu überwinden, denn ohne Wirtsleute konnten wir bei mir in der „Bude" ausgelassen feiern und auch mal etwas lauter sein, nachdem wir die selbst gemachte Erdbeerbowle aus dem Plastikeimer vertilgt hatten. Es hatte sich eine kleine Gruppe von Mitstudenten zusammengefunden, die der Seminargruppe 14 angehörten, sich beim Mittagessen in der Mensa am Petersteinweg trafen und teilweise auch gemeinsam Seminare und Kurse besuchten.

Einmal im Semester fuhren wir per Anhalter nach Dresden, um an einem verlängerten Wochenende unsere ehemaligen Kommilitonen zu besuchen, die nach dem Physikum an die dortige Medizinische Akademie gegangen waren. Da ein Teil von ihnen im Studentenwohnheim untergebracht war, konnten auch wir dort nächtigen. Mit dabei war immer der im zweiten Studienjahr aus Jena zu uns gewechselte Kommilitone. Er stammte aus Greiz, und wir hatten uns miteinander angefreundet. Er hatte mir erzählt, dass sein Vater nach dem Tod seiner Mutter noch einmal geheiratet und die Stiefmutter einen Sohn mitgebracht hätte, den sie meinem Kommilitonen und dessen jüngerem Bruder vorzog, so dass er sich zu Hause nicht mehr wohlgefühlt und eine Mitschülerin in der Oberschule geheiratet habe, nachdem er mit 18 Jahren, wie in der DDR üblich, volljährig geworden war. Diese Studentenehe hatte nicht sehr lange gehalten.

Wir fühlten uns einander sehr verbunden, hatte ich doch Ähnliches erlebt! Daneben hatten wir die gleichen Interessen, lasen gern und liebten das Theater, die Oper und das Gewandhaus. In den Osterferien wollte ich ihn meinem Vater vorstellen. Doch es kam ganz anders!

Zu Beginn der Semesterferien im Januar hatte mich mein Vater angerufen und gefragt, wann ich denn nach Hause käme, er hätte

Sehnsucht nach mir, und die Stiefmutter sei verreist. Ich kam bei starkem Nebel abends mit dem Zug in Magdeburg an. Trotz des Nebels hatte mein Vater am Bahnhof auf mich gewartet, und wir bahnten uns teilweise im Schritttempo mit dem Auto den Weg nach Hause. Wir verbrachten einige wundervolle Tage miteinander. Mein Vater ließ mich meine Erlebnisse während des Studiums erzählen und war auch sonst sehr liebevoll zu mir. Ich genoss diese ungestörte Zweisamkeit mit ihm total! Doch etwas schien ihn zu beunruhigen. Jedenfalls gab er mir am letzten Tag einen kleinen Zettel, auf dem er seine Kontonummern bei der Bank aufgeführt hatte, mit den Worten: „... damit du weißt, welche Konten existieren, wenn mir einmal etwas passiert." Ich hatte nie an so eine Möglichkeit gedacht und begann bei dem Gedanken daran sofort zu weinen. Später habe ich das bereut, denn damit habe ich ihn vielleicht gehindert, noch mehr zu sagen. Stattdessen musste er mich trösten. Ich wusste damals nicht, dass es unser letztes Zusammentreffen sein sollte, bei dem ich mit meinem Vater reden konnte!

Wenige Wochen danach erschien plötzlich einer unserer Arbeiter, als ich gerade von der Universität nach Hause gekommen war, in Leipzig und teilte mir mit, dass mein Vater einen Schlaganfall erlitten habe, im Krankenhaus läge und er mich jetzt mit nach Magdeburg nehmen wollte. Für mich brach eine Welt zusammen. Ich hatte meinen lieben Vater nie ernsthaft krank erlebt.

Als ich ihn im Krankenhaus besuchte, war er linksseitig gelähmt und konnte nicht sprechen, hatte mich aber erkannt. Für mich eine Katastrophe! Ich konnte es nicht fassen, hatten wir beide doch wenige Wochen zuvor noch so eine schöne Zeit erlebt! Ich weinte bitterlich und ging am nächsten Tag zu dem Chef der Neurologie, um mit ihm über die Erkrankung meines Vaters zu sprechen. Er beruhigte mich und meinte, wir müssten abwarten und ein Teil der Lähmungen könne sich auch wieder bessern, wenn das Hirnoedem sich zurückbildete. Ich könnte ihm im Moment sowieso nicht helfen und sollte lieber zum Studium nach Leipzig zurückkehren. Stroke Units, wie wir sie heute haben, gab es damals noch nicht.

Schweren Herzens fuhr ich nach Leipzig zurück. Wenige Tage später wurde ich erneut geholt, doch diesmal an das Sterbebett meines geliebten Vaters, der eine Lungenembolie bekommen hatte. Unfassbar! Ich war 21 Jahre alt, mitten im Studium und nun Vollwaise. Der Mann, dem ich alles verdankte, der mich geprägt, gefördert und unendlich geliebt hatte, war plötzlich nicht mehr da. Ich konnte nie mehr mit ihm sprechen, ihn um Rat fragen!

Zu Hause war die Stiefmutter mit ihren beiden Kindern. Anfangs hatte ich gedacht, dass sie nun ja nicht mehr eifersüchtig auf das gute Verhältnis zwischen meinem Vater und mir zu sein brauchte und wir zusammenhalten müssten. Die dann folgenden Erbauseinandersetzungen führten jedoch zum vollständigen Bruch, und ich holte nur ein paar persönliche Sachen aus meinem Elternhaus und lebte fortan allein in meiner Studentenbude in Leipzig.

Eine große Hilfe in meinem Schmerz war mir die Freundschaft mit meinem Kommilitonen, der eine ähnliche Erfahrung, wie ich sie gerade machte, bereits hinter sich hatte und den ich mit meinem Vater in jenem Frühjahr bekannt machen wollte. In den Semesterferien des darauf folgenden Sommers des Jahres 1961 fuhren wir mit Zelt und Paddelboot an die Mecklenburgische Seenplatte. Damals durfte man noch frei in der Wildnis zelten. Wir hatten uns allerdings mit allerlei Essbarem, vor allem mit Konservendosen, eingedeckt, deren Inhalt wir auf einem Propangas-Kocher wärmten. In der Einöde gab es kaum Hotels oder Gaststätten, und wir hatten ohnehin wenig Geld.

Eines Tages im August hörten wir aus unserem von zu Hause mitgebrachten primitiven Kofferradio vom amerikanischen Sender RIAS die Mitteilung, dass von Seiten der DDR die Grenzübergänge in Berlin geschlossen würden und für DDR-Bürger nicht mehr passierbar wären. In der Umgebung von Berlin seien vermehrt Truppenbewegungen der Nationalen Volksarmee beobachtet worden. Ich erstarrte vor Entsetzen und sagte spontan zu meinem Kommilitonen: „Jetzt können sie alles mit uns machen. Wir leben fortan in einem großen Zuchthaus." Ich schlug vor, dass wir sofort unsere Zelte in Mecklenburg abbrechen und versuchen sollten, doch noch in Berlin in den Westsektor durchzukommen, da ich mir nicht vorstellen konnte, dass man in einer Nacht eine ganze Stadt teilen könne. Wenige Wochen zuvor, am 30.Juni 1961, hatte Walter Ulbricht auf einer Pressekonferenz noch verkündet: „Niemand hat die Absicht, eine Mauer zu errichten!"

Mein Freund sah die Situation anders und meinte, dass es doch nicht uns, sondern die Westdeutschen beträfe. Die DDR-Regierung hatte den Schritt damit begründet, dass wir uns vor den westdeutschen Imperialisten schützen müssten. Welcher Hohn für einen klar denkenden Bürger! Jeder von uns wusste, dass die Gefahr nicht die „imperialistischen Eindringlinge" sondern die zunehmend ihren Staat verlassenden DDR-Bürger waren. Bis jetzt waren wir freiwillig in diesem Staat geblieben. Wir hatten uns zuvor schon mehrfach über das Thema unterhalten und waren zu dem Schluss gekommen, dass schließlich nicht alle fortgehen können. Wir hatten einen Studienplatz erhalten und wollten uns nach Abschluss des Studiums gemeinsam eine Existenz aufbauen, am liebsten in der Umgebung von Berlin oder Potsdam; dann könnten wir mal zum Ku'Damm fahren und ins Kino gehen oder uns bei Leiser ein Paar Schuhe kaufen, nachdem wir unser Ostgeld im Verhältnis 1:3 oder 1:5 umgetauscht hätten, was schmerzlich genug für uns war. Wie naiv wir doch gewesen waren!

Als das Semester im September wieder begann, zeigte sich, wie recht ich mit meiner Behauptung, dass sie jetzt alles mit uns machen könnten, gehabt hatte. Statt der Vorlesungen in den medizinischen Fächern hatten wir eine Woche Politunterricht von Leuten in GST-Uniform. Die GST war eine paramilitärische Einrichtung. Schließlich wurden DIN A4-Bögen verteilt, und wir mussten unterschreiben, dass wir bereit wären, unseren Staat mit der Waffe in der Hand zu verteidigen, wenn es notwendig wäre. Mir kamen die Tränen, und mein neben mir sitzender Freund machte mich darauf aufmerksam, dass ich bereits unangenehm auffiele.

Ich, die so Freiheitsliebende, war zutiefst verunsichert! Schon in der Oberschule hatte ich Schiller, den Dichter der Freiheit, mehr verehrt als Goethe. „Die Gedanken sind frei" gehörte mit zu meinen Lieblingsliedern, und wenn in der Oper „Nabucco" der Freiheits-Chor erklang, was nicht so häufig war, da die Oper selten gespielt wurde, sang ich lauthals mit. Manchmal kamen mir dabei auch die Tränen.

Ab und zu hörte man davon, dass eine Berliner S-Bahn oder ein Schwertransporter die Mauer durchbrochen hätten. So hoffte auch ich, als ich mit meinem Freund in den Semesterferien einmal in der Umgebung von Berlin famulierte, dass das Schiff der „Weißen Flotte", das durch die Berliner Gewässer fuhr, vielleicht in Westberlin landet, was es natürlich nicht tat.

Einmal haben wir ein Kinderheim im Rahmen einer Sozialhygiene-Famulatur besucht, das im Sperrgebiet lag, und ich konnte einen Mann in seinem Garten in Frohnau nur wenige Meter von mir entfernt sehen. Dazwischen war jedoch ein flacher Graben mit aufgerolltem Stacheldraht, unüberwindlich für mich. Ich war verzweifelt! Die Kinder in dem Heim stammten von Eltern oder allein erziehenden Müttern, die in den Westen geflüchtet waren und ihre Kinder zurückgelassen hatten. Eine schreckliche Tragödie!

Zugleich begriff ich aber auch, dass unter diesen Umständen der Teilung ein Leben in der Nähe von Berlin, der Stadt, die ich so geliebt hatte, für mich nicht mehr in Frage kam. Es tat zu weh und verletzte mein Gerechtigkeitsgefühl zu sehr, plötzlich Wachtposten und Stacheldraht oder herausgerissene Straßenbahnschienen zu sehen, wo die Straße früher einmal weitergeführt hatte. Jede Begegnung mit der geteilten, grausam verstümmelten Stadt war für mich wahnsinnig schmerzhaft.

Als ich einmal die Allee „Unter den Linden" in Richtung Brandenburger Tor entlang ging, wurde ich unsanft von einem Polizisten gestoppt und aufgefordert umzukehren. Das war schon weit vor dem eigentlichen Tor, das man natürlich nicht passieren durfte. Ich blieb stehen und schaute sehnsüchtig in die verbotene Richtung. Darauf der Polizist in breitestem Sächsisch: „Wos gibbts denn do zu säähn?" Mit Tränen der Wut, aber auch der Ohnmacht in den Augen dachte ich: Wer maßt sich hier eigentlich das Recht an, uns vorzuschreiben, wohin wir gehen dürfen und wohin nicht?

In Leipzig durfte man wenigstens noch immer ungehindert von Ost nach West fahren. Hier hatte sich das Leben inzwischen wieder eingespielt. Wir besuchten die Vorlesungen in den klinischen Fächern und legten sogenannte Testate, das waren jeweils kleine Zwischenprüfungen, im Laufe oder am Ende des Semesters ab. Die Professoren waren meistens schon etwas älter und auf ihrem

Fachgebiet erfahren und international anerkannt, was unserer Ausbildung natürlich zugute kam. In kleinen Gruppen hatten wir auch praktische Kurse am Krankenbett. Dort wurde uns gezeigt, wie man einen Patienten untersucht, wie man den Bauch abtastet, das Herz und die Lungen abhört und den Blutdruck misst. Besonderer Wert wurde auf die sorgfältige Erhebung der Anamnese gelegt, das heißt die Befragung der Patienten nach ihren Beschwerden. Noch heute erinnere ich mich sehr genau daran, und ich habe später bei meiner praktischen Arbeit als Ärztin viel davon profitiert. Wir haben damals gelernt, den Patienten als Individuum zu achten und unsere fünf Sinne sowie unseren Verstand bei der Diagnosefindung einzusetzen, um ihm zu helfen. Ich bin noch heute dankbar für diese gute Ausbildung!

Dessen ungeachtet mochten wir natürlich den einen oder den anderen Professor lieber. Ich war begeistert von der Vorlesung über die allgemeine und die spezielle Pathologie, die der neu ernannte Ordinarius, Herr Professor Holle, der aus Greifswald berufen worden war, hielt. Er verstand es, dieses Fach so interessant und eindrucksvoll darzustellen, und es erschien mir alles so logisch und gut ableitbar. Noch dazu betrachtete man den ganzen Menschen mit all seinen Verknüpfungen. Immer wieder ließ er philosophische Betrachtungen aus Büchern, die er gerade gelesen hatte, in die Vorlesung mit einfließen, so dass wir Studenten zum Nachdenken angeregt wurden.

Einen ähnlichen Ansatz fand ich in dem „Lehrbuch der Allgemeinen und Speziellen Pathologie" von Büchner, dem damaligen Ordinarius in Freiburg, das wir mit einem Bezugsschein erwerben konnten.

Ebenfalls angetan war ich von der Vorlesung in Psychiatrie, die Herr Professor Müller-Hegemann hielt. Fand ich hier doch durch die Beschäftigung mit der Seele die Ergänzung zu dem Morphologischen der Pathologie. Eine Zeitlang war ich überzeugt, dass ich die Menschheit retten könne, wenn ich später in der Psychiatrie arbeiten würde. Ich glaubte, man müsste nur richtig zuhören und auf die Patienten eingehen können, dann hätte man Erfolg und könnte ihnen helfen.

Eines Tages sollten wir in einer kleinen Gruppe auf einer geschlossenen psychiatrischen Station hospitieren. Dabei lernten wir nacheinander zwei Patienten mit unterschiedlichen Krankheiten kennen. Jetzt konnte ich also loslegen. Doch schon die Befragung misslang, da die Patienten ausdruckslos an mir vorbei sahen und nicht antworteten. Ich hatte das Gefühl, dass ich sie gar nicht erreichte, so sehr ich mich auch bemühte. Nachdenklich verließ ich die Abteilung und war mir nicht mehr so sicher, dass ich Psychiaterin werden wollte.

Bei solchen Erlebnissen war ich immer dankbar, dass ich mich mit meinem Freund und Kommilitonen austauschen konnte. Wir gingen zusammen in die Vorlesungen und Praktika, standen nach Karten in der Oper an, die kurz vorher neu eröffnet worden war, und buchten ein Konzertanrecht für Studenten im Gewandhaus. Gern feierten wir auch abends zusammen mit einigen unserer Kommilitonen bei Erdbeerbowle in der Regina-Bar.

In jener Zeit, in der ich nach der Flucht meiner Wirtsleute in den Westen ohne neue Vermieter war, wurde auch oft bei mir gefeiert und Erdbeerbowle angesetzt.

Inzwischen hatte ein Rechtsanwalt in Leipzig mir geholfen, dass ich das Erbe meiner Eltern antreten konnte. Darunter befand sich auch der Wartburg meines Vaters, ein Exportmodell mit Schiebedach, in dem ich nach Bestehen meiner Fahrschulprüfung nur einmal am Steuer sitzend zusammen mit meinem Vater gefahren war. Beim zweiten Mal habe ich die Trauergäste anlässlich seines Todes transportiert.

Zu unserer Zeit war es völlig unüblich, als Student ein Auto zu besitzen. Ich hätte gern darauf verzichtet und meinen Vater noch gehabt! Da ich unter den Mitstudenten nicht hervorstechen wollte, bin ich nur selten mit dem Auto zur Vorlesung gefahren, und wenn es einmal vorkam, habe ich den Wagen immer in einer Nebenstraße abgestellt. Sehr gute Dienste hat uns das Auto geleistet, wenn mein Freund und ich abends unterwegs sein mussten und wenn wir mit Zelt und Boot im Sommer nach Mecklenburg gefahren sind.

Da ich auch Geld geerbt hatte, benutzte ich dies sowohl zum Unterhalt des Autos als auch für meinen eigenen Unterhalt, denn ich war zum Rektorat gegangen und hatte gesagt, dass ich geerbt hätte und deshalb auf das Stipendium verzichten würde. Das war finanziell eine schmale Gratwanderung. Ich hatte alles genau ausgerechnet und eingeteilt, damit ich bis zum Ende des Studiums hinkäme. Eigentlich war ich es gewohnt, bescheiden zu leben. Mein Vater hatte mich immer sehr kurz gehalten. Ich bekam in der Oberschule unter meinen Mitschülern das geringste Taschengeld, und es wäre mir nicht im Traum eingefallen, ihn um mehr zu bitten. Ich war so dankbar, dass ich mit seiner Hilfe und Zustimmung studieren durfte und wusste zugleich, dass ich nach dem Staatsexamen arbeiten und mein eigenes Geld verdienen würde. Soweit musste ich kommen.

Um dieses Ziel zu erreichen, hatte ich mir während des Studiums einen Doktorvater gesucht, zunächst zusammen mit einer Kommilitonin aus meiner Studiengruppe. Unser Doktorvater war ein Tscheche, der als Oberarzt in der Universitätsfrauenklinik arbeitete. Wir sollten bei Spitzensportlerinnen an der DHfK (Deutsche Hochschule für Körperkultur) untersuchen, ob bei den Schwimmerinnen Wasser in die Scheide eindringt. Ganz so glücklich waren wir mit diesem Thema nicht, und noch ehe wir richtig begonnen hatten, wurde die Sache abgeblasen, weil unser Doktorvater sich in den Westen abgesetzt hatte. Ich war nicht traurig darüber, aber es war Zeit vergangen, und, wenn man experimentell arbeiten wollte, brauchte man viel Zeit. So entschloss ich mich dann, mir einen neuen Doktorvater zu suchen, der mir eine andere Aufgabe gab. Ich ging zu Herrn Professor Emmrich, dem Ordinarius der Inneren Medizin, der aus Magdeburg gekommen war und dem ich mich vielleicht deshalb verbunden fühlte. Diesmal wollte ich jedoch eine statistische Arbeit, bei der ich nicht vom Experiment abhängig war, sondern das Tempo selbst bestimmen konnte, wenn ich fleißig war. Professor Emmrich ermunterte mich, anhand von Krankenakten im Archiv der Inneren Klinik über verschiedene Aspekte bei Leberzirrhose zu arbeiten. Dieses Thema interessierte mich sehr, und ich begann, mich hinter den Akten zu verkriechen. Das konnte man auch an den Wochenenden, wenn keine Vorlesungen stattfanden, machen. Daneben musste ich mich aber auch in die Materie anhand der Literatur einarbeiten. Dazu ging ich in die Deutsche Bücherei, eine der größten und modernsten Büchereien Europas.

Im Lesesaal der Deutschen Bücherei habe ich zweieinhalb Jahre fast jede freie Minute, die ich neben dem Studium erübrigen konnte, zugebracht. Ich hatte ja nicht geahnt, wie viel Literatur bereits über die Leberzirrhose existierte. Wir konnten damals nicht so ohne Weiteres die Artikel aus den Zeitschriften oder Büchern kopieren. Es gab keine Xerographie-Geräte für jedermann, so dass man sich von jedem Artikel, den man für wichtig hielt und den man vielleicht in seiner Arbeit zitieren wollte, einen handschriftlichen Auszug anfertigen musste. Mit nach Hause nehmen durfte man den Lesestoff auch nicht. Die Ausleih-Zeit war zudem begrenzt und wurde genau festgelegt. Nicht selten sank mein Kopf auf den Tisch, und ich war eingeschlafen. Zu bestimmten Zeiten traf man immer die selben Benutzer, das heißt, dass man sich vom Sehen kannte. Manchmal konnte es passieren, dass ich nach kurzem Schlaf meinen Kopf hob und einen Zettel auf dem Tisch mit den Worten „Ruhe sanft" fand, den ein Spaßvogel dort deponiert hatte.

Zur gleichen Zeit arbeitete auch mein Freund an seiner Doktorarbeit in der Frauenklinik. Wir hatten uns vorgenommen, unsere Arbeiten während des Studiums fertigzustellen, da wir fürchteten, nach dem Examen nicht in Leipzig bleiben zu dürfen und neben der dann beginnenden anstrengenden beruflichen Tätigkeit noch weniger Zeit und Kraft als jetzt zu haben. Die Promotion selbst durfte jedoch erst erfolgen, wenn man das medizinische Staatsexamen bestanden hatte. Bis zum Beginn des Staatsexamens, das 21 Fächer umfasste, deren Prüfung man innerhalb eines halben Jahres absolvieren musste, wollten wir fertig sein. Die Arbeit musste auch noch dem Doktorvater vorgelegt und von ihm abgesegnet werden.

Ich hatte meine Arbeit im Herbst Herrn Professor Emmrich vorgelegt und hoffte nun, dass er bald die Zeit fände, sie zu lesen und dass er nicht allzu viele Änderungen verlangte, denn die Zeit drängte. Nach ein paar Wochen konnte ich sie mir bei seiner Sekretärin wieder abholen und suchte nach seinen Kommentaren und Änderungswünschen, fand aber keine. Daraufhin ging ich zu ihm und sagte ihm, dass ich die Arbeit so zurückerhalten hätte, wie ich sie abgegeben habe, ohne Korrekturen. „Oh", meinte er, „dann muss ich sie mir wohl noch mal anschauen." Ich war verzweifelt. Noch einmal das bange Warten, und die Zeit verging. Doch diesmal erhielt ich das Manuskript schneller zurück und wieder ohne Korrekturen! Als ich ihn erneut darauf hinwies, sagte er: „Wenn ich nichts geändert habe, dann ist die Arbeit in Ordnung," Ich war selig! Jetzt endlich konnte ich an die Examensvorbereitungen denken.

Mein Freund wohnte schon einige Zeit mit bei mir. Da ich als Studentin nicht verheiratet sein wollte, hatten wir uns verlobt. Einfach so zusammen zu leben, war damals nicht üblich. Da wir beide keine Eltern mehr hatten, blieben wir, wenn die Kommilitonen in den Semesterferien oder zu Weihnachten nach Hause fuhren, in meinem Studentenzimmer in Leipzig. Wir schliefen in einem Bett, wuschen uns in dem Waschbecken neben der Zimmertür und kochten und backten auf einem mit zwei Kochplatten bestückten Elektroherd, dessen eine Platte eingesenkt war für die Etablierung der Kuchenform. Das Gedeihen des Kuchens konnte man durch ein kleines rundes Fenster verfolgen. Wir taten dies abwechselnd. Wenn wir den Eindruck hatten, dass der Kuchen fertig sei, kam das Schwerste, nämlich den Kuchen ohne Schaden herauszubekommen. Beim ersten Mal mussten wir ihn teilweise zerstören. Doch eines Nachts kam mir eine Erleuchtung. Das Einfetten der Form genügte nicht. Man musste versuchen, Luft zwischen Form und Kuchen zu bringen. Dazu benutzte ich Semmelbrösel, und siehe da, es klappte! Der Kuchen ließ sich ohne Schaden aus der Form lösen. Ich erzählte meine „Erfindung" ganz stolz meinen beiden Großtanten in Kleinweitzschen und hörte dann, dass das die meisten Hausfrauen so machten! Ich hatte diesen Trick also noch einmal erfunden.

Da mein Verlobter und ich in einer Studiengruppe waren, hatte ich vorgeschlagen, dass wir das Staatsexamen zusammen lernen sollten. Also bemühten wir uns um gemeinsame Prüfungstermine für das nächste halbe Jahr. Als erstes Fach hatten wir die Augenheilkunde gewählt, zu deren Prüfung wir noch im Dezember antreten wollten. Es war zwar ein sogenanntes kleines Fach im Vergleich zu der Inneren Medizin oder der Pharmakologie, aber wir hatten wegen der Doktorarbeit nicht mehr soviel Vorlaufzeit zum Lernen, und dann wollten wir auch erst einmal sehen, wie die Prüfungen zum Staatsexamen denn so laufen. An einem dunklen

Dezembertag traten wir zu viert spätnachmittags in der Augenklinik bei dem damaligen Ordinarius, Herrn Professor Sachsenweger, an. Ich trug das schwarze Kostüm, das ich mir anlässlich der Beerdigung meines Vaters zugelegt hatte, mein Verlobter einen schwarzen Anzug. Da das Lehrbuch für die Augenheilkunde nicht so dick war, hatten wir uns gut vorbereiten können. In meiner Erinnerung haben wir die meisten Fragen beantwortet, sicher nicht alle exzellent und druckreif. Nach Beendigung der Prüfung warteten wir gespannt auf das Ergebnis. Plötzlich ging die Tür auf, und der Professor kam erregt heraus und überfiel uns mit einem Vortrag, wie ungenügend unsere Leistungen gewesen seien und was wir eigentlich für Vorstellungen von einem Staatsexamen hätten. Uns wurde ganz ängstlich zumute, und ich dachte: „Das fängt ja gut an." Wir waren auf das Schlimmste gefasst, als er verkündete, er könne nur mir eine Eins geben, den anderen eine Zwei. Wir atmeten auf und verließen erleichtert und völlig zufrieden mit dem Ergebnis die Augenklinik.

Als nächstes hatten wir die großen Fächer Pharmakologie und danach die Pathologie gewählt, weil wir der Meinung waren, dass man mit der Pharmakologie einen schweren Brocken hinter sich lässt und die Pathologie ein Grundlagenfach ist, mit dessen Hilfe man auch in den anderen Fächern wie der Inneren Medizin oder der Chirurgie eine Basis hat und dann für diese Fächer sich zusätzlich Wissen über die konservative und die operative Therapie aneignen muss. Doch es war gar nicht so einfach, Termine für die Prüfungen zu bekommen. Für einen Prüfungstermin in der Pathologie haben wir uns frühmorgens um 5.00 Uhr angestellt. Als wir nach der Öffnung des Instituts um 8.00 Uhr dran waren, gab es bis April keine Termine mehr bis auf den 13. Februar. Diesen Tag wollte niemand wegen der Zahl 13. Das war unsere Chance, und wir sagten zu. Der Tag hat uns Glück gebracht!

So absolvierten wir eine Prüfung nach der anderen. Haderten zwischendurch auch mal wegen der Belastung. Es hatte sich als sehr gut erwiesen, dass mein Verlobter und ich das halbe Jahr zusammen lernten. Wir hatten unsere Tiefpunkte zu unterschiedlichen Zeiten und konnten uns so herausholen, weil der eine gerade stark war, wenn der andere schwächelte. Ich war zum Beispiel verzagt, wenn ich das dicke, eng beschriebene Lehrbuch der Inneren sah, dessen erste Seiten wir gerade lasen. Wie sollten wir das je schaffen und am Ende auch noch können? Er war verzagt, wenn wir das Buch durchgearbeitet hatten und man nicht sicher war, ob man das Gelesene zur rechten Zeit abrufen konnte. Dann fühlte ich mich gut, weil wir es geschafft hatten und ich auf mein Gedächtnis und auch auf ein bisschen Glück vertraute. Ich erlebte außerdem, wie sich mit jedem Fach, das wir lernten, das medizinische Wissen und Verständnis wie ein Puzzlespiel zusammensetzte und zu einem Ganzen vervollständigte. Wir hatten kein Spezialwissen, aber einen guten Überblick über die Medizin, und wir wussten, wo man nachschlagen konnte. Nie wieder habe ich das Gefühl gehabt, in allen Fächern ein bestimmtes Basiswissen zu haben, das im Einzelfall natürlich vertieft werden musste.

Es wurde langsam Zeit, dass wir endlich mit der praktischen Arbeit beginnen konnten! Nur über den Büchern sitzen, wollten wir nun nach sechsjährigem Studium nicht mehr.

Im Frühsommer 1963 bestand ich das medizinische Staatsexamen an der Karl-Marx-Universität Leipzig mit „Sehr gut". Ich war zu jener Zeit noch nicht 24 Jahre alt. Wenige Tage danach wurde ich promoviert. Dafür musste ich mich von drei Professoren der Medizinischen Fakultät, dem Dekan und zwei Beisitzern, prüfen lassen. Das Gespräch bezog sich sowohl auf die Ergebnisse meiner Doktorarbeit, die ja kurz vor Examensbeginn fertiggestellt worden war, als auch auf allgemeine medizinische, ethische und persönliche Fragen. Ich erinnere mich, dass die Prüfer immer von mir wissen wollten, was für ein Fachgebiet ich denn mal ausüben möchte. Gerade das wusste ich noch nicht so genau, da mir die Praxis fehlte. Schließlich endete das Ganze in der wohlwollenden Empfehlung, dass ich mich als Frau doch der Dermatologie oder der Neurologie zuwenden könnte, beides Fächer, die ich nie in Erwägung gezogen hatte.

Eines aber habe ich nie vergessen, nämlich, dass der damalige Dekan, Herr Professor Wildführ, am Ende des Gesprächs beim Überreichen der Promotions-Urkunde zu mir sagte: „Sie tragen jetzt einen imaginären Doktorhut. Denken Sie bei allem, was Sie tun, daran, und erweisen Sie sich dessen würdig."

Als frisch gebackene Doktorin der Medizin kam ich heraus auf die Liebigstrasse und war wahnsinnig glücklich, als mich mein Verlobter dort erwartete und in den Arm nahm. Die Sonne schien strahlend vom Himmel, und so sah es auch in meinem Herzen aus. Einer nur fehlte zu meinem Glück, und das war mein Vater! Wie sehr hätte ich mir gewünscht, dass er das erlebt hätte! Er, der immer so stolz auf mich gewesen war und dem ich so gern für all seine Liebe gedankt hätte! Ein bisschen beneidete ich diejenigen Kommilitonen schon, die von ihren Eltern abgeholt wurden.

Doch eigentlich gab es keinen Grund zum Traurigsein, denn in wenigen Tagen wollte ich meinen Kommilitonen heiraten. Immer, wenn wir mit der Lernerei haderten, machten wir Pläne für unsere Hochzeit. Das half! Es sollte eine Studentenhochzeit werden. Eltern hatten wir beide nicht mehr, auch sonst nur noch wenige Verwandte. Jeder von uns hatte eine Tante im Westen, die Schwester unserer Mütter, deren Männer im Zweiten Weltkrieg gefallen oder umgekommen waren. Ich hatte noch eine weitere Schwester meiner Mutter in Magdeburg und zwei Großtanten in Kleinweitzschen, einem Dorf bei Döbeln. Daneben gab es eine Freundin von mir, meine ehemalige Russisch-Lehrerin. Der Rest der eingeladenen Gäste waren Studenten, darunter auch der

*Auf den Stufen der Thomaskirche zu Leipzig im Sommer 1963*

jüngere Bruder meines zukünftigen Mannes, der ebenfalls Medizin studierte.

Die Trauung fand in der Thomaskirche zu Leipzig statt. Das Mittagessen hatten wir im Hotel „International" bestellt, das man zu Fuß von meinem Studentenzimmer erreichen konnte. Für den Nachmittag hatten unsere neuen Vermieter uns das Zimmer neben meinem zur Verfügung gestellt, das über eine Treppe sogar Zugang zum Garten hatte. In diesem Zimmer hatten wir die Kaffeetafel hergerichtet, und durch die Möglichkeit, nach draußen gehen zu können, waren wir nicht gar zu sehr beengt.

Im August fuhren wir – wie immer – nach Mecklenburg, um unsere Flitterwochen dort zu verbringen. Danach sollte der Ernst des Lebens, die Pflichtassistenten-Zeit, beginnen. Eigentlich wären wir am liebsten in Leipzig geblieben. Wir liebten die Großstadt, das Theater, die Oper und das Gewandhaus. In Leipzig bleiben durften jedoch nur wenige Auserwählte. Wir hatten keine Beziehungen oder Protektion. So schickten wir unsere Bewerbung um eine sogenannte Pflichtassistentenstelle an 16 Kliniken innerhalb der DDR und warteten bang, wer uns denn nehmen und wohin es uns verschlagen würde. Die einzige Zusage bekamen wir vom Kreiskrankenhaus Suhl in Thüringen. Noch in Mecklenburg erreichte uns ein Schreiben des dortigen Chefarztes mit der Aufforderung, die Stelle bis zum 15.September anzutreten. Andernfalls bekämen wir die Stelle nicht. Wir waren wenig begeistert, denn ich hatte die Idee gehabt, dass wir an der Universität nach Semesterbeginn vielleicht noch ein paar Vorlesungen in der Psychologie hören könnten, ehe wir nach Suhl gehen. Ich fürchtete, dass wir in unserem künftigen Leben nie mehr dazu Zeit und Gelegenheit hätten, was sich auch bestätigt hat. Das bedauere ich noch heute!

## Die Zeit in Suhl

Also machten wir uns eines Tages im September auf den Weg nach Suhl. Man musste damals mit dem Auto noch über die Landstraße nach Oberhof und Zella-Mehlis fahren, ehe man in die Bezirkshauptstadt Suhl kam. Ich erinnere mich, wie mein Herz immer beklommener wurde, als wir die Serpentinen hochfuhren und alle paar Kilometer ein Schild erblickten, auf dem zu lesen war: „Autofahrer, du kommst jetzt in die Höhen des Thüringer Waldes. Regen, Nebel, Eis und Schnee sind dein ständiger Begleiter." Und das mir Flachländer! Ich war zutiefst erschrocken.

Die Vorstellung bei unserem zukünftigen Chef war nicht weniger aufregend. Im Kreiskrankenhaus Suhl gab es damals nur eine chirurgische Abteilung, die von einem Chefarzt in den besten Jahren, Herrn Dr. Habisch, geleitet wurde. Nach dem Studium mussten wir eine einjährige Pflichtassistentenzeit absolvieren, um die Approbation zu bekommen, das heißt den Befähigungsnachweis, selbstständig als Arzt arbeiten zu dürfen. Jeweils vier Monate Chirurgie und Innere Medizin waren Pflicht, die restlichen vier Monate konnte man in einem Fachgebiet seiner Wahl arbeiten. Bei mir wäre das die Kinderheilkunde gewesen. Doch der zukünftige Chef legte gleich fest, dass wir bei ihm acht Monate in der Chirurgie arbeiten müssten, das hieß also, dass die Chirurgie unser „Wahlfach" sei. Mir verschlug es die Sprache!

Daneben teilte er mir zu Beginn unseres Gesprächs lapidar mit, dass er Frauen als Kollegin nicht ausstehen könne und er mich eigentlich nur auf Grund eines Artikels einer Oberärztin im Ärzteblatt genommen habe, in dem diese beklagte, dass viele Absolventinnen des Medizinstudiums Schwierigkeiten hätten, eine Anstellung zu bekommen. Da hätte er gedacht: Jetzt bist du mal sozial und nimmst eine Frau. Ich bin eigentlich nicht sehr schlagfertig, aber immerhin antwortete ich damals trocken: „Na, dann bin ich ja hier richtig."

Im nächsten Satz deutete er mir mit einer unmissverständlichen Handbewegung an „und mit dickem Bauch spielt sich während der Zeit hier nichts ab". Ich entgegnete schon etwas besser vorbereitet: „Sie haben Glück, Herr Chefarzt, dass unsere Vorstellungen in diesem Punkt übereinstimmen. Mein Mann und ich hatten auch nicht vor, während der Pflichtassistentenzeit ein Baby zu bekommen."

Dann wurden wir zur Arbeit eingeteilt. Mein Mann bekam die Frauenstation, ich die Männerstation. Das gefiel mir schon besser, denn dort gab es vor allem in den Zimmern, in denen die Unfälle mit den verschiedensten Knochenbrüchen lagen, viel Spaß. Außerdem wollten sich die Männer vor einer Frau keine Blöße geben und bissen die Zähne zusammen, wenn es mal weh tat.

Morgens um 7.00 Uhr mussten wir antreten und bei den Operationen assistieren. Danach ging es in den septischen Operationsraum zu den kleineren Eingriffen, bei denen wir erst zuschauten, um sie beim nächsten Mal selbst zu machen. Zwischen 13.00 und 16.00 Uhr hatten wir abwechselnd Dienst. Der Chef und der Oberarzt waren dann meist zu Hause. Mann konnte sie jedoch jederzeit rufen, wenn man nicht allein zurechtkam. Um 16.00 Uhr kam der Chef dann zur Visite, und wir stellten die Patienten unserer Stationen vor. Bis um 19.00 Uhr kümmerten wir uns um die Neuzugänge, bei denen wir die Anamnese erhoben und die körperliche Untersuchung durchführten. Das hatten wir ja während des Studiums gelernt, und es machte uns Spaß, das Gelernte jetzt endlich anwenden zu können.

Nach etwa 14 Tagen wurden wir zum Nachtdienst eingeteilt. Jeder von uns hatte eine Woche Nachtdienst, musste danach aber auch am Tage seinen Mann stehen. In der dritten Woche machte der einzige außer dem Oberarzt vorhandene Facharzt den Nachtdienst. Dann hatten wir das Wochenende frei und fuhren fast immer nach Leipzig. Wir hatten dort mein Studenten-

*Während des Sonntagsdienstes im Klinikgarten in Suhl (1964)*

zimmer behalten, da für uns klar war, dass wir zur Facharztausbildung zurückkommen werden.

Spät abends kehrten wir oft am Sonntag nach Suhl zurück, um am nächsten Morgen um 7.00 Uhr wieder im OP oder bei der Röntgenbesprechung zu sein. Wir bewohnten zwei kleine Zimmer im ersten Stock einer Häusler-Kate an der Hasel, unweit des Krankenhauses. Die Hasel war ein Bach neben der Straße, der bei Regen und Schneeschmelze anschwoll. In dem von uns als Wohnzimmer benutzten Raum war ein Waschbecken, in dem wir uns und das Geschirr wuschen. Das kannten wir schon von Leipzig. In dem zweiten Raum standen nur zwei Betten und ein großer Überseekoffer, den wir irgendwoher geerbt hatten. Zu unserem Leidwesen musste der Koffer zwischen den Betten stehen, da man sonst das Fenster nicht öffnen konnte. Und wir hätten doch so gern die Betten nebeneinander gestellt!

Ein Problem war noch die Beschaffung einer Garage für den Wartburg, den ich von meinem Vater geerbt hatte und den wir natürlich wie einen Augapfel hüteten, denn auf ein Auto musste man nach der Bestellung zehn bis 14 Jahre warten und zudem war es noch sehr teuer für unsere Verhältnisse. So ging ich jede freie Minute zu den Leuten in der Nachbarschaft und fragte, ob sie nicht eine Garage vermieten würden. Als ich das einmal dem Chef erzählte, nannte er mir einen Mann, von dem er wusste, dass dieser eine freie Garage in der Nähe der Klinik besaß. Ich klingelte eines Tages bei ihm und fragte danach. Er sah mich freundlich an und meinte, dass in dieser Garage sein kleiner Laster stünde. Ich war sichtlich enttäuscht und wollte abziehen. Plötzlich sagte er: „Ja, da muss ich den wohl rausnehmen." Ich war selig! Endlich hatte ich eine Garage für unser Auto gefunden. Als ich das am anderen Tag dem Chef erzählte, wollte er es gar nicht glauben und meinte, ich müsse den Garagenbesitzer wohl an seine Tochter erinnert haben.

Wir hatten im September mit der Arbeit begonnen, und mit der Zeit merkte ich, dass der Chef immer zufriedener mit uns wurde und sehr gern mit mir operierte. Eines Tages durfte ich sogar meinen ersten Blinddarm operieren, und er assistierte mir. Ich war natürlich aufgeregt, dass ich etwas falsch machen könnte, und am Ende der OP sagte ich erleichtert zu ihm: „Herr Chefarzt, Sie waren wunderbar." Er antwortete mit einem breiten Grinsen.

Während einer anderen OP, bei der ich assistierte, nutzte ich die Gunst der Stunde, als er beim Zunähen der Wunde leutselig und offenbar gut gelaunt meinte, dass ich doch eigentlich bei ihm nichts auszustehen hätte, indem ich ihn daran erinnerte, dass er meine Flitterwochen versaut hätte. Schließlich war er es doch gewesen, der uns aus Mecklenburg herbeizitiert hatte. Er reagierte sofort und sagte: „Na, dann macht mal Anfang des Jahres 14 Tage Urlaub in Oberhof und holt eure Flitterwochen nach." Ich war sprachlos. Wir waren eigentlich keine Fans von Winterurlaub, aber es war klar, diesen Urlaub mussten wir jetzt antreten. Wir freuten uns auch darauf nach all der vielen Arbeit und genossen es.

Im Laufe der Zeit lernte ich diesen Chef zu schätzen. Ich habe viel von ihm gelernt im Umgang mit den Patienten. Er hatte immer Verständnis, wenn ein Operierter einmal Appetit auf ein Bier oder sonst einen besonderen Wunsch hatte. Wenn es nur irgend möglich war, wurden wir angewiesen, diese Wünsche zu erfüllen.

Noch mehr beeindruckte mich sein soziales Verständnis. Wir hatten in Suhl oftmals Patienten, die Mitglied der SED waren und Beziehungen zu höchsten Regierungsstellen in Berlin hatten. Hochwertige Antibiotika waren ein Engpass und mussten gegen harte Devisen importiert werden, so dass nicht alle Patienten diese Medikamente in ausreichender Menge erhalten konnten. Wenn die Parteigenossen solche Medikamente brauchten und verkündeten, dass sie sie aus dem Regierungskrankenhaus besorgen könnten, forderte der Chef immer, dass sie die doppelte Menge bestellten. So hatten wir das begehrte Mittel immer auch für Patienten, die nicht diese Beziehungen hatten.

Später, als ich als Landärztin arbeitete und manchmal alleinstehende alte Patienten betreute, die ich nicht allein mit einer Lungenentzündung zu Hause liegen lassen konnte, bin ich immer persönlich zu ihm gegangen, um ihn zu bitten, den Patienten doch aufzunehmen. Er hat mir eine solche Bitte nie abgeschlagen, obwohl es sich ja eigentlich um internistische Fälle gehandelt hat. Aber wir hatten ja keine Abteilung der Inneren Medizin.

Mein Mann hatte die vier Monate Innere Medizin in Schleusingen absolviert. Ich hatte gehört, dass in Meiningen ein berühmter Internist, Herr Professor Heidelmann, Chef der Inneren sei. So entschloss ich mich, meine Pflichtassistenz dort zu machen. Das bedeutete, dass ich jeden Tag um 5.00 Uhr aufstehen und mit dem Zug nach Meiningen fahren musste. Der Dienst ging bis 16.30 Uhr, und oftmals schaffte ich, wenn fünf Minuten vorher ein Patient gekommen war, den Abendzug nicht mehr, so dass ich dann erst gegen 21.00 Uhr zu Hause ankam. Mein Suhler Chef sagte voller Anerkennung, dass noch keiner der Pflichtassistenten diesen beschwerlichen Weg gewählt hätte.

Am Ende meiner Zeit in der Chirurgie verabschiedete ich mich von dem Chef in Anspielung auf unser Einstellungsgespräch mit dem Hinweis, dass ich davon ausgehe, dass er künftig wieder eine Frau nehmen werde, und er antwortete: „Wenn alle so wären wie Sie!" Offenbar hatte er vor meiner Zeit schlechte Erfahrungen gemacht, wie mir eine Krankenschwester erzählte, und bei knapper Besetzung mit Ärzten lässt es sich schwer verkraften, wenn die Kollegen öfter ausfallen.

Die Chirurgie hatte mir großen Spaß gemacht. Es war immer ein großes und schönes Erlebnis, wenn die Patienten nach einer Operation oder nach einem Unfall wieder gesund nach Hause gingen oder wenn man sie in der Stadt munter herumspringen sah. Andererseits erlebte ich die vielen Nachtdienste, die ich im Wechsel mit meinem Mann machen musste. Er wollte Internist werden. Wie sollten wir mit einer solchen Konstellation einmal Kinder großziehen können? Mein Mann war zwar damals der Meinung, dass man in diesem Staat keine Kinder großziehen dürfe, ich aber hatte den Wunsch nach Kindern nicht aufgegeben, wollte sie bloß noch nicht jetzt und wünschte mir bessere Wohnverhältnisse als wir sie in dieser Zeit hatten.

Schon zu Studienzeiten hatten mich wissenschaftliche Fragen interessiert, und ich konnte mir gut vorstellen, einmal in einem theoretischen Fach zu arbeiten. In Magdeburg gab es eine pharmazeutische Firma (Fahlberg und List), die Süßstoff herstellte. In dieser Firma bin ich in meinen ersten Schultagen im Winter zur Schule gegangen, da die Grundschule in Westerhüsen nach dem

Krieg nicht geheizt werden konnte. In der Fabrik war es warm, und wir Kinder gingen gern dorthin. Später habe ich als Oberschülerin einmal 14 Tage in der Fabrik gearbeitet und durfte bei Versuchen mit Meerschweinchen dabei sein, die in ein Laufrad gesetzt, aber nicht getötet worden sind.

Irgendwie hatte ich diese Dinge wohl im Hinterkopf, als ich mich entschloss, meine Facharztausbildung in der Pharmakologie in Leipzig zu machen. Der dortige Ordinarius, Herr Professor Hauschild, war international bekannt. Er hatte das Weckamin Pervitin entdeckt. Als ich erste telefonische Kontakte mit seiner Sekretärin aufnahm, meinte sie, dass der Herr Professor sehr gern Frauen nähme, eine Auskunft, die ich bisher noch nie bekommen hatte! Daneben interessierte ich mich auch für eine gesunde Ernährung, so dass ich eine Zeit lang daran gedacht habe, mich am Institut für Ernährungswissenschaften in Potsdam-Rehbrücke, dem einzigen dieser Art in der DDR, zu bewerben. Dem stand entgegen, dass mein Mann gute Chancen hatte, seine Facharztausbildung bei Professor Emmrich, dem Ordinarius für Innere Medizin in Leipzig, machen zu können. Er riet meinem Mann jedoch, vorher ein paar Jahre in die Physiologische Chemie zu gehen, so dass er sich dort und ich mich in der Pharmakologie bewarb.

Beide entschieden wir uns, freiwillig ein Jahr Landpraxis nach Erhalt der Approbation in Suhl zu machen. Während dieser Zeit waren wir in der Poliklinik Suhl angestellt. Mein Mann arbeitete dort in Suhl, ich hatte drei Dörfer – Dietzhausen, Wichtshausen und Dillstädt – im Umland zu versorgen. Zusammen mit einer Gemeindeschwester machte ich an verschiedenen Tagen Sprechstunde und anschließend Hausbesuche in diesen Orten. Daneben war ich für die Nachtdienste zuständig.

Die Gemeindeschwester Gertraude war 26, ich 25 Jahre alt. Wir verstanden uns auf Anhieb und begannen meist fröhlich den Tag, wenn wir von unserem Fahrer, einem Angestellten der Poliklinik, mit einem klapprigen Moskwitsch, dessen Kühlerklappe von Leukoplast gehalten wurde, über die holprigen Dorfstraßen geschaukelt wurden. Ich nannte die Straßen immer „Schwangerschaftsverhütungs-Straßen". Uns selbst nannten wir „die Jugendbrigade", weil wir so jung waren.

Außer im Sommer, mussten wir, ehe wir mit der Sprechstunde begannen, erst den kleinen eisernen Ofen anheizen. Während das Feuer darin lustig flackerte, konnte es losgehen. Im Wartezimmer saßen oft bis zu 70 Patienten. Eine Vorbestellpraxis gab es damals noch nicht. Gegen Mittag leerte sich das Wartezimmer langsam, und wir begannen, die angemeldeten Hausbesuche nach der Dringlichkeit zu ordnen. Eine große technische Ausrüstung besaßen wir nicht. Ich brachte in meiner Tasche jedes Mal ein Blutdruckmessgerät, ein Stethoskop und einen HNO-Spiegel mit. Ich hatte gelernt, mit allen fünf Sinnen die Patienten zu untersuchen. Oberstes Gebot war, ihnen gut zuzuhören, wenn sie erzählten, weshalb sie zu mir kamen. Fast sämtliche Laboruntersuchungen wurden im Labor der Poliklinik in Suhl durchgeführt, so dass wir die Röhrchen mit dem abgenommenen Blut am Ende des Tages mit in die Bezirkshauptstadt nahmen. Die einzige Untersuchung, die wir vor Ort durchführten, war die Messung der Blutkörperchensenkungsgeschwindigkeit, deren Ergebnis uns Aufschluss über eine Infektion geben konnte. Ich erinnere mich, dass wir manchmal das dazu verwendete Röhrchen vorsichtig in der Hand trugen, während wir schon zu Hausbesuchen unterwegs waren. Ich war mir nicht ganz sicher, ob wir dabei noch die richtigen Werte erzielten. Wir wandten diese Methode allerdings nur im Notfall an.

Wenn man den Patienten gut zuhört, kann man sehr oft die richtige Spur für die Diagnose finden. So kam eine Patientin zu mir und klagte darüber, dass sie schlechten Stuhlgang hätte und immer verstopft wäre. Die Abführmittel, die sie bisher verschrieben bekommen hätte, wären wirkungslos geblieben. Also war klar, dass ich nicht noch ein weiteres Abführmittel verschreiben durfte. Ich bat sie, sich auf die Liege zu legen und tastete ihren Bauch ab. Im Unterbauch tastete ich eine Resistenz, die ich für einen gynäkologischen Tumor hielt. Deshalb stellte ich sie am anderen Tag dem Frauenarzt in Suhl vor, der die gleiche Diagnose stellte und bereit war, die Frau zu operieren. Da er mich von meiner Arbeit in der Chirurgie kannte, fragte er mich, ob ich Lust hätte, bei der OP dabei zu sein. Natürlich war ich hoch interessiert zu erfahren, was ich bei der Patientin getastet hatte, und sagte zu. Während der OP stellte es sich heraus, dass die Patientin einen

Dünndarmtumor hatte, der in das kleine Becken herabgesunken war und dort zu Verklebungen mit der Gebärmutter geführt hatte. Dies hatte einen gynäkologischen Tumor vorgetäuscht. So mussten wir den Chirurgen, meinen ehemaligen Chef, rufen, der den Tumor entfernte. Die Frau hatte sich nach der OP gut erholt und wieder normalen Stuhlgang. Ich war sehr froh, dass ich ihr nicht nur ein Abführmittel verschrieben hatte! Sie war so dankbar, dass sie mir jedes Mal, wenn sie zu mir in die Sprechstunde kam, etwas Leckeres mitbrachte, das sie von Verwandten aus dem Westen geschickt bekommen hatte.

Während meiner Tätigkeit als Landärztin musste ich erst lernen, von den Patienten kleine Geschenke anzunehmen. Anfangs war mir das sehr peinlich, und ich wusste nicht so recht, wie ich damit umgehen sollte, zumal das in der Klinik weniger üblich war. Dann merkte ich jedoch, dass die Patienten traurig waren, wenn ich die Geschenke, die sie liebevoll für mich ausgesucht hatten, nicht nahm. So kam ich oft abends heim und hatte die Hutablage des Autos vollgepackt mit Naturalien von meinen dankbaren Patienten, darunter besten Thüringer Rahmkuchen, frisches Gehacktes, Leber- und Rotwürste vom Schlachtfest. Obwohl wir damals nicht viel verdienten, ging es uns finanziell besser als später in Leipzig, wo wir alles kaufen mussten, aber inzwischen mehr Gehalt bekamen. Mein Mann stand oftmals abends oben an der Treppe, wenn ich heimkam und war gespannt, was ich denn heute wieder mitbrachte von meinen Dörfern. In der Stadt Suhl wurde er viel weniger verwöhnt als ich.

Frische Eier hatten wir in jenem Jahr im Übermaß, und das hatte folgenden Grund: Eines Tages bekamen wir während der Sprechstunde einen Anruf mit der Bitte, einen Hausbesuch bei einem kranken Kind zu machen. Ich wollte eigentlich erst nach Beendigung der Sprechstunde zu dem Kind fahren, weil das Wartezimmer noch ziemlich voll war. Nach einem erneuten Anruf hatte ich jedoch keine Ruhe mehr und schlich mich, verschämt und eine Entschuldigung murmelnd, durch das besetzte Wartezimmer. Wir kamen auf einen Bauernhof und fanden einen etwa zehnjährigen Jungen mit bloßen Füßen, aber sonst angekleidet in der Küche vor. Ich setzte mich auf einen Stuhl und betrachtete den Jungen. Er war blass und hatte auffallend tiefliegende und dunkel umschattete Augen. Die Mutter berichtete, dass er oft Pippi machen müsse. Die nackten Füße des Kindes auf den kalten Küchenfliesen ließen mich zuerst an eine Blasenentzündung denken, und ich fragte, ob es denn weh täte, wenn er Pippi machte, was er verneinte. Ich sah, dass der Junge krank war, wusste aber nicht, was er hatte. So saß ich ziemlich ratlos auf meinem Stuhl. Da sagte die Mutter: „... und immer, wenn er Pippi macht, trinkt er seinen Urin gleich wieder aus dem Topf." Plötzlich hatte ich es. Ein normales gesundes Kind trinkt nicht seinen Urin. Hier bestand der Verdacht auf einen kindlichen Diabetes. Wir schickten den Fahrer mit einer Urinprobe nach Suhl mit der Maßgabe, dass sie sofort auf Zucker untersucht werden und das Ergebnis mir unverzüglich mitgeteilt werden sollte. Mein Verdacht bestätigte sich, und ich überwies den Jungen in die Innere nach Meiningen, wo ich vier Monate als Pflichtassistentin gearbeitet hatte. Dort fragte man sofort, wer den Jungen denn überwiesen hätte und war voll des Lobes über mich, wie die Mutter mir später berichtete. Der Junge wurde gut eingestellt und kam bald aus dem Krankenhaus nach Hause zurück. So lange ich in dem Dorf meine Sprechstunde abhielt, brauchten wir keine Eier mehr zu kaufen!

Eines Tages wurde ich von dem Leiter der Poliklinik Suhl, meinem Vorgesetzten, gebeten, einen Kollegen abends bei Hausbesuchen im Einzugsgebiet der Poliklinik zu begleiten, da der Kollege wegen einer Erkrankung längere Zeit nicht als Arzt gearbeitet hätte. Ich hinterfragte den Auftrag nicht. Der Kollege war mir sympathisch, und wir zogen beide los und machten zusammen Hausbesuche. Manchmal boten uns die Patienten oder deren Partner zum Abschied ein Gläschen „Klaren" an. Ich trank eigentlich keinen Schnaps, sondern lieber Wein, den aber natürlich nicht im Dienst. Da ich die Patienten nicht vor den Kopf stoßen wollte, überredete ich auch meinen Kollegen, der ebenfalls zögerte. Wir brauchten ja nicht mit dem Auto fahren, da wir von der Poliklinik einen Wagen mit Fahrer zur Verfügung hatten. Bald darauf wurde ich von meinem Vorgesetzten über die „längere Erkrankung" meines Kollegen aufgeklärt. Er war alkoholkrank und hatte sich in dieser Phase bei einem Hausbesuch zu einer Patientin ins Bett gelegt, ohne ihr etwas anzutun, und seinen Rausch ausgeschlafen. Das hatte zur Folge, dass er eine Entziehungskur machen musste und nicht mehr als Arzt arbeiten durfte, sondern als Gärtner eingesetzt wurde. Mit meiner Hilfe sollte er wieder als Arzt rehabilitiert werden. Leider hatte mich niemand vorher darüber aufgeklärt!

Ein anderes Mal wurde ich zu meinem Vorgesetzten bestellt, und er fragte mich, was ich denn samstags täte. Damals hatten wir noch eine Sechs-Tage-Woche. Auf den Dörfern gab es samstags aber keine Sprechstunde, so dass ich es genoss, wenn mein Mann vormittags in die Poliklinik ging und ich mich um den Haushalt oder das Einkaufen kümmern konnte, zumal ich an den Wochentagen immer später als er heimkam. Ich überlegte, wie ich den Samstag-Vormittag gestalten könnte, und schlug vor, dass ich während dieser Zeit regelmäßig Hausbesuche bei den chronisch-kranken Patienten machen könnte, die aus körperlichen oder verkehrstechnischen Gründen nicht in die Praxis kommen konnten. Dieses Modell wurde ein voller Erfolg. Die oftmals alten und gebrechlichen Patienten saßen schon früh um 7.00 Uhr am Fenster und warteten auf die „Doktorin", die manchmal ihr einziger Gesprächspartner in dieser Woche war.

Inzwischen lagen mir gerade diese alleinstehenden und oftmals einsamen Menschen, deren Umfeld ich durch die regelmäßigen Hausbesuche kennengelernt hatte, besonders am Herzen, und an manchen Sonntagen war ich unruhig, wenn ich einen solchen Patienten mit chronischer Bronchitis, der Fieber bekommen hatte, am Wochenende allein mit einem Antibiotikum in seiner Wohnung zurückgelassen hatte. Wenn sich nun doch eine Lungenentzündung entwickelte? Dann ging ich oft zu meinem alten Chef der Chirurgie in das Suhler Krankenhaus und bat ihn, den Patienten, der eigentlich kein Fall für eine chirurgische Abteilung war, stationär aufzunehmen, damit er gut versorgt war. Der Chef, der Humor hatte, fragte mich einmal schon beim Hereinkommen: „Na, wie alt ist er denn diesmal?" Ich antwortete: „82, aber noch gut drauf!" Darauf er: „Wenn er so gut drauf ist, dann können Sie ihn doch mit nach Hause nehmen." Ich wusste, dass er mich nicht enttäuschte. Er hat mir immer alle Patienten abgenommen!

Inzwischen ist es allgemein bekannt, wie wichtig die Funktion des Hausarztes ist. Er sieht den Patienten als Erster und muss entscheiden, ob er die Therapie nach der Diagnosestellung selbst durchführen kann oder ob er eine Behandlung durch einen Kollegen einer anderen Fachrichtung empfehlen soll. Diese rechtzeitige Weichenstellung ist ganz wichtig und hat nichts mit Inkompetenz des Hausarztes zu tun. Man muss einfach seine Grenzen erkennen und nicht denken, man könnte alles selber machen. So erging es mir mit einer Patientin, die über einseitige, nur zeitweise mit Schmerzen einhergehende Nierenbeschwerden klagte, die schon längere Zeit bestanden hätten, ohne dass jemals eine richtige Diagnose gestellt worden wäre. Ich überwies die Patientin an die nephrologische Abteilung der Inneren Medizin der Medizinischen Akademie Erfurt zur Abklärung. Dort wurde eine seltene einseitige Nierentuberkulose festgestellt, die nun endlich behandelt werden konnte. Die Patientin und ihr Mann waren sehr froh darüber. Zum Zeichen ihrer Dankbarkeit durfte ich in der Konsum-Filiale, die sie führten, während der Mittagszeit, wenn die Filiale eigentlich geschlossen war, in aller Ruhe meine Einkäufe erledigen.

Es gab auch frustrierende Erlebnisse als Landarzt. So wurde ich einmal des Nachts um 3.00 Uhr zu einer jungen Frau gerufen, zu deren Haus ich mich mühsam im Dunkeln vortasten musste, während ich über ausgetretene Treppen stolperte, ehe ich die Klingel fand. Die Frau saß im Bett und klagte, dass sie seit drei Tagen keinen Stuhlgang gehabt hätte. Ich war fassungslos, dass sie mich deshalb mitten in der Nacht kommen ließ und verordnete ihr ein Abführmittel mit der Maßgabe, es unverzüglich aus der Apotheke, die Nachtdienst hatte, zu holen. Ich war sicher, dass sie das Rezept erst am nächsten Morgen einlösen würde.

Ganz anders reagierte ein Patient mit Oberbauchbeschwerden, der ebenfalls nachts um einen Hausbesuch bat. Ich rief in der Poliklinik an, um ein Auto mit Fahrer zu bekommen. Ohne Erfolg. Mir wurde gesagt, dass der Fahrer unterwegs wäre und sich melden würde, wenn er zurückkäme. Dies teilte ich dem Patienten mit und fragte ihn, ob er die Schmerzen noch aushalten könnte. Er meinte, dass es ginge. Als einige Zeit vergangen war und sich der Fahrer nicht gemeldet hatte, rief ich erneut in der Poliklinik an. Inzwischen war der Fahrer da, aber kein Auto. Genervt schrie ich in das Telefon, dann solle er eben mit einem Sanitätswagen, einem sogenannten Sanka, kommen, nicht ahnend, dass wir den dann auch wirklich brauchten. Als ich endlich bei dem Patienten eintraf und ihm den Bauch abtastete, spürte ich sofort eine starke Abwehrspannung im rechten Oberbauch dicht unterhalb des Rippenbogens, das hieß, die Gallenblase war entzündet und drohte zu platzen. Wir betteten den Patienten vorsichtig auf die Liege im Auto, und ich betete inbrünstig, dass wir das Krankenhaus ohne Zwischenfälle erreichen würden. Dort angekommen, kam der Patient gleich auf den Operationstisch und wurde von meinem ehemaligen Chef operiert. Ich durfte dabei sein. Wir sahen uns beide wissend an und waren froh, dass alles gut ausgegangen war. Hier hatte der Patient seine Beschwerden eher untertrieben, und es ist nicht immer leicht für den Diensthabenden, das Krankheitsbild telefonisch richtig einzuschätzen. So hatte ich mir geschworen, lieber einmal unnötigerweise zu einer Patientin mit drei Tage bestehender Darmverstopfung zu fahren als zu spät zu einem Patienten mit einer perforierten, entzündeten Gallenblase zu kommen!

In Suhl hatten wir uns einen Hund angeschafft. Mein Mann hatte sich einen Vierbeiner gewünscht. Ich war einverstanden, allerdings unter der Bedingung, dass er den Hund ausführte, was er auch tat. Unsere Wahl war einvernehmlich auf einen Hovawart gefallen. In Friedrichsroda gab es einen Züchter, und wir fuhren an einem Wochenende dorthin. Wir hatten uns einen kleinen blonden Hund – die Züchter nennen das markenfarbig – vorgestellt und waren maßlos enttäuscht, als wir nur junge schwarze Hunde vorfanden. Wir wollten schon wieder abfahren, es dunkelte bereits.Plötzlich erschien ein wunderschöner, blonder Hovawart in der offenen Scheunentür, der stolz um sich blickte. Der Züchter erklärte, dass dieser Rüde sechs Jahre alt und im letzten Sommer Weltschönheitssieger in Ungarn gewesen sei. Aber wir wollten ja eigentlich einen Welpen. Wenn „Ares", so hieß er, uns gefiele, würde er ihn abgeben. An diesem Abend verabschiedeten wir uns und fuhren nach Suhl zurück. Unterwegs dachte ich immer an den schönen Hund und sagte plötzlich zu meinem Mann: „Ich kann den Hund nicht vergessen." Ihm ging es genauso. Noch am gleichen Abend riefen wir den Züchter an und teilten ihm mit, dass wir den Hund am kommenden Buß- und Bettag abholen würden. Diesen Hund haben wir wahnsinnig geliebt!

Die Anschaffung eines Tieres war für uns nicht ganz unproblematisch, da wir ja in Leipzig bis jetzt nur ein Zimmer hatten. Wir haben diese Anschaffung nur gewagt, weil uns unsere Wirtsleute ein weiteres Zimmer neben dem unsrigen zugesagt hatten, wenn wir nach Leipzig zurückkämen. Es war jenes Zimmer, das sie uns schon zu unserer Hochzeitsfeier zur Verfügung gestellt hatten und das durch eine Treppe Zugang zum Garten hatte. So sollte der Hund vor allem dann in diesem Zimmer mit uns wohnen, von dem aus er ins Freie gelangen konnte. Leider kam es nachher anders als geplant.

Anfang des Jahres 1965 erkundigten wir uns in Leipzig nach unseren Stellen, um die wir uns beworben hatten. Die Stelle meines Mannes in der Physiologischen Chemie war ab September für ihn gesichert. Von der Pharmakologie teilte man mir jedoch mit, dass ich keine Aussicht auf eine Stelle hätte, da die vorhandenen Stellen vorrangig an ehemalige Doktoranden vergeben würden. Ich war tief enttäuscht! Was sollte ich jetzt machen? Es war schon reichlich spät, sich um eine Stelle zu bemühen, und in welchem Fachgebiet sollte ich das tun? Vielleicht bekäme ich gar keine Stelle mehr an der Universität, während mein Mann dort seine Arbeit sicher hatte. Als er mich so verzweifelt sah, schlug er vor, dass wir an einem Freitag nach Leipzig fahren und uns persönlich um eine Stelle für mich bemühen sollten. Ich war einverstanden.

Ziemlich am Ende der Liebigstrasse befand sich das Institut für Mikrobiologie und Hygiene. Dort gingen wir zuerst hinein. Der Ordinarius war Herr Professor Wildführ, den wir von den Vorlesungen her kannten und der mir meine Promotions-Urkunde vor fast zwei Jahren überreicht hatte. Es gelang uns, bis zur Sekretärin vorzudringen. Als ich ihr sagte, dass ich ab September eine Assistentenstelle für die Facharztausbildung suche, meinte sie, ich könnte mich ja bewerben, aber nach Abschluss der Ausbildung müsste ich dann wieder gehen. Ich zog meinen Mann am Ärmel in Richtung Ausgang und erklärte ihm draußen, dass ich nicht bei einem Chef arbeiten wolle, der sich die Assistentin, die bei ihm arbeiten möchte, nicht mal anschaut und bei dem offenbar die Sekretärin das Sagen hat.

Schräg gegenüber war das Physiologische Institut, dessen Chef, Herr Professor Drischel, mir schon als Studentin sympathisch gewesen war. Er konnte sich ebenfalls an mich erinnern und bedauerte, dass er keine freie Stelle für mich hätte.

Was jetzt? Wir standen etwas unschlüssig auf dem Platz vor dem Physiologischen Institut, als mein Blick auf das gegenüber liegende Institut für Pathologie fiel, das von der blassen Februarsonne beschienen wurde. Mein Mann blickte mich fragend an und meinte: „Sollen wir dort mal fragen?" Obwohl ich die Pathologie während des Studiums sehr gern gemocht hatte, war es mir nie in den Sinn gekommen, später einmal dort zu arbeiten. Ich hatte ähnliche Vorstellungen wie die Leute auf der Straße von der Arbeit der Pathologen, indem ich glaubte, die Pathologen würden nur Leichen sezieren. Etwas zaghaft fragte ich meinen Mann: „Willst du denn eine Pathologin zur Frau?" Er wehrte ab und meinte, diese Frage sei doch Quatsch, und wir könnten doch mal hineingehen und fragen. Wenig später saß ich dem damaligen Prosektor, Herrn Professor Cossel, gegenüber, der mir sagte, dass der Chef, Herr Professor Holle, zur Zeit im Krankenhaus läge und er wolle ihm bei seinem nächsten Besuch von meinem Anliegen berichten. Ich solle nur meine Bewerbung abgeben. Soweit er informiert sei, wäre ab Mitte Mai eine Assistentenstelle frei, und wir bekämen Bescheid.

Mit gemischten Gefühlen fuhren wir zurück nach Suhl, um dort unsere tägliche Arbeit zu verrichten. Tatsächlich kam eine Zusage vom Direktor des Instituts für Pathologie, dass ich die Stelle am 15. Mai antreten könnte, andernfalls die Stelle weiter vergeben würde. Ich war in großen Nöten, denn vertraglich waren wir bis Mitte September an Suhl gebunden. Also ging ich wieder zu meinem ehemaligen Chef in der Chirurgie und fragte ihn um Rat. Er machte mir wenig Hoffnung auf eine vorzeitige Freistellung und meinte, die Frau, die im Rat des Bezirkes die Entscheidung trifft, sei knallhart und hätte seinen Oberarzt vor Jahren auch nicht gehen lassen. Beklommen machte ich mich auf den Weg zum Rat des Bezirkes und schilderte der Leiterin mein Dilemma. Ich weiß noch heute, was sie antwortete. Sie sagte: „Wir hätten Sie gern als Ärztehepaar hier im Bezirk Suhl behalten, aber spätestens, wenn Ihr Mann im September seine Stelle in Leipzig antreten wird, werden Sie von hier weggehen. Ich weiß, dass es die Frauen nicht leicht haben, eine Stelle an der Universität zu bekommen. Warum soll ich Ihnen jetzt diese Option vermiesen?" Ich konnte es nicht fassen und hätte sie am liebsten vor Freude umarmt! Mit offenem Mantel bin ich bei winterlicher Kälte den Berg hinunter in die Poliklinik gelaufen, wo mein Mann seine Sprechstunde abhielt, bin in sein Zimmer gestürmt und habe gerufen: „Ich darf gehen!" Auch mein ehemaliger Chef war überrascht. Alle freuten sich über diese unkonventionelle menschliche Entscheidung.

Viel Zeit blieb mir jetzt nicht mehr, meine Rückkehr nach Leipzig zu organisieren. Mir taten auch meine Patienten leid, die mir inzwischen ans Herz gewachsen waren und die mich ungern gehen ließen. Ich möchte diese Zeit, die ich in der Praxis auf dem Lande verbracht habe mit all den menschlichen Begegnungen nicht missen. Sie haben einen festen Platz in meinem Herzen. Andererseits wollte ich unbedingt zurück an die Universität, um noch mehr zu lernen. So habe ich auch versucht, es meinen Patienten zu erklären.


## Wieder zurück in Leipzig

So begann ich also Mitte Mai 1965 mit der Arbeit als wissenschaftliche Assistentin am Institut für Pathologie der Karl-Marx-Universität Leipzig. Die Stadt war mir vom Studium und von den Kurzaufenthalten an den freien Wochenenden während meiner Suhler Zeit bestens vertraut. Es fehlte mir jedoch mein Mann, der noch bis September in Suhl verpflichtet war. Deshalb haben wir uns alternierend an den Wochenenden einmal in Suhl, einmal in Leipzig getroffen, manchmal auch auf halbem Wege in Weimar, vorausgesetzt, er hatte keinen Dienst.

Ich genoss es inzwischen, keine Nachtdienste mehr zu haben, die ich nicht gut vertragen hatte. Besonders während der Landpraxiszeit war es mir unangenehm gewesen, nachts auf unbeleuchteten, holprigen Wegen durch Vorgärten oder über wacklige Treppen zu stolpern, ehe ich zu den Patienten vorgedrungen war. Nicht immer waren die Besuche wirklich nötig. Oft hatte mein Mann für mich die Nachtdienste erledigt.

Die Arbeit in der Pathologie war völlig anders und für mich anfangs gewöhnungsbedürftig. Unsere Vermieterin in Leipzig war eine Augenärztin und arbeitete in der Universitäts-Augenklinik. Sie hatte mir im Vorfeld meiner Bewerbung geraten, erst in die Pathologie zu gehen und dann in die Augenklinik zu kommen, um dort die Facharztausbildung zu machen und dann das Gewebe, das ich den an den Augen erkrankten Patienten entnehmen würde, mikroskopisch zu untersuchen. So eine Tätigkeit konnte ich mir gut vorstellen.

Bevor ich in der Pathologie begann, hatte ich ein erstes Gespräch mit dem Chef, Herrn Professor Holle, der wissen wollte, was ich vorhätte. Völlig naiv entwickelte ich ihm meinen Plan, dass ich in seinem Institut die mikroskopische (histologische) Untersuchung von Gewebeproben erlernen wolle, um sie dann später an Gewebeproben von Patienten der Augenklinik durchzuführen.

Er empfahl mir, auf jeden Fall die Facharztausbildung in der Pathologie abzuschließen, ehe ich in die Augenklinik ginge, da andernfalls die Gefahr bestünde, dass mir dort ein Facharzt vor die Nase gesetzt werden würde, wenn ein solcher auftauche. Das leuchtete mir sofort ein, und ich sagte zu, dass ich eine solche Ausbildung bei ihm machen wollte. Daraufhin beschrieb er mir den Weg der Ausbildung, die an seinem Institut klar strukturiert war: 18 Monate musste man zuerst im Sektionssaal arbeiten, das heißt Sektionen an Patienten durchführen, die in den Universitätskliniken oder in den Krankenhäusern von Leipzig oder der Umgebung eines natürlichen Todes gestorben waren. Von den Organen der sezierten Patienten wurden histologische Untersuchungen durchgeführt. Erst dann kam man als Auszubildender für acht Monate in das histologische Eingangslabor, das in Leipzig „Journal" genannt wurde. Hier musste man vier Monate lang das von **lebenden** Patienten entnommene Gewebe und aus den Kliniken an das Institut eingeschickte Material zuschneiden, das hieß beschreiben, wiegen und messen sowie ein für die histologische Untersuchung relevantes Stückchen herausschneiden. Mit dabei saß immer eine medizinisch-technische Assistentin, die die Gewebeprobe zur Weiterverarbeitung im Labor vorbereitete, damit sie als histologischer Schnitt dem Arzt zur Begutachtung vorgelegt werden konnte. Die mikroskopische Untersuchung erfolgte durch den ersten Journalisten, der das Ergebnis dann dem Chef vorstellen musste. Der zweite Journalist, der zugeschnitten hatte, durfte nachmikroskopieren, wenn die Mappen mit den bereits vom Chef begutachteten Schnitten wieder ins Labor zurückkamen. So konnte er lernen, wie das, war er zugeschnitten hatte, mikroskopisch aussieht. Vier Monate später rückte er dann zum ersten Journalisten auf, der vormikroskopierte und damit zum Chef ging.

Nach dem „Journal" musste man vier Monate Außensektionen im Friesenkrankenhaus machen. Dort lernte man, die Befunde selbstständig vor den Klinikern zu vertreten. Die Organe wurden allerdings mit ins Institut genommen und dem Chef oder einem Oberarzt nochmals vorgestellt.

Ein Semester lang war man dann verantwortlich für die Vorlesungen des Chefs, musste Dias heraussuchen und in der Vorlesung anwesend sein. Diese Aufgabe gefiel mir besonders, hatte mich doch als Studentin die Vorlesung von Herrn Professor Holle so sehr beeindruckt. Man konnte nicht nur inhaltlich, sondern auch didaktisch sehr viel von ihm lernen.

Als Letztes schloss sich dann eine sechs Monate lange Hospitation in der Gerichtsmedizin an, die gleich neben dem Gebäude der Pathologie lag und durch eine Verbindungstür sogar von innen zu erreichen war. Hier wurde man mit den Fragestellungen dieses Fachgebietes vertraut gemacht und lernte Grenzfälle zu untersuchen und zu beurteilen.

Erwünscht war zudem eine gewisse klinische Erfahrung. Erst dann durfte man sich mit Unterstützung des Chefs zur Facharztprüfung anmelden.

Soweit war es bei mir noch lange nicht, und ich bezog erst einmal das große Eckzimmer im obersten Stockwerk, in dem wir zu fünf Assistenten saßen. Alles Männer! Als ich an das Institut kam, gab es dort eine Fachärztin, die aber ein Einzelzimmer hatte und wenig Kontakt zu uns Jüngeren pflegte.

Interessant war für mich die Beobachtung, dass hier alle Assistenten, soweit ich mich erinnere, das Studium wie ich mit der Note „Sehr gut" abgeschlossen hatten. Es herrschte ein stiller

Konkurrenzkampf, den ich natürlich von Suhl nicht gewöhnt war. Mein Mann und ich hatten sich nie als Konkurrenten gesehen, und wir hatten uns immer gegenseitig geholfen, auch untereinander ausgetauscht. Wir mussten allerdings für den anderen mitarbeiten, wenn einer von uns wegen Krankheit ausfiel, was zuweilen an die Grenzen des Machbaren ging.

Im Institut herrschte eine streng hierarchische Ordnung. Da ich als Letzte gekommen war, musste ich auch am häufigsten sezieren. Wenn nur eine Leiche im Sektionssaal war, was nicht allzu oft vorkam, war mein Name mit Kreide auf den Sektionstisch von dem diensthabenden Oberarzt geschrieben worden. Doch das nahm ich selbstverständlich hin in der Hoffnung, dass auch ich eines Tages im Assistenten-Zimmer sitzen könnte, wenn Jüngere, die nach mir gekommen waren, sezierten.

Am schlimmsten war es montags nach dem Wochenende, dann waren meist alle Sektionstische bestückt, und, wenn ich Pech hatte, waren mir zwei Sektionen zugedacht. Am meisten litt ich bei Sektionen von Kindern oder Jugendlichen, weil ich dann immer an die Eltern denken musste, die ihr Kind verloren hatten. In den ersten Wochen und Monaten träumte ich manchmal, ich selbst läge auf dem Sektionstisch und würde seziert, obwohl ich gar nicht tot war. Das hatte zur Folge, dass ich noch viele Jahre später, als ich längst Fachärztin war, immer Schwierigkeiten hatte, den ersten Schnitt zu machen, da ich dem Verstorbenen nicht wehtun wollte! Mir wurde klar, dass ich mein Denken ändern musste, und so begann ich ganz bewusst, nicht zu fragen, was der Verstorbene noch vorgehabt hatte, ob er verheiratet war oder noch kleine Kinder versorgen musste, wie ich das vom Krankenbett gewohnt war. Stattdessen konzentrierte ich mich ganz gezielt auf die Fragestellung des Klinikers, der wissen wollte, was der Patient für Leiden gehabt hatte und woran er gestorben war. So ging es ganz gut, wenngleich ich mich manchmal fragte: „War es denn das, was du wolltest?"

Inzwischen war mein Mann aus Suhl mit unserem Hund nach Leipzig gekommen und hatte mit seiner Arbeit in der Physiologischen Chemie begonnen. Die Wirtsleute, die uns zwei Jahre zuvor ein zweites Zimmer in der gemeinsamen Wohnung versprochen hatten, erwarteten Nachwuchs und brauchten das Zimmer selbst. So lebten wir mit dem großen Hund in einem Zimmer und schliefen wieder in einem Bett. Als wir einen Kühlschrank für unsere Vorräte brauchten, weil wir nicht die Zeit hatten, täglich einzukaufen, hatten wir wegen des Kühlschrankanschlusses kein Oberlicht mehr. Ich war verzweifelt. Den Hund gaben wir deshalb schweren Herzens einem Rentner-Ehepaar, das sich rührend um ihn kümmerte, während wir ihn am Wochenende besuchten oder zu uns holten, auch in den Urlaub mitnahmen.

Unzählige Male ging ich zum Wohnungsamt unseres Stadtbezirks und schilderte dort unsere Not. Schließlich wurden uns in der Christianstraße anderthalb Zimmer mit Bad- und Küchenbenutzung im ersten Stock eines Hauses aus der Gründerzeit zugewiesen. Gegenüber der Eingangstür befand sich das halbe Zimmer, daneben das größere mit Parkettboden. Beide Zimmer hatten die Fenster zur Straße hin. Wir teilten die Wohnung mit einem 80jährigen Herrn und einer 90jährigen Dame, deren Zimmer wie auch die Küche ebenfalls vom Flur abgingen. Das Bad war über einen langen Flur zu erreichen, wie das in diesen Häusern üblich war. Neben dem Bad befand sich abgetrennt die Toilette. Da die Wanne innen ganz rostig war, konnten wir sie nicht benutzen, nicht einmal zum Wäschewaschen. So stand uns wieder einmal nur ein Waschbecken zu Verfügung. Bad und Toilette hatten wenigstens ein Fenster. Das Toilettenfenster ging allerdings hinaus auf die Loggia, die der nach hinten hinausgehenden Küche angegliedert war.

Das größere Zimmer richteten wir als Wohn-, Schlaf- und Arbeitszimmer ein mit einem Esstisch mit vier Stühlen, zwei im rechten Winkel zueinander stehenden Schlafsofas, die am Abend zum Schlafen hergerichtet werden mussten, einem davorstehenden Couchtisch mit zwei Sesseln sowie einer vier Meter langen Schrankwand, die wir uns von einem Tischler nach unseren Wünschen anfertigen lassen hatten. In dieser Schrankwand mussten das Geschirr, das Silberbesteck, die Wäsche und vor allem unsere Bücher untergebracht werden. Daneben waren auch noch ein Schreibtisch, ein Barfach und eine Schublade für das Tonbandgerät mit eingebaut. Meine Großtante hatte uns das Geld dafür gegeben, als wir geheiratet hatten. Ich besitze diese Schrankwand heute noch, und sie gefällt mir noch immer. Es sind so viele Erinnerungen damit verbunden. An dem Schreibtisch, dessen Platte herausklappbar war, arbeitete ich. Für meinen Mann hatten wir das kleine Zimmer als Arbeitszimmer eingerichtet.

In der Küche durften wir nur einen einzigen Küchenschrank aufstellen. In der Speisekammer waren zwei Bretter für unsere Vorräte frei gemacht worden.

Die schöne Garage in Suhl hatten wir verlassen müssen, und unser Auto stand wieder auf der Straße. Eine Garage zu bekommen, war genau so schwer wie eine Wohnung zu finden. Wieder machte ich mich auf den Weg zu den Ämtern, bis es mir tatsächlich eines Tages gelang, einen Platz in einer kleinen Tiefgarage in unserer Straße zu erhalten. Wir begannen beide mit der Arbeit morgens um 8.00 Uhr in unseren Instituten in der Liebigstraße, so dass wir zusammen mit dem Auto dorthin fahren konnten. Abends gegen 20.00 Uhr verabredeten wir uns telefonisch miteinander und fuhren gemeinsam nach Haus. Damals wurde noch am Samstag bis Mittag gearbeitet. Dann stürzte ich in die Läden, um schnell noch etwas einzukaufen. Beim Fleischer konnte ich nur das nehmen, was er noch übrig hatte. Manchmal gab es um diese Zeit nichts mehr. Ähnlich war es im Obst- und Gemüsegeschäft. Irgendwie kamen wir jedoch immer zurecht, zumal wir in der Woche in der Betriebskantine essen konnten.

Die zweite Hälfte des Samstags versuchte ich, den Haushalt zu bewältigen. Als berufstätige Ehefrau bekam man in der DDR jeden Monat einen sogenannten Haushaltstag, an dem man diese Arbeiten erledigen sollte. Meist brauchte man diesen Tag jedoch, um Dinge zu „besorgen", die es nur schwer gab. Ich erinnere mich, dass ich einmal an einem solchen Tag von meinem Mann den Auftrag bekommen hatte, ein Klosett für seinen Chef zu besorgen. Für solche Aufträge war das Auto Gold wert, da man die erkämpften Gegenstände gleich einladen konnte. Meist kam ich dann müde heim und hätte eigentlich noch Wäsche waschen oder die Hausordnung erledigen, das hieß das Treppenhaus reinigen müssen. Dazu kam ich manchmal erst am Sonntag.

Ich bin in jener Zeit nie vor 24.00 Uhr ins Bett gegangen und jeden Morgen um 6.00 Uhr aufgestanden. Die Gleichberechtigung der Frau war zwar gesetzlich geregelt und bei der Arbeit einigermaßen gewährleistet, aber in den Familien war sie noch nicht angekommen. Als mein Mann eines Samstagnachmittags genervt fragte, was das denn im Nebenzimmer, wo ich mit dem Staubsauger unterwegs war, für ein Krach sei, antwortete ich gereizt, dass ich gerade unseren Dreck wegmache. Ich hätte mir auch schönere Beschäftigungen vorstellen können. Ich beschloss daraufhin, nach einer Frau zu suchen, die diese Arbeiten erledigt, wenn wir nicht zu Hause sind. Durch eine Zeitungsannonce fand ich eine solche Hilfe, merkte aber leider zu spät, dass sie Alkoholikerin war. Anfangs hatte ich noch die Hoffnung, sie davon abbringen zu können, wenn ich mit ihr redete und ihr die mit dem Alkoholkonsum verbundenen Gefahren aufzeigte. Ich habe das unzählige Male getan und damit mehr Zeit gebraucht, als ich zur Reinigung unserer Zimmer benötigt hätte. Ich wollte ihr helfen, merkte aber, dass mir dazu die nötige Ausbildung fehlte. So mussten wir uns trennen.

Inzwischen hatte ich ein wenig Erfahrung im Sektionssaal gesammelt, nach mir waren neue Kollegen und Kolleginnen gekommen, so dass ich einen Tag in der Woche sektionsfrei hatte. Eines Tages hatte ich einen Fall von Medionecrosis aortae, einer seltenen und meist bis zum Tode unerkannten Erkrankung der Hauptschlagader und ihrer großen Äste, seziert, und als später noch ein ähnlicher Fall dazukam, beauftragte mich der Chef, diese Fälle zu sammeln und eine wissenschaftliche Arbeit darüber zu verfassen. Ich erinnere mich noch, wie ich akribisch histologische Befunde und Daten aus der Vorgeschichte erhob und sie in große Tabellen eintrug. Als ich alle 15 Fälle mikroskopiert hatte, meinte ich, ich müsse das nun, da ich mehr Erfahrung hatte, auf welche Veränderungen ich achten müsste, noch einmal von vorn beginnen. Der Chef lächelte weise und sagte: „Jetzt schreiben Sie mal die Arbeit zusammen." Er sah den typischen Fehler der Anfängerin, die bei solchem Gebaren nie fertig wird. Schließlich hatten wir ja neben der täglichen Routine und der Betreuung der Studenten in den pathologisch-anatomischen Kursen und im histologischen Kurs diese Arbeiten anzufertigen. Das Literaturstudium dazu erfolgte dann abends nach 21.00 Uhr zu Hause.

Einer der Oberärzte des Instituts, der sich wissenschaftlich mit dem Gebiet der Arteriosklerose, der Gefäßverkalkung, beschäftigte, hatte mich angeworben, in seiner Arbeitsgruppe mitzuarbeiten, und ich habe monatelang nach Erledigung der Routinearbeit in einem kleinen Schamott-Ofen eine Mikroveraschung von Gefäßen durchgeführt, ohne dass daraus irgendeine wissenschaftliche Publikation entstand. Langsam verlor ich die Lust und entfernte mich von diesem Oberarzt, nicht ahnend, dass ich mir ihn damit für alle Zeiten zum Feind gemacht hatte. Das lief sehr subtil ab. So kam ich zum Beispiel eines Morgens zur Arbeit und wollte mich in meinem Zimmer für den Sektionssaal umziehen. Auf dem Weg dorthin traf ich einige Kollegen, die schon vom Saal zurückkamen und ohne ein Wort mich nur vielsagend anschauten. Ich verstand nicht, was es bedeutete. Als ich auf den Sektionssaal kam, war mir alles klar. Es gab an diesem Tag nur wenige Sektionen, eine davon war eine schwer übergewichtige Frau. Diese hatte der Oberarzt mir zugedacht. Ich sagte kein Wort, bat den Sektionsmeister nur um einen Schemel, auf den ich mich stellte, um besser arbeiten zu können. Noch vor der Abnahme, die immer mittags um 12.00 Uhr durch den Chef oder den Prosektor erfolgte, kamen die Kliniker und wollten das Ergebnis der Sektion demonstriert bekommen. Als sie sahen, dass ich die Sektion gemacht hatte, fragten sie erstaunt: „Gibt es denn hier keine Männer im Institut?" Der Chef hätte vielleicht dasselbe gefragt, aber er sah bei der Abnahme nur die Organe, die nicht auffällig waren. Derselbe Oberarzt hat Jahre später, als ich schwanger war, mich nur zu Kindersektionen eingeteilt, damit ich körperlich nicht belastet werde, wie er süffisant verkündete! Das war ein Martyrium, denn ich sezierte nur missgebildete, totgeborene oder schwer krank gewesene Kinder, während ich selbst ein Kind erwartete.

Langsam näherte sich mein Aufenthalt im Sektionssaal dem Ende, denn turnusgemäß sollte ich ins „Journal" kommen. Ich hatte von allen, die vor mir diese acht Monate hinter sich gebracht hatten, gehört, dass diese Zeit eine mörderische wäre und man oftmals erst gegen 22.00 Uhr das Institut verlassen könnte. Man hatte es jetzt erstmals mit Probeentnahmen, Biopsien und Operationspräparaten von lebenden Patienten zu tun, musste lernen, wie diese makroskopisch und dann mikroskopisch zu beurteilen wären. Das

Spektrum der eingehenden Präparate umfasste die gesamte spezielle Pathologie, das heißt alle Organe, einschließlich der Haut, der Knochen, der Lymphknoten und des Gehirns. Etwa ab 10.00 Uhr morgens bekam man die ersten Präparate zum Vormikroskopieren auf den Tisch. Bis zum Nachmittag wurden es meist 80 bis 90 Fälle, die im Minimum zwei Schnittpräparate, im Maximum aber auch 30 oder mehr umfassen konnten. Die Schnittpräparate, die von dem Untersuchungsmaterial eines Patienten angefertigt wurden, kamen in eine oder mehrere Mappen, je nach Anzahl der Präparate. Wenn es mehrere Mappen waren, wurden diese mit einem Gummi verbunden, um sie als zusammengehörig zu kennzeichnen. Der Journalassistent oder die -assistentin mussten die Schnitte anschauen und sie beurteilen, das heißt eine Diagnose stellen, die sie hinten auf den Einsendezettel der Kliniker schrieben. Mit den vordiagnostizierten Präparaten wurde man dann nachmittags von der Sekretärin zum Chef gerufen. Er war neben dem Prosektor und den Oberärzten derjenige, der über ein Diktiergerät verfügte und die Beschreibung des mikroskopischen Bildes und die daraus resultierende Diagnose sofort diktierte, während der Journalassistent neben ihm saß. So konnte man seine eigene Diagnose mit der des Chefs vergleichen und bei Abweichungen von ihm korrigiert werden. Das ergab einen unheimlichen Lerneffekt! Ich werde diese Zeit nie vergessen! Einerseits war sie anstrengend, andererseits bekam man die Information aus erster Hand eines Hocherfahrenen. Der Chef nahm sich auch die Zeit, einem die Dinge im Mikroskop einzustellen, die man als junger Assistent übersehen oder falsch gedeutet hatte.

Für mich waren diese Monate überaus lehrreich. Oftmals las ich, wenn ich mit der Vorstellung bei ihm fertig war und zurück in mein Zimmer kam, noch einmal in einem Buch über die schwierigen Fälle nach. Daneben lagen dann aber immer auch schon wieder neue Fälle auf dem Tisch, die angeschaut und vorbeurteilt werden mussten. Man sollte das Pensum möglichst noch am selben Tage schaffen, denn am nächsten Morgen kamen wieder neue Präparate aus dem Labor, die sich auf dem Tisch stapelten. Manchmal bin ich darüber eingeschlafen und wurde erst wieder durch Flugzeuge, die die Schallmauer durchbrachen, am späten Abend geweckt.

Abends war es nicht lustig im Institut, vor allem im Winter, wenn es früh dunkel wurde. Wenn ich dann aus der Bibliothek oder von der Vorstellung beim Chef zurück in mein Zimmer kam und das Licht einschaltete, sah ich voller Entsetzen, wie die Kakerlaken in den Unterschrank meines Mikroskopier-Tisches und hinter die Fußbodenleisten huschten. Es war furchtbar eklig, und ich habe deshalb auch nie Nahrungsmittel in den Schränken deponiert.

Zudem fühlte ich mich ziemlich einsam in meinem Zimmer im Hochparterre, wenngleich ich wusste, dass im zweiten Stock sicher noch einzelne Kollegen anwesend waren und arbeiteten. Doch die waren weit entfernt!

Obwohl ich meinen Mann auf diese harten acht Monate für mich und unser Privatleben vorbereitet hatte, indem ich ihm erzählt hatte, was meine Vorgänger mir über ihren Aufenthalt im „Journal" berichtet hatten, wurde er zunehmend unzufriedener. Wenn ich abends nach Hause kam, war ich völlig erschöpft und ausgelaugt. Er fühlte sich in dieser Zeit offenbar vernachlässigt, ich hingegen hatte mehr Verständnis und Hilfe von ihm erhofft.

Ich erinnere mich, dass in jener Zeit an einem Tag ein Betriebsausflug der Mitarbeiter des Instituts mit dem Bus geplant war, dessen Ziel ich nicht mehr weiß. Die Fahrt sollte mittags losgehen. Meine Kollegen hatten mir gesagt, dass der erste Journalist bisher niemals daran hätte teilnehmen dürfen, weil er doch die Präparate am Nachmittag vordiagnostizieren müsse. Vielleicht hatten sie es auch nur im Scherz gesagt. Ich hatte mich jedenfalls darauf eingestellt. Als alle Mitarbeiter des Instituts zum Bus gingen, war ich traurig. Plötzlich sagte der Chef, dass ich ruhig mitfahren könne und er die Präparate am nächsten Morgen ohne Vorbeurteilung diktieren werde. Ich stieg selig in den Bus. Während der ganzen Fahrt regnete es in Strömen, und ich wusste nicht, wohin wir fuhren, aber mir war alles egal. Ich genoss es einfach, dazusitzen und nicht ins Mikroskop schauen zu müssen!

Nach Beendigung der Zeit im „Journal" wurde ich ein Semester lang als Sekantin in das Friesenkrankenhaus, ein großes Stadtkrankenhaus in Leipzig mit einem renommierten internistischen Chef, Herrn Professor Lohmann, geschickt. Hier konnte es vorkommen, dass man an einem Vormittag drei Sektionen machen musste.

Gegen 11.00 Uhr erschien dann Herr Professor Lohmann mit seinen Oberärzten und Assistenten im Sektionssaal und ließ sich das Ergebnis der Sektionen demonstrieren, nicht ohne knifflige Fragen an den Sekanten zu stellen, die manchmal auch die neueste Literatur der „Deutschen Medizinischen Wochenschrift" mit einschlossen. Dies war natürlich eine Herausforderung für den Sekanten. Man wollte ja sein Institut würdig vertreten!

Wir Assistenten waren sehr daran interessiert, dass wir von einem guten Sektionsgehilfen in das Friesenkrankenhaus begleitet wurden, der uns half, die Organpakete herauszunehmen, denn sonst hätte man an manchen Tagen das Pensum nicht bis um 11.00 Uhr geschafft. Nach der klinisch-pathologischen Demonstration packten wir die präparierten Organe in besondere Behälter und eilten in das Institut für Pathologie, wo sie bei der stets mittags um 12.00 Uhr stattfindenden Abnahme nochmals dem Chef vorgestellt wurden. Wir waren immer froh, wenn dann das Grundleiden, die zum Tode führende Krankheit und die Nebenbefunde so, wie wir sie bereits im Friesenkrankenhaus demonstriert hatten, bestätigt wurden.

Sehr viel Spaß machte das Semester, in dem man als Vorlesungs-Assistent dem Chef assistieren und vor allem seine Vorlesung „Allgemeine Pathologie" mit anhören durfte. Ich hatte diese Vorlesung zwar bereits während des Studiums gehört, und sie hatte mir schon damals gefallen, aber jetzt mit schon einiger Erfahrung in dem Fach Pathologie, war sie eine Offenbarung und zugleich eine gute Vorbereitung für die Facharztprüfung, die langsam näher rückte.

Wenn man die Gesetzmäßigkeiten der allgemeinen Pathologie, zum Beispiel den Zelltod oder die Tumorentstehung, studierte, konnte man sie wunderbar als Grundlage in die spezielle Pathologie integrieren und für die einzelnen Organe deren Besonderheiten erkennen. So konnte es einem nicht passieren, dass man irgendwelche elektronenmikroskopischen Befunde eines Organs wissenschaftlich als völlig neu interpretierte, die in der allgemeinen Pathologie längst bekannt waren.

Herr Professor Holle war noch einer der wenigen Pathologen, der die Bedeutung der allgemeinen Pathologie erkannte und lehrte.

Die erste Auflage seines „Lehrbuches der Allgemeinen Pathologie" entstammte allein seiner Feder, und erst bei der zweiten Auflage hatte er sich für einzelne Kapitel um Mitautoren bemüht. Wie in den klinischen Fächern kann man heute auch in der Pathologie eine zunehmende Spezialisierung beobachten, die Vor-, aber auch Nachteile mit sich bringt.

Wenn man als Pathologe arbeitet, wird man schon früh mit der Tatsache konfrontiert, dass uns auf Erden nur eine begrenzte Lebenszeit zur Verfügung steht und dass es Krankheiten mit unabwendbarem, schicksalhaftem Verlauf gibt. Andererseits kann der Mensch durch Übernahme von Eigenverantwortung auch an der Überwindung von Krankheiten mitwirken. Diese Erkenntnisse sind eng mit den Fragen des Glaubens und der Philosophie verbunden.

Mein Chef hat es vermocht, neben den Fakten der allgemeinen Pathologie die Komplexität des Menschen zwischen Leben und Tod darzustellen und damit die Studenten und natürlich auch mich zu begeistern.

Einmal fragte er mich nach der Vorlesung, warum ich mir denn kein Thema für eine Doktorarbeit in der Pathologie geholt hätte und stattdessen in die Innere Klinik gegangen wäre. Ich antwortete wahrheitsgemäß, dass ich ihn als Studentin zwar sehr geschätzt, aber auch gefürchtet hätte und es deshalb nicht gewagt hatte, in seinem Institut um ein Promotionsthema zu bitten.

Wenn man bei ihm und mit ihm arbeitete, konnte er sehr fürsorglich sein. Ich erlebte das jedes Mal, wenn ich einmal wieder unter einem meiner aufsteigenden Harnwegsinfekte litt, die mich in jener Zeit mindestens einmal im Jahr plagten. Wir wohnten noch immer zur Untermiete in anderthalb Zimmern und konnten nur das eine Wohn-, Schlaf- und Arbeitszimmer mit einem Kachelofen heizen. Küche, Flur und Bad waren kalt, und ich fror oft jämmerlich. Wenn wir den Ofen früh anheizten, war er oft schon wieder kalt, wenn wir abends heimkamen. Heizten wir erst am Abend, dauerte es ewig, bis das Zimmer warm wurde, und vor dem Schlafengehen mussten wir lange lüften, weil es dann für diese Situation im Zimmer zu warm war.

Unsere Wohnungsmisere zermürbte uns zusehends, zumal uns auf dem Wohnungsamt nicht die geringste Aussicht auf eine eigene Wohnung gemacht wurde. Im Gegenteil: Mir wurde gesagt, dass wir hier in einem „Arbeiter- und Bauernstaat" lebten und diese die frei werdenden Wohnungen bekämen. „Wenn ihr uns nicht braucht, dann lasst uns doch gehen!" antwortete ich trotzig, aber auch verzweifelt. Wenn man Pech hatte, konnte einem dieser Satz schon gefährlich werden. Dabei wären wir schon glücklich gewesen, wenn man uns von Amts wegen eine Wohnung in ein oder zwei Jahren versprochen hätte! Dann hätten wir wenigstens hoffen können!

Mein Mann hatte jahrelang verkündet, dass man in diesem Staat keine Kinder in die Welt setzen dürfe. Anfangs hatte ich das auch akzeptiert, zum einen wegen der schlechten Wohnverhältnisse, zum anderen, weil ich mich noch in der Facharztausbildung befand und mir nicht vorstellen konnte, wie ich alles unter einen Hut bringen sollte. Ich hatte auch nicht den Mut, meinen Mann von etwas zu überzeugen, von dem ich selbst nicht wusste, wie es wäre, wenn wir ein Kind bekämen. Doch je älter ich wurde, umso unsicherer wurde ich, ob diese Entscheidung richtig wäre.

## Die Geburt unserer Tochter

Inzwischen war die Zeit vergangen. Ich hatte nun auch die vorgeschriebene Zeit in der Gerichtsmedizin absolviert, und der Chef war einverstanden, dass ich mich zur Facharztprüfung anmeldete. Die dafür nötige klinische Ausbildung wurde mir auf Grund meiner früheren Landarzttätigkeit anerkannt. Die nächste Prüfung für die angehenden Fachärzte sollte in Magdeburg im Institut für Pathologie der Medizinischen Akademie unter der Leitung des dortigen Ordinarius, Herrn Professor Eßbach, stattfinden. Der Termin war Anfang Dezember 1968. Im März wusste ich, dass ich ein Kind erwartete, das im November geboren werden würde. Wenn alles gut ginge, könnte ich zur Prüfung antreten und hätte dann die Option, mich frei von Prüfungsängsten ganz dem kleinen Wesen widmen zu können.

Im Institut war ich wieder zur Arbeit im Sektionssaal eingeteilt, musste aber entsprechend meinem Status als ältere Assistentin nicht mehr jeden Tag sezieren. Jede freie Zeit nutzte ich zur Prüfungsvorbereitung, wenn ich nicht gerade in den studentischen Unterricht eingebunden war. Daneben dachte ich fortwährend an mein Baby, dessen Geschlecht zur damaligen Zeit nicht schon vor der Geburt bekannt war. Wir hatten uns beide so sehr ein Mädchen gewünscht, dass wir männliche Vornamen kaum ernsthaft in Erwägung gezogen hatten. Das Mädchen sollte Natalie heißen in Anlehnung an Tolstoi's Natascha in seinem Roman „Krieg und Frieden".

Gegen Ende der Schwangerschaft bekam ich eine Präeklampsie und wurde in der Universitätsfrauenklinik aufgenommen. In jener Zeit galt die Devise: „Ein guter Geburtshelfer muss warten können." Und so geschah etwa zwei Wochen nichts, bis die Wehen einsetzten, dann aber wieder nachließen. Meine früher schlanken Beine waren durch Oedeme stark angeschwollen, und vor meinen Augen sah ich häufig bunte Ringe. Etwa 36 Stunden nach dem Blasensprung kam Professor Aresin, der Ordinarius der Frauenklinik, während der Chefvisite an mein Bett und meinte zu seinen Oberärzten: „Warum gebt ihr der Frau denn kein Wehenmittel?" Dies geschah dann endlich, und am 17. November, einem Sonntag, kam um 15.15 Uhr unsere Tochter zur Welt.

Noch im Kreißsaal hatte man mir ein Telefon gereicht, so dass ich meinen Mann anrufen und es ihm selbst mitteilen konnte. Da er als Student für Untersuchungen zu seiner Doktorarbeit oft im Kreißsaal gewesen war, kannte ihn die Oberhebamme und gestattete, dass er mich dort abholte und mit dem Bett in mein Zimmer auf der Station fahren durfte. So konnte er auch seine kleine Tochter sehen, die dann allerdings in das Neugeborenen-Zimmer kam. Damals war es unvorstellbar, dass die Väter bei der Geburt dabei waren.

Ich sehe mich noch heute in meinem Bett liegen. Das Zimmer ging hinaus auf die Philipp-Rosenthal-Straße und wurde durch die Straßenlaternen schwach erhellt. In größeren Abständen hörte ich die Straßenbahn vorbeifahren. Obwohl ich die vergangenen Nächte wenig geschlafen hatte, spürte ich kein bisschen Müdigkeit. Im Gegenteil: Nie wieder in meinem Leben habe ich wie in jener Nacht das Gefühl gehabt, dass jede Faser von mir wach ist vor Glück! Es war überwältigend. Ich sage noch heute, dass die Geburt meiner Tochter das größte Ereignis in meinem Leben war und ich sehr dankbar dafür bin.

Zu Hause hatten wir das halbe Zimmer für sie eingerichtet. Die auf dem gleichen Flur wohnende Nachbarin hatte uns das Kinderbett ihrer längst erwachsenen Kinder vom Boden geholt, und mein Mann hatte es frisch gestrichen. Eine Kommode mit mehreren Schüben hatten wir zu einer Wickelkommode umfunktioniert.

Ein Problem gab es mit den Vermietern, die lauthals verkündeten, dass sie keine Kinder gewollt hätten. Glücklicherweise hat die Kleine nicht oft des Nachts geschrien, nur etwa drei Wochen bis zu meiner Facharztprüfung. Wahrscheinlich habe ich ihr meine Ängste beim Stillen übertragen, denn nach bestandener Prüfung schlief sie ganz ruhig.

Zu dieser Prüfung musste ich mich von ihr trennen, was mir sehr schwer fiel. Mein Mann begleitete mich nach Magdeburg. Wir wohnten bei einer Freundin, meiner ehemaligen Russisch-Lehrerin in der Oberschule. Am ersten Prüfungstag bekam jeder der 15 angetretenen Prüflinge 20 mikroskopische Präparate unterschiedlichen Schweregrades vorgelegt, die mit spärlichen klinischen Angaben versehen waren, wie wir es ja kannten. Wir hatten zwei Stunden Zeit, die richtige Diagnose zu stellen, durften jedoch keine Bücher zum Nachschlagen benutzen. Mehr als zwei Fehler waren nicht erlaubt, sonst war man schon am ersten Tag durchgefallen. Als ich diese Hürde genommen hatte, habe ich bei unserer Freundin noch die halbe Nacht über den Büchern gesessen, weil ich natürlich nach der Geburt meiner Tochter nur wenig Zeit und Kraft zum Lernen gehabt hatte und wusste, dass neben der speziellen auch die allgemeine Pathologie geprüft werden würde. Da Herr Professor Eßbach, der Chef der Pathologie in Magdeburg, ein Buch über die Kinderpathologie geschrieben hatte, konnten auch Fragen zu den Missbildungen gestellt werden. Diese gehörten nicht gerade zu meinen Vorlieben. Den Vorsitz der Prüfungskommission hatte Herr Professor Kettler, der Ordinarius des Instituts für Pathologie der Charité in Berlin. Der Dritte im Bunde war Herr Professor Bauke, der Chef der Pathologie in Potsdam. Da Leipzig und Berlin immer ein bisschen miteinander im Konkurrenzkampf standen, wollte ich natürlich meine Ausbildungsstätte mit dem Chef und seinen Oberärzten würdig vertreten und war überglücklich, als ich die Prüfung trotz der nicht einfachen Umstände bestanden hatte. Zwei Kandidaten waren durchgefallen. Am Abend des zweiten Prüfungstages saß ich selig mit meinem Mann im Zug nach Leipzig und verkündete zum wiederholten Male: „Du bist jetzt mit einer Fachärztin verheiratet!"

Endlich konnte ich mich nur meiner kleinen Tochter widmen und durfte die Fachbücher für eine Weile vergessen. Ich war nur immer so entsetzlich müde und schob das auf die zurückliegende Entbindung und den Prüfungsstress. Eines Tages hatte ich eigenartige, am Hinterkopf lokalisierte dumpfe Kopfschmerzen. Als mein Mann den Blutdruck maß, war der auf 160/120 mm Hg erhöht. Zu meinem Entsetzen sah ich, dass meine Beine, die sofort nach der Entbindung schlank geworden waren, wieder angeschwollen waren, und zwar so stark, dass die Haut darüber ganz glänzend erschien. Morgens waren oft auch die Fingergelenke verdickt und schmerzten. Bei Blutuntersuchungen zeigte das Blut eine Lipaemie und Haemolyse, und die Nierenfunktionsproben fielen schlecht aus. Damals wusste niemand mit diesen Befunden so richtig etwas anzufangen. Bei den Gynäkologen war ich längst aus der Nachsorge entlassen. Die Internisten befassten sich als Nephrologen vor allem mit den entzündlichen Nierenerkrankungen, dem Diabetes und der Arterio-Arteriolosklerose. Auf Grund der Befunde wurde ich jedenfalls krankgeschrieben, in der Hoffnung, dass sich die Nierenfunktion wieder erholen würde. Der Prozess war unerwartet langwierig, und ich war zutiefst verunsichert, wie es weitergehen sollte. Man sah es mir nicht an, aber unmerklich war ich in ein Leistungstief gerutscht, ohne es selbst zu merken.

Ich musste alle paar Wochen meine Tochter in einer Mütterberatungsstelle vorstellen. Diese war etwa zwei bis drei Kilometer von unserer Wohnung entfernt. Da mein Mann das Auto brauchte, um zur Arbeit zu kommen und man mit der Straßenbahn nur mit Umsteigen dorthin kam, legte ich den Weg zu Fuß mit dem Kinderwagen zurück. Hin kam ich noch ganz gut, aber auf dem Rückweg schlich ich, auf den Kinderwagen gestützt, nach Hause.

Dort angekommen, musste ich mich erst ausruhen, ehe ich andere Arbeiten im Haushalt machen konnte. Viele Jahre später, als ich schon in Mainz an der Universität arbeitete, habe ich über meine damalige Erkrankung mit dem dortigen Chef der Pathologie, Herrn Professor Thoenes, diskutiert, der ein international anerkannter Spezialist auf dem Gebiet der Nierenpathologie war. Er war der Meinung, dass ich wohl ein postpartales (nach der Schwangerschaft auftretendes) haemolytisch-urämisches Syndrom gehabt hätte, eine Erkrankung, die auch tödlich verlaufen kann. Diese Erkrankung ist heute viel besser erforscht und dadurch den Klinikern auch bekannt.

Der Alltag war nicht leicht. Tagsüber fürchtete ich mich vor der Begegnung mit den Wirtsleuten, die sich noch immer nicht damit abgefunden hatten, dass ein Baby mit an Bord war. Mein Mann verabschiedete sich des Morgens, wenn er zur Arbeit fuhr, oft mit den Worten: „Lass dich nicht ärgern." Das war leichter gesagt als getan. Die Windeln mussten in einem großen Topf, der über die ganze Fläche des dreiflammigen Gasherdes reichte, gekocht werden. Ich konnte diesen Topf zwar nach und nach mit Wassereimern füllen, aber ich konnte ihn nicht allein vom Herd nehmen und musste immer darauf warten, dass mein Mann nach Hause kam und mir dabei half. Ebenso war es mit der Kinderbadewanne, die ich im Wohnzimmer auf dem Tisch aufbaute, sie aber nicht allein wieder herunternehmen konnte, wenn sie mit Wasser gefüllt war.

Jeden Abend, wenn mein Mann heimkam, spielte sich die gleiche Zeremonie des Badewannenausschüttens und des Herunternehmens des Windeltopfes ab. Die Stimmung war entsprechend, und mein Mann, der sich auf seine Facharztprüfung vorbereitete, fühlte sich, obwohl ich zu Hause war, von mir nicht genug entlastet.

Alle paar Wochen erschien ich mit Kind auf dem Wohnungsamt und bat um Zuweisung einer Wohnung, doch ohne Erfolg. Freunde von uns trösteten uns und meinten, dass es doch nur eine Frage der Zeit sei, da unsere Vermieter schließlich schon ziemlich alt seien. Gerade das wollte ich aber nicht, vom Tod anderer profitieren! Ich wollte dort raus und endlich ein eigenes Bad haben. Ich hatte auf dem Wohnungsamt schon einmal verlauten lassen, dass wir, wenn wir nicht in absehbarer Zeit bessere Wohnbedingungen bekämen, bald keine Wohnung mehr brauchten, weil unsere Ehe dann zerbrochen sei.

Der einzige Lichtblick war das kleine Mädchen. Wenn ich mit dem Kinderwagen über die Waldstraße ging und meine Tochter darin liegen sah, fand ich sie so schön, dass ich mich wunderte, dass nicht alle Vorübergehenden staunend stehen blieben. Zu späteren Zeiten musste ich über mich selbst lachen, denn auf den aus dieser Zeit stammenden Dias sah sie aus wie ein ganz normales Baby. Was die Hormone so alles bewirken!

Der Sommer verging, und der Herbst kam. Die Ergebnisse meiner Nierenfunktionsprüfungen besserten sich langsam. Die Ärzte waren allerdings der Meinung, dass ich keine Kinder mehr bekommen sollte und die Arbeit auf dem Sektionssaal zu schwer für mich sei. Was nun? Ich fühlte mich einfach nicht vollwertig und machte mir Gedanken, wie es beruflich weitergehen sollte. Eigentlich hatte ich ja vorgehabt, nach dem Erwerb der Facharztanerkennung in die Augenklinik zu gehen. Ich stellte mich dem Chef, Herrn Professor Sachsenweger, zwar vor, aber mit halbem Herzen. In der Augenklinik musste ich wieder von vorn anfangen und natürlich auch die Nachtdienste mitmachen. Assistentinnen mit kleinen Kindern waren nicht beliebt, da sie wegen der Kinder ausfallen konnten.

In dem Fach Pathologie hatte ich als Fachärztin einen bestimmten Status erreicht, war aber nicht mehr so allseitig einsetzbar wie früher. Andererseits hatte ich durch die Zusammenarbeit mit dem Chef eine Begeisterung für das Fach, insbesondere für die histologische Diagnostik von Untersuchungspräparaten lebender Patienten, empfunden, wie ich es theoretisch nicht für möglich gehalten hätte. Ich ging also zum Chef und besprach mit ihm, ob es noch einen Platz für mich in seinem Institut gäbe. Er kannte den ärztlichen Befund. Ich wies zugleich daraufhin, dass ich wegen der Tochter spätestens bis 18.00 Uhr das Institut verlassen müsste und nicht mehr so lange wie früher dort arbeiten könnte. Seine Reaktion werde ich nie vergessen. Sie bedeutete eine Weichenstellung in meinem beruflichen Leben. Er sagte, dass er schon mit seinen Oberärzten gesprochen hätte und bot mir die Leitung des Histologischen Eingangslabors an. Bisher waren dort die Facharzt-kandidaten durchgeschleust worden und hatten das Labor nach acht Monaten der Ausbildung wieder verlassen. Wenn ein Kliniker Auskunft über eine früher gestellte Diagnose haben wollte, galt es, den damals im „Journal" tätigen Journalisten herauszufinden, der jetzt nur noch wenig Beziehung zu dem Fall hatte. Der Chef wollte künftig einen Dauerassistenten im „Journal" etablieren, der sowohl gegenüber den Klinikern als auch gegenüber den Kollegen in der Pathologie ein verlässlicher Ansprechpartner war. Zugleich sollte er die Ausbildung der Assistenzärzte begleiten. Diese Stelle war genau richtig für mich. Körperlich keine Belastung. Ich war unglaublich dankbar für dieses Angebot. Hier erwies sich einmal mehr die Fürsorgepflicht eines Chefs für seine Mitarbeiter, die er in meinem Fall sehr ernst nahm. Ich fühlte mich aufgehoben und geborgen, wie ich das seit dem frühen Tod meines Vaters nicht mehr erlebt hatte. Professor Holle hat mich zeitlebens an meinen von mir so geliebten und verehrten Vater erinnert, sowohl physio-gnomisch als auch wesensmäßig. Dass ich pünktlich gehen müsse, sah er als Übergangsphase, die sich mit dem Größerwerden des Kindes wieder bessern würde. Er machte mir auch Hoffnung, dass sich meine Nierenerkrankung mit der Zeit konsolidieren könnte.

Inzwischen bemühte ich mich um einen Krippenplatz für meine Tochter. Als ich zu dem Amt kam, wurde mir gesagt, dass wir, da wir zwei Ärzte seien, eine private Frau für die Betreuung unse-res Kindes bezahlen könnten. Ich wusste gar nicht, dass es so etwas in der DDR gab und antwortete, dass wir das gern täten, wenn man uns eine solche nennen könnte. Tatsächlich gab es in unserer Straße eine etwa 60 Jahre alte Frau, die Kleinkinder in ihrer ziemlich großen Altbauwohnung, die sie mit ihrem zweiten Mann bewohnte, betreute. Die Eltern dieser Kinder waren meist Ärzte, die sie für die damaligen Verhältnisse gut bezahlten. Sie hatte meist vier kleine Kinder in ihrer Obhut, die ihr morgens gebracht und abends wieder abgeholt wurden. Die Kinder beka-men ein warmes Essen zu Mittag und hatten kleine Hilfsarbeiten im Haushalt zu verrichten. Nachmittags ging sie mit den Kindern an die frische Luft in das Rosental, auf den Spielplatz oder in das Schwimmbad. Ich war sehr davon angetan, dass meine Tochter so mit mehreren Kindern aufwuchs und nicht als Einzelkind. Sie lernte bei Tante Marthel, dass man mit den anderen teilen muss.

So rückte der Tag näher, an dem ich sie gegen 8.00 Uhr bei Tante Marthel abgeben sollte. Ich hatte alles gut vorbereitet, hatte ihr Tage zuvor erzählt, dass ich nun wieder arbeiten müsste, sie aber nach dem Spielen abholen würde. Als es dann soweit war, zerriss es mir anfangs fast das Herz, wenn ich das kleine Mädchen hinter der fremden Tür verschwinden sah. Und wie fröhlich rief sie immer „Mami", wenn ich am Spätnachmittag unten klingelte und sie abholte.

Mit der Zeit bemerkte ich aber dankbar, dass sie offenbar gern dorthin ging, wo die anderen Kinder waren. Bei uns beiden hatte sich inzwischen ein Ritual herausgebildet, wenn wir heimkamen. Ich war dann meist etwas müde von der Arbeit und legte mich einfach auf den Teppich, während die Kleine auf mir wie ein Tierkind herumkroch. So waren wir auf einer Ebene. Meist schlief ich sofort ein, war aber nach kurzer Zeit wieder wach, schon wegen des harten Bodens, und jetzt bereit, mich mit dem Kind zu beschäftigen. Sie wusste das und ließ mir die kurze Erholungszeit. Wir genossen die Zeit bis zum Schlafengehen, die nicht vor 20.00 Uhr angesagt war, da sie am nächsten Tag nicht vor 7.00 Uhr aufzustehen brauchte. Der Rest des Abends blieb für meinen Mann und mich. Ich musste in dieser Zeit noch die Arbeit im Haushalt erledigen, so dass es oft 24.00 Uhr war, wenn ich ins Bett kam. Die Gleichberechtigung zwischen Mann und Frau war noch nicht bis in die Familien vorgedrungen.

## Die Arbeit als Fachärztin
## im Institut für Pathologie in Leipzig

Inzwischen hatte ich mich im Institut nach der Babypause wieder eingewöhnt und liebte meine Arbeit als Leiterin des Histologischen Eingangslabors. Daneben war ich als wissenschaftliche Assistentin auch bei der Ausbildung der Studenten eingesetzt und betreute diese während des wöchentlich stattfindenden Mikroskopier-Kurses zusammen mit anderen Kollegen. Der Kurs wurde in der Regel von dem Ersten Oberarzt des Instituts, Herrn Dr. Geiler, abgehalten.

Aus der Routinearbeit waren einige Arbeiten auf dem Gebiet der Gefäß- und der Leberpathologie, auch einige Kasuistiken in Zusammenarbeit mit den Klinikern entstanden. Die Zusammenarbeit mit den klinischen Kollegen machte mir ohnehin in jeder Hinsicht großen Spaß, denn die enge Verbindung zur Klinik war für mich zugleich auch die Verbindung zu den Patienten, die Bestätigung meines Arztseins. Ich arbeitete zwar im Hintergrund, und die Patienten wussten nicht, wer die Diagnose ihrer Erkrankung gestellt hatte, aber ich hatte das Gefühl, dass ich sehr viel zur Genesung beitragen konnte, wenn dadurch die Weichen richtig gestellt wurden und die richtige Behandlung erfolgte. Die Blumen bekamen natürlich der Chirurg, der Internist oder der Gynäkologe!

Am Mikroskop wurde ich immer sicherer. Täglich saß ich mindestens zwei Stunden neben dem Chef und stellte ihm meine Diagnosen vor, die er entweder bestätigte oder korrigierte. Ich bewunderte seine Schnelligkeit bei der Diagnosefindung und die Exaktheit der Beschreibung des morphologischen Bildes. Er sagte oft: „Die Beschreibung muss stimmen. Die Deutung kann sich ändern." Er war der beste Lehrer, den man sich vorstellen konnte! Wenn die Zeit es zuließ, diskutierten wir auch über die Ästhetik

*An meinem Arbeitsplatz im Institut für Pathologie in Leipzig (1971)*

der morphologischen Bilder, die ich ähnlich empfand wie er. Noch heute sage ich, dass mein Beruf für mich die „Welt der schönen Bilder" bedeutete.

Mein Mann arbeitete weiter im Physiologisch-Chemischen Institut. Die Vorstellung, Internist zu werden, hatte er aufgegeben. Nach einigen Jahren bekam er das Angebot, eine Oberarztstelle anzutreten.

Im Institut für Pathologie durfte man sich erst nach der Habilitation um eine solche Stelle bewerben, und mit der eigentlichen wissenschaftlichen Arbeit konnte man beginnen, wenn man die Facharztprüfung bestanden hatte. Professor Holle war der Ansicht, dass man sowohl die allgemeine als auch die spezielle Pathologie beherrschen müsse, ehe man sich der Wissenschaft zuwende. In der Bundesrepublik Deutschland habe ich das später oft anders erlebt.

Eines Tages rief der Chef mich zu sich und meinte, dass ich doch schon einige wissenschaftliche Arbeiten auf dem Gebiet der Niere veröffentlicht hätte. Er fragte mich, ob ich mich diesem Organ nicht intensiver widmen wolle. Ich war etwas überrascht, zum einen, weil ich nicht wusste, ob ich in der Reihenfolge der Assistenten „schon dran" war und natürlich niemanden verdrängen wollte, zum anderen, weil ich die Niere als ein besonders kompliziertes Organ betrachtete.

In jener Zeit begannen gerade die Kliniker verstärkt, nach der Leber auch die Nieren zu punktieren. Besonders aktiv war ein Kollege aus der Kinderklinik, der es verstand, schöne lange Zylinder zu gewinnen. Später wurden auch die Nieren von Erwachsenen punktiert. An Untersuchungsmaterial mangelte es also nicht. Während wir früher die Nierenerkrankungen nur im Sektionssaal untersuchen konnten, wobei es sich meist um fortgeschrittene Veränderungen oder gar um Endstadien handelte, ermöglichten die Biopsien bei Patienten unterschiedlichen Alters, die Erkrankungen schon in frühen Stadien am Lebenden zu untersuchen. Gleichzeitig mit den neuen Erkenntnissen änderte sich auch die Nomenklatur. In der wissenschaftlichen Literatur erschienen neue Einteilungsschemata von Nephropathologen aus der Bundesrepublik Deutschland, aus Frankreich und der Schweiz. Ich verschlang die Literatur, die ich nur über die Institutsbibliothek beziehen konnte und die meist in englischer Sprache verfasst worden war. Die wissenschaftlichen Zeitschriften aus dem Westen konnten wir nicht abonnieren. So musste ich aus den Artikeln, die mich interessierten, einen schriftlichen Auszug anfertigen, wie ehemals bei meiner Doktorarbeit, denn Kopiergeräte gab es an nur wenigen Standorten, bestenfalls eine Mikroverfilmung.

Meine ersten wissenschaftlichen Arbeiten durfte ich noch in westlichen Zeitschriften veröffentlichen. Später wurde gesagt, ich solle die Arbeiten an das „Zentralblatt für Pathologie" in Jena schicken. Die nephropathologischen Arbeiten erschienen aber vor allem in der im Westen erscheinenden Zeitschrift „Nephrology".

Zu jener Zeit gab es in Paris eine besonders aktive Nephropathologin, Madame Renée Habib. Sie war eine temperamentvolle Vertreterin ihres Fachgebietes und hatte als eine der ersten die Nierenbiopsien ihrer Patienten, darunter vieler Kinder, mit Hilfe der Immunfluoreszenz, einer damals noch ziemlich neuen Methode, untersucht. Durch die Anwendung dieser Methode, die anfangs nur an frischen, unfixierten Biopsien durchgeführt wurde, gewann man wertvolle Erkenntnisse über die Entstehung der entzündlichen glomerulären Nierenerkrankungen und die Rolle, die das menschliche Immunsystem dabei spielt.

Etwa zeitgleich wurden ähnliche Untersuchungen auch in der Schweiz am Universitätshospital in Basel sowie in der Bundesrepublik Deutschland an den Universitätskliniken in Mainz, Tübingen und München durchgeführt. Die durch diese Untersuchungen gewonnenen neuen Erkenntnisse hatten zu einer völlig neuen Einteilung der entzündlichen glomerulären Nierenerkrankungen geführt, und man erhoffte sich auch neue Möglichkeiten der Behandlung dieser Erkrankungen.

Es war unumgänglich, dass die Immunfluoreszenz-Methode ebenfalls für die Untersuchung der Nierenbiopsien am Institut für Pathologie in Leipzig eingeführt werden musste. Wie gern wäre ich zur Hospitation in ein Labor eines der Institute gegangen, in dem die Methode bereits etabliert war, um sie dort zu erlernen. Nach der Errichtung der Mauer am 13. August 1961 war es jedoch für mich unmöglich, ein Labor in der Bundesrepublik Deutschland oder in der Schweiz zu besuchen. Stattdessen musste ich mir die Methode mühsam mit Hilfe des Literaturstudiums erarbeiten. Ein weiteres Hemmnis war die Beschaffung der Seren, die mit einem Fluoreszenzfarbstoff markiert und anfangs nur im Westen erhältlich waren. Schließlich war das Filmmaterial, mit dem ich meine Ergebnisse im Bild dokumentieren wollte, nicht empfindlich genug. Durch die in diesem Fall notwendige zu lange Belichtungszeit konnte die Fluoreszenz am Präparat ausbleichen, und ich war manchmal total frustriert, wenn ich den entwickelten Film sah, für dessen Aufnahmen ich die halbe Nacht am Mikroskop geopfert hatte.

Gern wäre ich einmal zu einem internationalen Kongress in die Bundesrepublik Deutschland, die Schweiz oder nach Frankreich gefahren, um die auf dem Gebiet der Nierenpathologie führenden Wissenschaftler kennenzulernen und mit ihnen unsere Ergebnisse zu diskutieren. Anfangs erreichten uns auf irgendwelchen Wegen noch Einladungen zu diesen Kongressen. Später erfuhren wir erst hinterher davon. Gewöhnlich wurde für einen internationalen Kongress jenseits der Mauer eine sogenannte Delegation der DDR zusammengestellt, das heißt, es wurden fünf bis sieben Wissenschaftler vorgeschlagen, die von der Sache etwas verstanden. Nachdem der Vorschlag mehrere Institutionen durchlaufen hatte, kam er zurück, völlig geändert, mit neuen Leuten auf der Liste, die niemand kannte oder deren Inkompetenz kein Geheimnis war und die dann im Ausland Grußbotschaften der DDR verlasen. Von den zuerst Vorgeschlagenen waren nur noch zwei oder drei Personen nominiert!

Selbst ein Kongressbesuch im sozialistischen Ausland war nicht einfach. So musste ich einmal, als ich einen Kongress in Breslau in Polen besuchen und dort einen Vortrag halten wollte, unterschreiben, dass ich die DDR würdig vertreten werde, für mich eigentlich eine Selbstverständlichkeit.

Die Partei in diesem Staate hatte sich verselbstständigt und war zum Maß aller Dinge geworden.

Dies bekamen wir auch wieder einmal im privaten Bereich zu spüren. Eines Tages starb die alte Dame, mit der wir in einer Wohnung wohnten. Dadurch wurde ein Zimmer frei, das wir als Schlafzimmer einrichteten. Endlich hatte jeder von uns ein richtiges Bett, und wir konnten uns ohne Umbauarbeiten zur Ruhe begeben. Unerwartet starb ein halbes Jahr später auch der alte Herr, der noch mit uns zusammen wohnte. Als ich auf dem Wohnungsamt erschien und um die Zuweisung für die Dreieinhalb-Zimmerwohnung bitten wollte, wusste die Sachbearbeiterin schon Bescheid und sagte: „Haben Sie gedacht, dass Sie die Wohnung bekommen?" Ich antwortete, dass mein Mann inzwischen Oberarzt sei und dass wir doch ein Kind hätten und ich gedacht hätte, dass wir nach so langer Wartezeit endlich eine eigene Wohnung verdient hätten. Sie antwortete eiskalt: „Sie bekommen jetzt einen Untermieter herein." Ich war wie gelähmt und fühlte mich so machtlos vor dieser Frau. Die einzige Vergünstigung, die uns gewährt wurde, war, dass wir uns den Untermieter aussuchen konnten.

Glücklicherweise hatten wir einen ehemaligen Kommilitonen, der mit meinem Mann jetzt im Physiologisch-Chemischen Institut arbeitete und darauf wartete, dass seine Frau, eine Parteigenossin und Internistin, aus Zwickau nach Leipzig zu ihm übersiedeln würde. Beide hatten die Option auf ein Haus, und er versprach uns, dann einfach auszuziehen, ohne es beim Wohnungsamt zu melden. Er hat sein Versprechen gehalten.

Inzwischen hatten wir begonnen, die völlig heruntergekommene Altbauwohnung zu sanieren. Ich hatte nach meines Vaters Tod Obligationen geerbt, die ich erst kündigen wollte, wenn wir eine Wohnung bekämen. Da man regulär weder Fliesen oder anderes Baumaterial noch Handwerker bekam, mussten wir alles irgendwie „besorgen". Ich erinnere mich, wie uns bei Dunkelheit von einem Lastwagen herunter die Fliesen für Küche und Bad übergeben und in unser Auto eingeladen wurden. Qualitätsprüfungen konnte man da nicht vornehmen. Als die Handwerker die Fliesen anbringen wollten, stellte es sich heraus, das man uns bei den für das Bad gedachten Fliesen zu viele Endstücke eingepackt hatte. So mussten wir umdisponieren und die eigentlich für das Bad geplanten Fliesen für die Küche verwenden. Ich hatte wochenlang Albträume wegen der Fliesenübergabe.

Besser klappte es mit der Installation eines Warmluftkachelofens aus Meißener Kacheln, der vom Flur aus mit Braunkohlenbriketts zu beladen war und sowohl unser Wohnzimmer als auch das Arbeitszimmer meines Mannes beheizte. Dazu wurden die schönen alten Kachelöfen abgebrochen und eine Verbindung zwischen beiden Zimmern und dem Flur geschaffen. Dank des neuen Ofens hatten wir es abends schön warm, wenn wir nach Hause kamen.

Wir ließen auch die Fußbodenbeläge in der ganzen Wohnung erneuern, das Parkett abschleifen und versiegeln, die Fenster streichen und die Zimmer tapezieren. Der Bruder meines Mannes fragte eines Tages scherzhaft, wann wir denn das Treppenhaus erneuern würden.

Da die Handwerker immer erst am späten Nachmittag, wenn wir von der Arbeit kamen, bei uns erschienen, zogen sich die Arbeiten bis in die Nacht hinein. Es war selbstverständlich, dass sie von mir verköstigt und von meinem Mann spät abends nach Hause gefahren wurden. Während er unterwegs war, versorgte ich unsere Tochter und reinigte die Wohnung. Eine unserer Tanten aus dem Westen hatte uns für die Kleine eine abwaschbare Hose geschickt, so dass ich ganz ruhig blieb, wenn sie auf dem Boden in dem Handwerkerdreck herumrobbte. Wenn mein Mann dann gegen 23.30 Uhr von seinen nächtlichen Fahrten zurückkehrte, lag ich oft angekleidet auf dem Bett und war vor Erschöpfung eingeschlafen.

Wir hatten etwa anderthalb Jahre die Handwerker. Als wir die Wohnung einigermaßen renoviert hatten, war die Kommunikation zwischen uns abgebrochen, und wir reichten die Scheidung ein.

In jener Zeit liefen in der DDR zwei französische Filme, die eigentlich zusammengehörten. Sie hießen „Meine Nächte mit Jacqueline" und „Meine Tage mit Pierre". Es wurde das Leben der beiden Hauptdarsteller geschildert, die sich während des Jurastudiums kennen- und lieben gelernt hatten und eine Ehe eingegangen waren, die nach mehreren Jahren zerbrach. Ich fand Parallelen zu unserem Leben, nur mit dem Unterschied, dass wir Medizin studiert hatten. Das Interessante an den Filmen war, dass jeder der beiden Beteiligten die gleiche Situation völlig anders erlebt und interpretiert hatte! Ich war damals zutiefst bewegt, und zugleich ahnte ich, dass dies offenbar die Realität war! Worte können da nichts mehr ausrichten.

Wir hatten uns darauf geeinigt, dass ich mit dem kleinen Kind die Wohnung und die Garage, um die ich so gekämpft hatte, behielt, während mein Mann den Wartburg-Tourist, den wir anstelle der Wartburg-Limousine, die ich von meinem Vater geerbt hatte, gekauft hatten, behielt.

Nachdem mein Mann ausgezogen war, wurde ich die Angst nicht los, dass jemand aus unserem Hause oder aus der Nachbarschaft dem Wohnungsamt mitteilen könnte, dass ich allein mit Kind in einer Dreieinhalb-Zimmerwohnung wohnte. Ich fürchtete, sie würden klingeln, und ich müsste aus der Wohnung ausziehen oder bekäme einen Untermieter zugewiesen. Nach alldem, was ich erlebt hatte, war ich fest entschlossen, mit dem Brotmesser zuzustechen! Gott sei Dank hat niemand geklingelt. Im Gegenteil: Die männlichen Mitbewohner des Hauses kamen zu mir und boten mir an, den Schneeräumdienst im Winter für mich mit zu erledigen.

## Die Jahre nach der Scheidung

Nach der Scheidung wollte ich nur noch zwei Dinge im Leben: meine Tochter zu einem lebenstüchtigen Menschen erziehen und meine Habilitation anstreben. Die Arbeit hatte mich noch nie enttäuscht. Doch der Alltag war nicht einfach. Da ich kein Auto mehr hatte, musste ich nach der Arbeit zum Ostplatz hetzen, um die Straßenbahn zu bekommen, die mich zum Waldplatz brachte, danach die Waldstraße entlang laufen, um meine Tochter rechtzeitig abholen zu können. Viele Male erreichte ich die Straßenbahn nicht mehr und hielt verzweifelt Ausschau nach einem Taxi.

Wegen meiner immer wieder auftretenden Nierenerkrankung bekam ich eine Kur in Marienbad im heutigen Tschechien verordnet, die sehr erfolgreich war, nicht nur in Bezug auf meine Nieren, sondern auch im Hinblick auf die Beschaffung eines Autos. Normalerweise musste man in der DDR 14 Jahre nach Anmeldung auf die Zuteilung eines Autos warten. Ehepaare wechselten sich mit der Anmeldung ab, um die Wartezeit zu verkürzen. Zufällig lief meine Anmeldung damals schon mindestens vier Jahre, aber es standen mir immer noch zehn Jahre Wartezeit bevor. Ich brauchte das Auto jedoch so schnell wie möglich.

In Marienbad hatte mir der Kurarzt eine sogenannte Terrain-Kur verordnet. Nachmittags sollte ich viel laufen. Dabei traf ich immer wieder auf eine Gruppe von Männern, denen Ähnliches verordnet worden war. So wanderten wir gemeinsam durch das Gelände und unterhielten uns. Bald merkte ich, dass es sich um SED-Genossen aus Berlin handelte, und eines Tages schilderte ich ihnen meine Not. Dabei erfuhr ich, dass es einen Sonderfonds für schnellere Autozuteilungen gäbe. Sie rieten mir, mich dorthin zu wenden und meine Lage zu schildern. Ich war kaum vier Wochen wieder zu Hause, als ich die Nachricht bekam, dass ich einen Trabant-Kombi in der Farbe grau im Geschäft abholen könne. Ich hatte Mühe, so schnell das Geld zusammenzubekommen, freute mich aber sehr! Jetzt konnte ich endlich meine kleine Tochter wieder pünktlich abholen.

Das Auto leistete auch gute Dienste, wenn ich manchmal, nachdem die Kleine eingeschlafen war, schnell noch einmal ins Institut fuhr, um am Mikroskop zu arbeiten. Wenn ich die Straßenbahn benutzte, die abends seltener fuhr, verlor ich zu viel Zeit.

Mit dem Auto fühlte ich mich auch sicherer. Einmal, als ich aus dem Kino kam und, auf die Bahn wartend, dicht am Straßenrand stand, hielten einige Autos, die Fahrer drehten die Scheibe herunter und fragten, ob ich einsteigen wollte. Mir trieb es die Tränen in die Augen. Ich war es bis dahin überhaupt nicht gewöhnt, allein ins Theater oder ins Gewandhaus zu gehen. Fortan fuhr ich nur noch mit dem Auto. In der Regel blieb ich abends zu Hause, weil ich meine Tochter ungern allein ließ. Während sie nebenan schlief, konnte ich am Schreibtisch sitzen und arbeiten.

Alle 14 Tage holte mein geschiedener Mann sie an einem Tag am Wochenende morgens ab und brachte sie abends wieder zu mir zurück. Da ich an solchen Tagen nicht gern allein zu Hause war, fuhr ich meistens ins Institut und arbeitete. Am Wochenende wurde man dort selten gestört, aber es war ein sehr einsamer Job!

Eines Tages kam Herr Professor Holle zu mir ins „Journal" und meinte, dass jetzt dafür geworben würde, dass in den Kliniken und Instituten „Kollektive der sozialistischen Arbeit" gebildet werden sollten. In der Gerichtsmedizin existiere schon ein solches Kollektiv. Ich antwortete: „Wenn wir uns um einen solchen Titel bewerben, machen wir es freiwillig und warten nicht, bis wir dazu aufgefordert werden." Ich war der Meinung, dass wir Ärzte im „Journal" gemeinsam mit den medizinisch-technischen Assistentinnen und der Putzfrau gute Arbeit leisteten. Zudem waren wir territorial auf einer Ebene untergebracht, verstanden uns gut und feierten auch manchmal im Labor oder gingen zusammen ins Kino. Wir waren ein richtig gutes Team. So begann ich mit meiner Überzeugungsarbeit, denn es sollten natürlich alle einverstanden sein. Als Preis war ein bestimmter Geldbetrag ausgelobt, den wir für die Mitarbeiter verwenden konnten. Die meiste Arbeit hatte ich als Laborleiterin, denn ich musste nach einer bestimmten Zeit die Bewerbung um den Titel „Kollektiv der sozialistischen Arbeit" einreichen. Je näher der Termin heranrückte, umso schlechter fühlte ich mich, denn neben der Routine sollte ich auf vielen DIN A4-Seiten darlegen, was wir alles geleistet, wie viele Male wir privat gefeiert hatten und was wir uns künftig vornehmen wollten. Am schlimmsten war die Abfassung einer sogenannten Praeambel, die dem Antrag vorangestellt werden musste. Ich hatte mir den alten Antrag der Gerichtsmedizin als Vorlage ausgeliehen. Dort war in der Praeambel aufgeführt, dass man einen neuen Karteikasten zu Ehren des 125. Jahrestages der Herausgabe des Kommunistischen Manifestes eingerichtet hätte. Ich bekam Bauchschmerzen, weil ich zwischen diesen beiden Dingen keine Verbindung sah und weigerte mich, etwas Ähnliches zu schreiben. Bald darauf bekam ich unsere Bewerbung zurück mit dem Hinweis, ich solle die Praeambel noch einmal überdenken und mir dazu diejenige der Gerichtsmedizin zum Vorbild nehmen, sonst könnten wir den Titel nicht bekommen. Ich war wütend und schimpfte: „Wirkliche Arbeit interessiert euch nicht, ihr wollt nur politische Floskeln hören!" Dann zog ich den Antrag zurück mit der Begründung, dass wir uns noch nicht reif genug für den Titel fühlten. Ich litt vor allem darunter, dass ich meine Mitarbeiter vorher so leidenschaftlich versucht hatte zu motivieren und dass wir nun so kläglich gescheitert waren.

1974 hatte ich bei einem Preisausschreiben meiner Tageszeitung „Der Neue Weg" mitgemacht. Aus Anlass des 30. Jahrestages der Befreiung vom Hitler-Faschismus durch die Sowjetunion sollte man über Begegnungen mit sowjetischen Menschen berichten. Ich hatte einen völlig unpolitischen Bericht über die Freundschaft mit einer russischen Ärztin eingereicht und ein Bild, auf dem sie mit meiner Tochter zu sehen war, mitgeschickt. Diese Ärztin hatte ich im Institut kennengelernt, als sie eines Tages mit einer Gewebeprobe aus der chirurgischen Abteilung des Armee-Lazaretts der sowjetischen Streitkräfte zu mir kam mit der Bitte um Untersuchung, weil der russische Pathologe abwesend war. Wir waren uns gleich sympathisch, und ich habe sie einige Male zu mir nach Hause eingeladen. Sie erzählte mir, dass sie eigentlich keine persönlichen Kontakte außerhalb des Territoriums der Armee pflegen dürfte. Sie war von Beruf Chirurgin und stammte aus Baku. Ihre Ehe war geschieden, und, um ein bisschen mehr Geld zu verdienen, hatte sie sich für ein paar Jahre zur Armee verpflichtet, musste dafür aber ihren Sohn bei ihrer Mutter in Baku lassen. Ich fühlte Mitleid mit ihr und ihrem Schicksal! Es war für mich schwer vorstellbar, dass man sein Kind für eine lange Zeit nicht sehen kann, nur, um etwas mehr Geld zu verdienen.

Als sie für immer wieder zurück nach Baku ging, habe ich ihr einige Dinge, die sie in Russland nicht bekommen konnte und die ich teilweise in Polen gekauft hatte, wie zum Beispiel westliche Kosmetika, mitgegeben, und sie war so glücklich darüber! Als Dank hat sie Jahre später durch eine Bekannte, die in die damalige DDR fuhr, eine große, schöne Puppe für meine Tochter überbringen lassen. Wir haben die Puppe Lilia in Anlehnung an ihren Vornamen genannt, und sie hat noch heute einen Ehrenplatz im Haushalt meiner Tochter.

Jedenfalls gewann ich bei der Zeitung den ersten Preis, eine Reise in die Sowjetunion im Wert von 600 Ostmark. Ich war total überrascht und fürchtete, dass sich jemand einen Scherz mit mir erlaubt hätte. Auf meine Frage, wohin ich denn da reisen könnte, antwortete der Vertreter der Zeitung, dass ich zum Beispiel ein paar Tage Leningrad (heute wieder Petersburg) besuchen könnte. Die Stadt hatte mich schon immer interessiert. Ich ging also zum Reisebüro und wollte den Scheck einlösen. Dort wurde mir gesagt, dass eine Reise nach Leningrad nicht möglich sei, da diese Reisen momentan alle von Neckermann gebucht wären. Stattdessen wurde mir empfohlen, nach Minsk zu reisen. Auf meine Frage, ob Minsk schön sei, meinte die Angestellte des Reisebüros: „Nee, aber Sie haben die Reise doch gewonnen!" Ich ging frustriert von dannen, kündigte jedoch an, dass ich mich an die Zeitung wenden werde, von der ich den Preis bekommen hatte. Wenige Tage später bekam ich einen Anruf vom Direktor des Reisebüros in Berlin. Er bot mir eine kombinierte Reise nach Leningrad und in die drei baltischen Staaten Estland, Lettland und Litauen an, die in Moskau endete, für die ich allerdings eine Zuzahlung von 800 Mark zu leisten hatte. Ich war einverstanden. So kam ich 1974 nach Leningrad und war überwältigt von der Schönheit der Stadt, von der Freundlichkeit der Menschen, aber auch von deren Leiden während der Blockade der Stadt im Zweiten Weltkrieg. Der Besuch des Heldenfriedhofs hat mich damals sehr bewegt.

Anders der Besuch der baltischen Staaten. Hier hatte ich den Eindruck, dass der Lebensstandard zwar etwas besser als im übrigen Sowjetstaat war, dass aber weder die Esten noch die Letten oder die Litauer besonders glücklich unter der sowjetischen Herrschaft waren. Die Verwaltungssprache war für alle russisch, und erst in zweiter Linie, meist zu Hause, durften sie ihre Muttersprache sprechen. Ich hatte unzählige nette Begegnungen mit den Menschen, die mir kleine Geschenke überreichten, die ich heute noch besitze.

In der Millionenstadt Moskau war es schwieriger, Kontakte zu den Einwohnern zu bekommen. Es gelang mir beim Besuch einer Veranstaltung im Kreml-Palast. In der Pause hatten dort Frauen aus der Umgebung von Moskau selbstgemachte regionale Produkte wie Pirogi und Peljmeni angeboten, um ihre schmale Rente ein wenig aufzubessern. Innerhalb kürzester Zeit schafften sie es, die vielen Besucher mit oftmals warmen Speisen zu versorgen. Ich war beeindruckt.

Als wir vor dem Abflug auf dem Flughafen in Moskau 24 Stunden im Transitraum ausharren mussten, weil die Flugzeuge wegen Nebels nicht in Berlin-Schönefeld landen konnten, bettete ein altes Mütterchen, die vor einem Berjoska-Shop (Laden mit Waren gegen Devisen) zur Bewachung saß, meinen Kopf in ihren Schoß, damit ich etwas ausruhen konnte.

Mit einiger Verspätung kam ich endlich wieder in Leipzig an und konnte meine Tochter in die Arme schließen.

Im Herbst 1975 kam Natalie in die Schule. Im November wurde sie sieben Jahre alt. Ich wollte ihr das unbeschwerte knappe Jahr vor der dann beginnenden Schulzeit gönnen, in dem sie die Vorschule besuchte. Sie ging gern zur Schule, die sich nicht weit von unserer Wohnung befand. Die Kinder bekamen dort Mittagessen, hielten Mittagsschlaf und wurden nachmittags bei den Hausaufgaben betreut, so dass ich beruhigt meiner Arbeit im Institut nachgehen konnte. Wenn ich sie am späten Nachmittag abholte, erzählten wir uns gegenseitig, wie unser Tag verlaufen war. Die Zeit bis zum Schlafengehen gehörte ausschließlich uns beiden.

Wenn sie im Bett war, konnte ich mich noch einmal an den Schreibtisch setzen. Oftmals gab es auch im Haushalt zu tun, wenngleich ich inzwischen wieder eine Hilfe gefunden hatte. Sie war mir von einer Frau, die im Institut in der Wäscheabteilung arbeitete, empfohlen worden. Anfangs hatte sie etwas Bedenken, weil sie in keinem Haushalt mit Kindern arbeiten wollte. Später hatte sie meine Tochter und mich so lieb gewonnen, dass wir sie und ihren Mann als Familienmitglieder ansahen und schätzten, zumal Natalie keine Großeltern besaß. Bei diesen lieben Menschen konnte ich sie auch einmal lassen, wenn ich zu einem Kongress oder einer Fortbildungsveranstaltung fuhr.

Mit einigen anderen Eltern war ich überzeugt, dass unsere Kinder den Religionsunterricht besuchen sollten. Da dies von der Schule nicht gewünscht wurde, durfte der Unterricht auch nicht mehr in deren Räumen stattfinden, das hieß, die Kirche musste entsprechende Räume zu Verfügung stellen. Diese waren natürlich nicht mehr in der Nähe unserer Wohnungen und für die Kinder in der Großstadt schwer zu erreichen. So haben wir Eltern uns abgewechselt, unsere Kinder dorthin zu bringen und wieder abzuholen.

Bisher war ich die wichtigste Bezugsperson für meine Tochter gewesen. Langsam merkte ich, dass ich diese Funktion zumindest teilweise mit der Klassenlehrerin teilen musste. Eines Tages, als wir beide nach Hause gekommen waren, stürzte meine Tochter sofort zum Fernseher und schaltete ihn an, was bei uns sonst nicht üblich war. Plötzlich sah ich auf dem Bildschirm Louis Corvalan, den Parteiführer der Kommunistischen Partei in Chile, der nach seiner Entlassung aus der Haft nach Ost-Berlin gekommen war und dort auf einer Tribüne eine flammende Rede hielt. Alle Rundfunksender der DDR hatten von diesem Ereignis schon lange vorher berichtet, und offenbar sind auch die Kinder in der Schule darauf vorbereitet worden. Ich bat meine Tochter, den Fernseher auszumachen, weil ich diese Propagandareden nicht hören wollte. Da drehte sie sich leidenschaftlich zu mir um und sagte: „Du willst den wohl nicht hören? Das sage ich Frau Lehmann!" Das war die Klassenlehrerin. Ich war zutiefst entsetzt und dachte: Jetzt haben sie dein Kind auch schon auf ihrer Seite. Wie sollte ich dem kleinen Mädchen erklären, dass ich mich zunehmend eingeengt fühlte?

Im Sommer 1968 war ich, damals schwanger, mit meinem Mann auf einem internationalen Biochemiker-Kongress in Prag gewesen. Nach Beendigung des Kongresses hatten wir uns vorgenommen, eine Urlaubsreise durch Südböhmen zu machen. Schon in Prag hatten wir mitten unter den Leuten vor dem Hradschin gestanden und auf Alexander Dubček, den 1. Sekretär der Kommunistischen Partei der damaligen ČSSR gewartet, der seinen Landsleuten zu erklären versuchte, dass sie Reformen anstrebten und den Sozialismus menschlicher gestalten wollten. Wir verstanden die in tschechisch gehaltene Rede zwar nicht, sahen aber die Begeisterung der Menschen, die ihm zujubelten.

Mein Mann holte sich jeden Morgen eine Zeitung in deutscher Sprache, darunter auch den „Spiegel", um sich über die Reformbewegung zu informieren. Als er das Programm der KPČ las, meinte er: „Wenn man das liest, könnte man direkt Kommunist werden."

In Südböhmen kamen wir vor allem in kleinere Orte und hatten meist ein Zimmer in einem Gasthaus am Markt gebucht. Bis tief in die Nacht hinein hörten wir in jenem lauen Sommer die Menschen im Freien diskutieren, so dass ich oft aufstand und aus dem geöffneten Fenster schaute. Wenn ich auch nicht viel verstand, es war schön, diese Aufbruchsstimmung zu erleben, die so viel Hoffnung verbreitete! Oftmals fanden wir in unserem Hotelzimmer auch einen Fernseher vor. So etwas gehörte damals noch nicht zur Grundausstattung, und ich fragte meinen Mann: „Hast du ein Zimmer mit TV gebucht?" Er verneinte dies, und es stellte sich heraus, das die Tschechen den Ausländern Fernseher in die Zimmer gestellt hatten, damit sie sich in ihrer Muttersprache über das Geschehen, den sogenannten Prager Frühling, informieren konnten. Wir konnten am besten das österreichische Fernsehprogramm empfangen.

Am 18. August war unser Urlaub zu Ende, und wir mussten wieder in die DDR zurückfahren. Ohne zu ahnen, dass drei Tage später die Russen zusammen mit den Staaten des Warschauer Pakts in die Tschechoslowakei einmarschierten und Alexander Dubček absetzten, sagte ich an der Grenze beklommen zu meinem Mann: „Ich habe das Gefühl, dass ich aus einem relativ freien Land zurück in ein unfreies Land komme."

Mit der sowjetischen Intervention war der „Prager Frühling" jäh beendet, und ich bedauerte, dass wir drei Tage zu früh die Tschechoslowakei verlassen hatten und nicht die Gelegenheit nutzen konnten, über Bratislava nach Wien und von dort in die Bundesrepublik Deutschland zu gelangen, was Hunderten von DDR-Bürgern gelungen war. Wir hatten zu jener Zeit an unseren Autos noch ein D vor dem Nummernschild, wie es auch in Westdeutschland üblich war. Die Russen, die bestrebt waren, das Land von westlichen Besuchern zu säubern, konnten so nicht zwischen Ost- und Westdeutschen unterscheiden. Erst später bekamen wir dann das DDR-Kennzeichen.

Nach meiner Scheidung in den 70er Jahren dachte ich verstärkt darüber nach, die DDR zu verlassen. Die wenigen Verwandten, die ich noch hatte, sowie die meisten meiner Freunde lebten im Westen Deutschlands. Im Osten war ich ziemlich allein mit meiner Tochter. Im Geheimen warf ich mir vor, dass ich zwar das Abitur mit „Auszeichnung" und das Staatsexamen mit „Sehr gut" bestanden hatte, aber letztlich unfähig gewesen war, die politische Situation richtig einzuschätzen und den Bau der Mauer vorauszusehen.

Anfangs hatte ich geglaubt, dass die Westmächte dagegen einschreiten werden, bis ich eines Tages begriff, dass weder die Franzosen noch die Engländer, am meisten vielleicht noch die Amerikaner an einer Einigung interessiert waren. Zunehmend erfasste mich ein Gefühl der Resignation und der Frustration, das jeden schöpferischen Gedanken lähmte. Es schien, als wäre ich für den Rest meines Lebens an dieses Institut, an diese Stadt gebunden. Wie sollte ich diesem Teufelskreis jemals entfliehen können? In Rostock, Berlin oder Erfurt gab es die gleichen Probleme. Ich merkte, wie in mir das Gefühl der Ohnmacht, des Eingesperrtseins wuchs. Ich stand an der Ostsee und schaute der Schweden-Fähre nach, die ich nicht benutzen durfte, oder dem Zug nach Frankfurt am Main am Leipziger Hauptbahnhof, in den ich nicht einsteigen durfte.

Wenn in der Oper „Nabucco" der Freiheitschor erklang, sang ich weinend mit, ebenso bei der Aufführung von Beethovens „Fidelio". Ich war dabei, als Sonderzüge nach Berlin zu der Aufführung „Der Drache" von Jewgenij Schwarz fuhren, in der die Diktatur des Drachen als Metapher eines allmächtigen Herrschers diente, dem am Ende der Garaus gemacht wurde.

Zu allem Überfluss startete die Staatssicherheit in den 70er Jahren unter den Ärzten eine Werbekampagne für inoffizielle Mitarbeiter, die auch mich nicht verschonte, wenngleich es mir gelang, NEIN zu sagen. Ich erinnerte mich an die Worte, die mein verstorbener Vater mir einst gesagt hatte, als ich eigentlich noch ein Kind war, die ich aber nie vergessen hatte: „Mach niemals bei einem Geheimdienst mit." Es blieb jedoch die Verunsicherung, dass sie wiederkommen könnten.

Immer wieder erfuhr ich von Kollegen, die auf abenteuerlichen Wegen die Bundesrepublik Deutschland erreicht hatten. Einer war mit seinem Bruder auf dem Wege nach Kuba von dem DDR-Überseedampfer „Völkerfreundschaft" ins Meer gesprungen und dann von einem amerikanischen Schnellboot aufgenommen und nach Miami im Bundesstaat Florida gebracht worden.

Ein anderer hatte sich anlässlich einer Fortbildungsveranstaltung bei uns im Leipziger Institut von mir verabschiedet, und zwei Tage später erfuhr ich, dass er die DDR mit seiner Frau und seinen Kindern in einem Container-Lastwagen verlassen hatte.

Seit den 1972 unter der Regierung von Willy Brandt mit der damaligen DDR geschlossenen **Transitverträgen** durften Fahrzeuge aus der Bundesrepublik, die Ostdeutschland auf dem Transitweg von Berlin nach Westdeutschland passierten, von den ostdeutschen Grenzern nicht kontrolliert werden. Auf diesem Wege hatten in den ersten Jahren ganze Container mit Ärzten und deren Familien sowie anderen Ausreisewilligen den Staat verlassen.

Bisher hatte ich wegen meiner kleinen Tochter jeden Gedanken an eine illegale Flucht verdrängt. Ich hatte immer gedacht, dass vorwiegend kinderlose, junge und abenteuerlustige Leute so etwas wagten, aber nicht Leute mit Kind wie ich, die Verantwortung trugen. Andererseits wollte ich gerade für mein Kind, dass es in Freiheit aufwachsen kann! Ich befand mich in einer Zwickmühle, hatte aber auch begriffen: Wenn du dein Leben und das deiner Tochter ändern willst, musst du es selbst in die Hand nehmen und kannst nicht auf die Hilfe der Politik zählen. Ich wusste auch, dass ich niemanden um Rat fragen konnte, denn alle würden mir davon abraten, weil es gefährlich war. Ich war eigentlich gar nicht der Typ, der vom Wege abweicht!

Eines Tages hatte ich die Idee, mein Schlafzimmer während der Leipziger Messe zu vermieten. Neben der Möglichkeit, etwas Westgeld zu verdienen, hoffte ich auf die Chance, jemandem zu begegnen, der bereit gewesen wäre, mich und meine Tochter aus der DDR herauszuholen, sei es mit gefälschten Pässen, sei es mit Hilfe einer fiktiven Heirat, die nach der Übersiedlung wieder rückgängig gemacht werden könnte. Ich staune heute noch darüber, wie naiv ich damals war! Jedenfalls wurde mir bald klar, dass ich in der kurzen Zeit, die die Gäste bei mir wohnten, nicht den Mut hatte, mein Anliegen vorzutragen. Außerdem wusste ich doch gar nicht, ob ich ihnen vertrauen konnte.

Da ereignete sich etwas ganz Unerwartetes! Im Frühjahr 1976 hatte ich mich zu einer Fortbildungsveranstaltung im Institut für Pathologie der Charité in Berlin angemeldet. Die ehemalige Tagesmutter meiner Tochter hatte sich bereit erklärt, die Kleine in dieser Zeit zu betreuen. Mir graute etwas vor der Fahrt allein mit meinem Trabant-Kombi nach Berlin, vor allem vor der Rückfahrt, die dann im Dunkeln stattfinden würde. Und wenn dann etwas am Auto wäre? Einen Tag vorher fragte mich plötzlich ein Kollege, der bei uns im Leipziger Institut als Weiterbildungsassistent hospitierte, ob ich nicht Lust hätte, am nächsten Tag mit ihm nach Berlin zu fahren, da er am Wochenende etwas unternehmen wolle. Ich war begeistert von diesem Angebot! Nun brauchte ich nicht allein zu fahren. Ich sagte ihm, dass ich tagsüber eine Fortbildungsveranstaltung besuchen wolle, wir uns aber danach treffen und in Berlin noch etwas unternehmen könnten. Es gelang uns sogar, noch Karten für die „Distel", ein in der DDR sehr bekanntes und immer ausverkauftes politisches Kabarett, zu bekommen. Nach der Vorstellung begaben wir uns auf den Heimweg nach Leipzig. Ich war etwas schläfrig geworden und döste vor mich hin. Irgendwie fühlte ich mich in dem Auto meines Kollegen, der das Gefährt sicher durch die Nacht steuerte, geborgen. Wir rekapitulierten noch einmal einige uns gelungen erscheinende Sketche der „Distel", über die wir uns amüsiert hatten. Plötzlich gestanden wir uns, dass wir die DDR verlassen wollten. Mein Kollege, der einen Segelschein für die Ostsee besaß, entwickelte einen entsprechenden Plan, der die Flucht auf diesem Wege ermöglichen sollte. Ich war sofort hellwach, und wir fuhren auf einen Parkplatz, um die Karte zu studieren. Keiner von uns besaß ein Segelboot. Es war in der DDR jedoch unmöglich, einfach ein Segelboot zu kaufen, ohne dass man einem Verein angehörte. So schlug er vor, dass wir das Boot in Polen, wo ich Freunde in Gdynia (Gdingen) hatte, mit deren Hilfe kaufen könnten. Ich hatte jedoch Angst, da ich gehört hatte, dass die Ostseeküste vonseiten der DDR-Küstenwache von Wachbooten beobachtet und des Nachts sogar von rotierenden Scheinwerfern abgetastet wurde. Jedenfalls planten wir, im Sommer erst einmal zu meinen Freunden nach Polen zu fahren.

Nachdem mich mein Kollege in jener Nacht vor meinem Haus abgesetzt hatte und ich in meinem Bett lag, fand ich noch lange keinen Schlaf, zu überraschend war diese Berlin-Reise für mich, und ich fragte mich auch, ob ich mich nicht dem Falschen anvertraut hätte. Zugleich schalt ich mich dafür, bei einem Kollegen, den ich nicht erst seit heute kannte, dieses Misstrauen aufkommen zu lassen. Wie sich später zeigen sollte, war es völlig unbegründet.

Inzwischen war die Zeit der Hospitation meines Kollegen in unserem Institut beendet. Als wir uns, wie verabredet, im August trafen, eröffnete er mir, dass ein Verwandter von ihm im Westen Kontakt zu einer Schleusergruppe aufgenommen hätte und die Schleusung über die Transitstrecke auf der Autobahn nach Berlin stattfinden solle. Diese Variante war mir zwar sympathischer als der Weg über die Ostsee, aber Angst hatte ich trotzdem, vor allem wegen meiner Tochter. Ich sagte zu ihm: „Denk daran, ich habe ein Kind. Es muss klappen." Seine Antwort: „Ich weiß." Der Fluchttermin sollte in wenigen Tagen sein. Ich erschrak, denn meine Tochter befand sich zusammen mit ihrem Vater mit Zelt und Boot für drei Wochen in Mecklenburg im Urlaub. Sie waren vor ein paar Tagen in Leipzig gestartet, und er hatte mir nicht den genauen Ort genannt, wo sie zelten werden. Das bedeutete für mich schon das Aus, denn ohne meine Tochter kam eine Flucht natürlich für mich nicht in Frage! Andererseits verstand ich, dass mein Kollege den Termin wahrnehmen und ihn nicht unseretwegen verschieben wollte. Es ging mir so vieles im Kopf herum, auch, dass ich mitten in der Arbeit für die Habilitation war. Er fragte mich, wie lange ich noch brauchen würde, um die Ergebnisse zusammen zu haben, und ich antwortete: „Etwa bis Ende des Jahres." Wir waren beide so naiv, zu glauben, dass ich dann die Arbeit im Westen zusammenschreiben könnte! Andererseits hatte ich immer den Gedanken an Flucht verdrängt, einmal, weil ich meinen Vater nicht verlassen wollte, später, als er gestorben war, weil ich mit meinem Mann zusammen war. Jetzt hatte ich mir geschworen, mich weder durch wirtschaftliche noch durch karrieristische Gründe davon abhalten zu lassen, wenn ich jemals die Chance bekäme.

Trotzdem war es nicht einfach, sich innerlich von allem zu trennen, was ich mir so mühevoll aufgebaut und erarbeitet hatte und einer ungewissen Zukunft entgegen zu sehen, denn ich wusste nicht, ob meine Arbeitskraft im Westen gebraucht wurde. Andererseits wollte ich nicht erst als Rentnerin dort erscheinen, sondern wollte mich auch einbringen und vor allem meiner Tochter ein Leben in Freiheit ermöglichen. Da waren sie wieder, die Gedanken an mein kleines, liebes Mädchen, für dessen Zukunft ich die Verantwortung trug.

Ich bat meinen Kollegen, wenn seine Flucht geglückt sei, die Verbindung zu den Schleusern zu halten und mir gegen Ende des Jahres durch eine Person seines Vertrauens Bescheid zu geben, wie unsere Flucht vonstatten gehen solle.

An dem Tag, als ich erfuhr, dass er mit Hilfe der Fluchthelfer den Westen erreicht hatte, hätte ich fast einen Unfall mit dem Auto auf dem Weg zur Arbeit gehabt. Jemand hatte mir in unserer Straße die Vorfahrt genommen, und ich schaffte es gerade noch in letzter Sekunde, zu bremsen und ihm nicht in die Seite zu fahren. Mein Mikroskop und mehrere Mappen mit histologischen Schnitten, die ich auf dem Beifahrersitz deponiert hatte, um sie wieder ins Institut zurückzubringen, rutschten nach vorn, und die Schnitte waren im Auto verstreut. Der Verursacher entschuldigte sich erschrocken und half mir, die Schnitte wieder einzuordnen.

Ich arbeitete jeden Abend, nachdem meine Tochter im Bett war, zu Hause bis in die Nacht am Mikroskop für meine Habilitation, wie sich später herausstellte, völlig umsonst! Zwischendurch ging ich leise hinüber zu Natalie und setzte mich an das Bett meines schlafenden Kindes, beschwert mit der Frage, ob ich mit ihr die Flucht wagen sollte und wenn ja, ob unser Unternehmen gelingen würde.

Im Spätherbst besuchte ich einen Kongress mit dem Thema „Erkrankungen der Niere" in Görlitz, zu dem ich viele Monate zuvor einen Vortrag angemeldet hatte. Inzwischen war ich durch Arbeiten und Vorträge auf dem Gebiet der Nierenpathologie bei den klinischen Kollegen bekannt geworden und wurde zusammen mit anderen Kollegen auf die Bühne gebeten, wo wir gemeinsam Fragen aus dem Auditorium beantworteten. Es war ein seltsames Gefühl, dort zu sitzen und innerlich Abschiedsgedanken zu hegen.

## Das Schicksalsjahr 1977

Die Tatsache, dass meinem Kollegen die Flucht geglückt war, machte mir einerseits Mut, andererseits litt ich unter dem für unser Vorhaben fehlenden männlichen Schutz. Im Dezember 1976 besuchte mich sein Freund und teilte mir mit, dass der Fluchttermin im Januar geplant sei. Näheres würde ich später erfahren, das hieß, ich bekäme die Angabe eines Kilometersteins an der Autobahn nach Berlin mitgeteilt und müsste mich dann zu einer bestimmten Uhrzeit mit meiner Tochter dort einfinden, um von dem Container-Auto aufgenommen zu werden, das auf der Transitstrecke unterwegs war. Mitnehmen durfte ich nur eine kleine Tasche mit Papieren, Geld und Schmuck.

Weihnachten und Silvester waren in jenem Jahr eine Qual für mich. Musste ich doch für meine Tochter, die sich auf das Fest freute, alle Vorbereitungen wie immer treffen. Wir erstanden einen Weihnachtsbaum, ich kaufte Geschenke, und wir gingen nachmittags vor der Bescherung in die Christmette in die Thomaskirche. Meine Nerven waren zum Zerreißen gespannt!

Als ich verkündete, dass wir dieses Jahr kein Silvester feiern wollten, protestierte Natalie. Am Morgen des Silvestertages war ich im Institut gewesen und hatte gearbeitet, länger als nötig, weil ich außer der Routine noch mikroskopische Aufnahmen für meine Habilitationsarbeit angefertigt hatte. Entsetzt über die fortgeschrittene Zeit raste ich zum Fischladen, der gerade schließen wollte, um den obligatorischen Karpfen zu kaufen. Ich habe seitdem zu Silvester nie mehr Karpfen gemacht.

Da wir zu Anfang eines neuen Jahres einen eventuell noch vorhandenen Resturlaub nehmen mussten, hatte ich im Januar noch ein paar Tage Urlaub. Mein erster Fluchttermin fiel gerade in diese Zeit. Ich sollte an einem Montag um 19.00 Uhr mit meiner Tochter an einem bestimmten Punkt der Autobahn nach Berlin warten. Da es um diese Zeit im Januar bereits dunkel ist und ich Angst hatte, die Stelle in der Dunkelheit nicht zu finden, fuhr ich am Sonntag im Hellen zur Autobahn. Der genannte Kilometerstein befand sich mitten auf der Strecke zwischen zwei Ausfahrten. Ich benutzte die nächste Ausfahrt und musste dann einen Weg, möglichst parallel zur Autobahn, suchen, der mich in die Nähe des Kilometersteins führte und an dem ich mein Auto abstellen konnte. Dann ging es zu Fuß durch den Wald bis zur Autobahn. Ich registrierte die Zeit, die ich dafür brauchte, versuchte, mir den Weg einzuprägen, und kehrte nach Hause zurück.

Am nächsten Tag sollte es losgehen. Unsere kleine Tasche mit Zeugnissen, Papieren und Schmuck war gepackt. Ich hatte für Natalie noch einen Schlafanzug mit eingepackt und ihr schon am Wochenende erzählt, dass wir zu ihrer Patentante nach Magdeburg fahren wollten. Seit Tagen hatte es geschneit, und es war bitterkalt in jenem Januar. Deshalb hatte ich der Kleinen doppelte Unterwäsche angezogen. Sie saß hinten im Auto, und ich fuhr voller Angst durch die Nacht und überlegte, was ich dem Kind sagen sollte, wenn wir unterwegs aussteigen und durch den Wald gehen. Sie hatte schon einige Male miterlebt, dass die Auto-Batterie versagte und dann eine rote Lampe am Armaturenbrett brannte, besonders im Winter. Dann hatten wir immer jemanden finden müssen, der unser Auto anschob oder uns mit einem Abschleppseil zog. So sagte ich auch diesmal, dass unser Auto nicht in Ordnung sei und wir nach einem Helfer Ausschau halten und dazu bis an die Autobahn vorgehen müssten. Ich vergesse nie, wie ich mit dem kleinen Mädchen an der Hand durch den finsteren Wald ging. Die Zweige der Bäume bogen sich unter der Last des Schnees, der manchmal auch zu Boden stürzte, so dass wir zusammenschraken. Die Zweige, über die wir gingen, knackten ab und zu. In meiner Angst sah ich hinter jedem Busch einen Polizisten. Diese Angst konnte ich nicht einmal meiner Tochter mitteilen! Endlich hatten wir die Autobahnstelle erreicht, an der wir warten sollten. Es war eine Viertelstunde vor 19.00 Uhr. Wir standen schweigend hinter einem Busch und hielten uns bei der Hand. Ich kam fast um vor Angst! Einmal kam ein schwarzer PKW vom Typ eines Mercedes langsam vorbei, ohne uns zu sehen. Ich dachte schon, dass es die Polizei wäre, doch er fuhr kurze Zeit später über den Grünstreifen der Autobahn und wendete. Uff!

Wir warteten und warteten, doch es kam kein Container-Lastwagen. Langsam wurde uns kalt. Unsere Füße waren zu Eis erstarrt. Schweren Herzens entschloss ich mich nach stundenlangem, vergeblichem Warten zur Rückkehr, auch um des Kindes willen. Wieder schlichen wir durch den Wald, doch diesmal in die andere Richtung, zurück zu unserem Auto, das ich in einer Senke am Waldrand abgestellt hatte, in der Annahme, es nie wieder benutzen zu müssen. Durch die Kälte sprang der Trabant-Kombi nicht an. Ich war verzweifelt! Plötzlich tauchten die Lichter eines Pkws in der Ferne des Waldwegs auf. In dieser verlassenen Gegend? Mitten in der Nacht? Und wenn das nun die Stasi wäre?

Der Wagen hielt, und heraus kam ein netter Mann, der uns seine Hilfe anbot, allerdings etwas verwundert war, warum unser Auto „so komisch" stand und das wohl mit „typisch Frau" abtat.

Jedenfalls zog er uns aus der Senke, unser Auto sprang an, und anschließend setzte jeder seinen Weg fort, nachdem ich mich herzlich bei ihm für seine Hilfe bedankt hatte. Ich fuhr wieder auf die Autobahn in Richtung Leipzig, während meine Tochter auf dem Rücksitz eingeschlafen war. Es hatte weiter geschneit an diesem Abend, und unter dem Neuschnee befand sich streckenweise eine dicke Eisschicht. Nach etwa einer halben Stunde Fahrzeit geriet ich mit dem Auto auf eine solche Eisschicht, kam ins Rutschen und landete in einer Schneewehe auf dem mittleren Grünstreifen. Der Motor ging wieder aus. In wahnsinniger Angst sprang ich aus dem Auto. Die rechte Hand am Lenkrad, die linke am Fahrgestell, versuchte ich, neben dem Trabanten herlaufend, ihn wieder in Gang zu bringen, sprang, als der Motor lief, wieder hinein und steuerte ihn zurück auf die Autobahn. Als ich in den Rückspiegel schaute, sah ich in der Ferne Lichter von herannahenden Autos, die wenige Sekunden zuvor uns hätten zum Verhängnis werden können. Insgeheim dankte ich unserem Schutzengel! Meine auf dem Rücksitz schlafende Tochter hatte von alldem nichts mitbekommen.

Plötzlich spürte auch ich eine starke Müdigkeit und war froh, als wir uns der Abfahrt nach Leipzig näherten. Unmittelbar an der Ausfahrt hatte sich der Verkehr bis zurück auf die Autobahn gestaut, und ich hielt entnervt hinter einem Laster an. Dessen Fahrer erklärte mir, dass ein anderer Laster halb den Abhang heruntergerutscht und deshalb die Straße blockiert sei. Ich bat den Lastwagen-Fahrer, mich zu wecken, wenn es weiterginge. Nach etwa einer halben Stunde berührte er mich an der Schulter und sagte: „Junge Frau, es geht weiter!" Ich war tatsächlich eingeschlafen. Jetzt war es nicht mehr weit bis nach Hause. Dort angekommen, schloss ich die Wohnung, von der ich schon Abschied genommen hatte, mit sehr gemischten Gefühlen auf.

Am nächsten Morgen klingelte das Telefon. Mein Kollege, der in jener Nacht vergeblich auf unsere Ankunft im Westen gewartet hatte, wollte wissen, ob wir wenigstens wohlbehalten wieder zu

Hause angekommen waren. Es wurden nur wenige Worte gewechselt aus Angst, die Stasi könne mithören. Ich war wie gelähmt, musste aber nach außen normal und unauffällig funktionieren, was mich viel Kraft kostete. Sollten wir die Aktion abbrechen? Einfach weitermachen, als sei nichts gewesen? Ich wusste es nicht, dachte natürlich an das Kind, hatte auch Angst vor einer Wiederholung der erlebten Nacht an der Autobahn.

Da bekam ich wieder einen Anruf mit verdeckter Angabe eines erneuten Treffpunkts an der Transitstrecke zu einer bestimmten Zeit an einem bestimmten Tag. Während ich noch murmelte: „Ich kann nicht mehr ...", erfasste mich zugleich eine unsägliche Angst, dass, wenn ich den Hörer auflegte, jegliche Möglichkeit, in den Westen zu kommen, vorbei wäre, und ich hauchte in das Telefon: „... doch, ich komme."

## Der Supergau

Der 6. Februar 1977 war ein Sonntag. Natalies Vater hatte unsere Tochter wie immer gegen 9.00 Uhr morgens abgeholt und wollte sie abends um 19.00 Uhr zurückbringen. Normalerweise ging ich an solchen Tagen ins Institut und arbeitete an meiner Habilitationsarbeit, sodass ich pünktlich zurück sein konnte. Da ich an diesem Tag mir aber wieder die Stelle an der Autobahn anschauen wollte, an der ich am nächsten Tag erneut mit meiner Tochter auf das Schleuser-Auto warten sollte, bat ich meinen ehemaligen Mann, vorher anzurufen, um sicher zu gehen, dass ich auch zu Hause bin, nicht ahnend, dass ich nie mehr in diese Wohnung zurückkommen würde! Es war von mir eigentlich nur als Vorsichtsmaßnahme gedacht, damit die beiden nicht vor verschlossener Tür stünden, sollte ich mich irgendwie verspäten.

Vormittags arbeitete ich noch im Institut. Mittags war ich zum Essen bei meiner Haushaltshilfe, die nicht weit vom Institut wohnte, eingeladen. Da sie mit ihrem Mann zur Erholung ins Erzgebirge fahren wollte, gab sie mir den Rest des Essens mit. Nach dem Essen fuhr ich zur Autobahn, um den als Treffpunkt angegebenen Kilometerstein 92 auf der Transitstrecke nach Berlin zu suchen. Als ich ihn erreicht hatte, benutzte ich die nächste Abfahrt, um einen Weg zu finden, auf dem ich am nächsten Tag mit Natalie im Dunkeln an diesen Ort gelangen könnte.

Der Himmel war wolkenverhangen und das Wetter trübe. Ich hatte das Gefühl, dass ich mich immer weiter von der Autobahn entfernte, als ich plötzlich auf morastigem Grund landete und vor mir ein Werksschild mit Hammer und Sichel und der Bezeichnung AGFA WOLFEN auftauchte. Hier war ich mit Sicherheit auf der falschen Fährte! Also kehrte ich um und versuchte weiterhin, die Autobahn zu erreichen. Inzwischen war es schon dämmrig geworden. Ich befuhr langsam einen Weg, von dem ich meinte, dass er an die Autobahn heranführe, als ich in der Ferne einen Mopedfahrer sah, den ich fragen wollte, der aber nicht näher kam. So fuhr ich, ohne auf ihn zu warten, weiter, nicht wissend, dass er der ABV (Abschnittsbevollmächtigte) der Region war. Er, der natürlich das Umfeld kannte, folgte mir und fand mein Auto geparkt auf einem Feldweg, während ich gerade einen Abhang erklomm, der zur Autobahn führte, jedoch nicht zum Kilometerstein 92. Frustriert ging ich zum Auto zurück, ohne ihm zu begegnen. Er befand sich auf seinem üblichen Kontrollgang der Transitstrecke, wie ich später in meiner Stasi-Akte las, hatte meine Leipziger Autonummer notiert und die Kripo informiert. Von da an wurde ich von zwei Beamten in Zivil mit dem Auto verfolgt, ohne dass ich es bemerkte. Ich wollte schon frustriert nach Hause fahren. Unmittelbar vor dem Ortsschild des Dorfes Reuden bemerkte ich einen Weg, den ich als letztes probieren wollte, stellte mein Auto dort ab und ging zur Autobahn. Wieder vergeblich! Ich beschloss heimzufahren. Als ich mich meinem Auto näherte, das ich unweit einer Müllhalde geparkt hatte, kam ein polnischer Fiat mit Blaulicht auf dem Dach, den gelegentlich die Polizei der DDR benutzte, und hielt an der Müllhalde, an der sich kurz zuvor ein Mann aufgehalten hatte, der mir etwas verwahrlost erschienen war, so dass ich glaubte, die Polizei suche ihn und arglos in mein Auto einsteigen wollte. Doch die beiden Männer aus dem Fiat kamen auf mich zu und fragten: „Ist das Ihr Auto?" Als ich das bejahte und die Tür öffnen wollte, befahlen sie mir, das Auto stehenzulassen und mitzukommen. Auf meine Frage, weshalb sie mich mitnehmen wollten, erhielt ich die Antwort: „Zur Klärung eines Sachverhaltes." Damals wusste ich noch nicht, dass das der Standardsatz war, mit dem die Leute festgenommen wurden.

Ich musste in das Auto einsteigen, und wir fuhren zum Volkspolizeikreisamt (VPKA) Bitterfeld. Dort wurde ich in ein separates Zimmer gebracht und von den beiden Beamten in Zivil verhört. Anfangs dachte ich, es sei die Stasi, aber offenbar waren es zwei Kripo-Beamte, nämlich jene, die mich verfolgt hatten. Auf ihre Frage, was ich in der Region gesucht hätte, versuchte ich zu erklären, dass mein geschiedener Mann heute meine Tochter abgeholt hätte, ich darunter leiden würde, was auch stimmte, und dann einfach ins Auto gesprungen und ziellos in der Gegend umhergefahren sei. Für eine kurze Zeit schien es, als käme ich frei. Einer der beiden meinte, er sei auch geschieden, und ich glaubte, er verstünde mich. Doch weit gefehlt! Das Verhör wollte nicht enden. Ich durfte weder eine Toilette besuchen noch bekam ich etwas zu essen oder zu trinken.

Inzwischen war die Nacht hereingebrochen. Ich saß heulend in dem Zimmer, weil ich an meine Tochter und meinen ehemaligen Mann dachte, die nicht wussten, wo ich mich befand. Ich hatte ein dunkelblaues Seidentuch um die Haare gebunden, das ich abnahm, um hineinzuschneuzen, als einer der Beamten verwundert sagte: „Sie sind ja blond!" Hatten sie eine schwarzhaarige Frau gesucht?

Auf meine Bitte, meinen früheren Mann und meine Tochter zu benachrichtigen, dass ich hier festgehalten werde, wurde mir dies zugesagt. Es geschah jedoch nicht!

*S. 113-123: Aus meiner Stasi-Akte: Bericht über den OV (Operativer Vorgang) meiner Festnahme und die Überführung in das Untersuchungsgefängnis der Staatssicherheit in Halle*

Abteilung VIII

Halle (Saale), 06.02.1977
VIII - 8. 2. 77 16

VIII / 142 / 77

gez. Lange

bestätigt:
Leiter der Abteilung VIII

K l e m m
Oberstleutnant

E r ö f f n u n g s b e r i c h t

zum OV  " D o k t o r "

Im Rahmen der politisch-operativen Sicherung der Transit-
wege/Straße und der Tiefe im Schwerpunktbereich km 81 - 95
(AB des Bezirkes Halle) wurde am 06.02.1977 gegen 15.40 Uhr
in der Nähe der Ortslage Siebenhausen der PKW Trabant-Kombi,
pol. Kennzeichen UN 50 - 27 aus Richtung Bobbau kommend durch
Kräfte der VP festgestellt.

Die eingeleiteten Überwachungsmaßnahmen ergaben, daß dieser
PKW wiederholt seinen Standort wechselte. Nachdem der PKW
für kurze Zeit außer Kontrolle geraten war, wurden seitens
der Kräfte der VP Fahndungsmaßnahmen eingeleitet in deren
Ergebnis festgestellt wurde, daß der PKW an einer unüber-
sichtlichen Stelle gedeckt abgeparkt worden war.

Gegen 16.00 Uhr wurde die Fahrerin des PKW,

Dr.  S o r g e r ,  Karin, geb. Papendieck,
geb. am 14.06.1939 in Magdeburg
wh.: 701 Leipzig, Christianstr. 27
Beruf: Ärztin
tätig im Patholog. Institut der
Karl-Marx-Universität Leipzig

festgestellt, als diese zu Fuß aus Richtung Autobahn kam.

113

Bei der Kontrolle der Personaldokumente machte die S.
unglaubwürdige Angaben zu ihrem Aufenthalt in der Nähe der
Transitwege/Straße.
Zur Klärung des Sachverhaltes wurde die S. durch Kräfte
der VP zum VPKA Bitterfeld zugeführt. Bei der durchgeführten
Befragung erhärtete sich der Verdacht der Vorbereitung einer
strafbaren Handlung seitens der S. (gemäß § 213 StGB).

Auf Grund der politisch-operativen Bedeutung des Sachverhaltes wurde in Abstimmung mit der Abteilung VIII die
weitere Befragung der S. durch die Abteilung IX der BV
Halle durchgeführt.

Die Zielstellung der weiteren Bearbeitung der S. besteht
im Nachweis des Tatbestandes nach § 213.


                    Leiter des Referates 4


                    R e i n i c k e
                    Major

Abteilung VIII                Halle (Saale), 07.02.1977

Bestätigt:

Leiter der Abteilung VIII

K l e m m
Oberstleutnant

1.  O p e r a t i v p l a n

zum OV  " D o k t o r "  - Reg.-Nr. VIII/ 142/77

Im Rahmen der politisch-operativen Sicherung der Transitwege/
Straße und der Tiefe im Schwerpunktbereich km 81 - 95 wurde
am 06.02.1977 die

.           Dr.  S o r g e r ,   Karin, geb. Papendieck,
                       geb. am 14.06.1939 in Magdeburg,
                       701 Leipzig, Christianstr. 27
                       tätig als Ärztin im Pathologischen
                       Institut der Karl-Marx-Universität
                       Leipzig,

auf Grund verdächtiger Verhaltensweisen vorläufig festgenommen.

Es besteht der begründete Verdacht der Vorbereitung einer
Straftat gem. § 213 StGB.

Die Zielstellung der weiteren operativen Bearbeitung besteht im
Nachweis der Vorbereitung und des Versuchs einer strafbaren Handlung
gem. § 213 StGB in Tateinheit mit § 100.

M a ß n a h m e n :

1.  Abstimmung /Koordinierung des weiteren Vorgehens mit der
    Abt. IX der BV Halle.

    Termin:  07.02.1977

                                              -2-

115

10 -

2. Überprüfung der Speicher der Abt. VI betreffs
   Reisetätigkeit und Einreisen zur Verdächtigen.

   Termin: 07.02.1977
   Verantw.: Major Reinicke

3. Einleitung von Maßnahmen der konsp. Überwachung der
   Wohnung. (in Abstimmung mit der Abt. IX der BV Halle)

   Termin: 07.02.1977
   Verantw.: Major Reinicke

4. Prüfung der Möglichkeiten der Werbung der S.

   Termin: 07.02.1977
   Verantw.: Major Reinicke

Leiter des Referates 4

R e i n i c k e
Major

116

Volkspolizeikreisamt Bitterfeld      Bobbau, d. 06.02.77
– Abschnitt Bobbau / Reuden –

Betr: Feststellung während der Durchführung der Streife.

Am Sonntag, d. 06.02.77 führte ich in der Zeit von 15,00 Uhr bis
17,00 Uhr meine geplante Streife entsprechend dem vorgesehenen
Streifenbereich durch. Es kann so gegen 15,40 Uhr gewesen sein, als
ich zum Kontrollpunkt in Siebenhausen fuhr, stellte ich fest, daß
aus Richtung Bobbau ein PKW Trabant gefahren kam. In der Kurve in
Siebenhausen Rictung Kreuzung Reguhnerstr. fuhr dieser PKW sehr
langsam und blieb stehen. Er stand nur ganz kurz, fuhr anschließend
weiter in Richtung der genannten Kreuzung. Ich muß noch bemerken,
am Ortsende hielt dieser PKW ebenfalls noch kurz an und fuhr gleich
weiter. Auf Grund dieser Verhaltensweisen, kam dieser PKW mir ver-
dächtig vor und ich fuhr hinter her um das Kennzeichen festzustellen.
Als ich diesem Fahrzeug hinterherfuhr, stellte ich fest, daß in
diesem Fahrzeug nur eine Person saß. Dieses Fahrzeug fuhr in Richtung
Autobahn. Beim Verfolgen verlor ich zunächst dieses Fahrzeug aus den
Augen, da es schneller fuhr als ich mit dem Moped. Als ich unmittelbar vor der Autbahn auf der Westseite war, stellte ich fest, daß
dieser PKW in der Einmündung der Schlucht an der Westseite der
Autobahn mit dem Kennzeichen UN 5o - 27 Farbe grau abgestellt war.
Ich sah mich um und konnte keine Person in unmittelbarer Nähe
feststellen. Daraufhin verständigte ich sofort den OBH. Als
ich wieder zu dem Ereignisort kam, war dieses Fahrzeug schon weg.
Unmittelbar nach meinem Eintreffen, kam der Gen. Ltn. d. K Sachse
zugegen. Dieser nahm nach kurzer Information die Verfolgung sofort
auf. Gemeinsam mit dem Gruppenpostenleiter habe ich die unmittel-
bare Umgebung abgesucht. An Hand der Schuhspuren dieser Person konnte
man deutlich erkennen, daß es sich bei der Person um eine weibliche
Person handelt. Diese Fußspur konnte vom abgestellten PKW bis
ca. 300mtr in Richtung der Wiesen verfolgt werden. Schlußfolgernd
dieses Fußmarsches dieser Person kann sein, daß sich diese Person
von der Stelle, wo sie wieder zurückkam, nach der Bahn und dem gesamten Gelände orientieren wollte. Dabei möchte ich bemerken, daß
im PKW eine Tasche und eine Karte lag. ( Es handelte sich um einen
Autoatlas. )

Abschnittsbevollmächtiger d. VP
Ltn. d. VP                                    ( B r a u n )

BDVP Halle ( Saale )
Abt. Kriminalpolizei

KOPIE AUS AKTE Bitterfeld, den 07.02.1977
HALLE AOP 2228/77

Bericht über den Einsatz eines Fährtenhundes

Am 07.02.1977, gegen 08.00 Uhr, traf auf Anforderung ein Hundeführer mit einem Fährtenhund vom VPKA Halle im VPKA Bitterfeld ein.
Der Hundeführer wurde in die von dem Ltn.d.VP Braun festgestellten
Fahrzeug- und Schuheindruckspuren, die von Frau Dr. Sorger vermut-
lich verursacht wurden, in unmittelbarer Nähre Autobahnunterführung
Salzfurtkapelle eingewiesen. Der Fährtenhund verfolgte vom Standort
des PKW entlag der Schlucht, unterhalb der Autobahn, in Richtung
Köckern, ca. 300 bis 400 m, die z.T. noch sichtbaren Schuheindruckspuren und endete außerhalb der Schlucht an der Biegung des
Weges.
Die gleiche z.T. sichtbare zurückführende Schuheindruckspur, bis
hin zum abgestellten PKW wurde ebenfalls vom Fährtenhund aufgenommen
und verfolgt.
Trotz mehrmaligem Ansatz, außerhalb der genannten Wegstrecke, wie
z.B. in Richtung Autobahn, in Richtung Autobahnunterführung Salzfurtkapelle sowie in Richtung des bekannten Hochspannungsmastens
wurde vom Fährtenhund keine Fährte aufgenommen und auch keine
Schuheindruckspur sichtbar festgestellt.
Vom Fährtenhundeführer wird ein dementsprechender Aussagebericht
gefertigt.

Hptm.d.K                                    M e l z e r

118

BDVP Halle ( Saale )
Abt. Kriminalpolizei

Bitterfeld, den 07.02.1977

P r o t o k o l l

Am 06.02.1977, 16.13 Uhr, teilte der OdH des VPKA Bitterfeld
über Wohnungsanschluß dem Hptm.d.K MELZER mit, daß um 16.06 Uhr
zum Kennwort "Transport" Einsatzalarm ausgelöst wurde.
O.G. begab sich sofort zum Einsatzort und stellte hier folgendes
fest:

Durch den ABV, Ltn.d.VP B r a u n , wurde im Rahmen seiner
Streifentätigkeit "Transit"in der Ortslage Eingang Siebenhausen
ein PKW mit dem Kennzeichen UN 50 - 27 , Typ "Trabant", festgestellt.

Als der ABV sich diesem PKW näherte, setzte er seine Fahrt bis
zum Grundstück - Schütze - Ortsausgang Siebenhausen fort.
Zwecks Feststellung der Personalien folgte der ABV diesem PKW
und als er sich diesem näherte entfernte er sich mit überhöhter
Geschwindigkeit in Richtung Ortsverbindungsstraße Raguhn - Salzfurtkapelle.

An der Kreuzung dieser genannten Straße angekommen, bog der PKW
nach links in Richtung Autobahnunterführung Salzfurtkapelle ab.
Der mit dem Moped folgende ABV konnte in einer Entfernung von
ca. 150 bis 200 m feststellen, daß sich in diesem PKW eine
weibliche Person befand. Als der ABV diese Kreuzung befuhr, bog
er nach rechts in Richtung Raguhn ab, um so die PKW-Fahrerin
zu täuschen. Nach ca. 50 m wendete er sein Fahrzeug und fuhr
in der gleichen Richtung wie der PKW. Nach etwa 50 bis 100 m
Abzweigung Siebenhausen, kam ihm ein Kind mit dem Fahrrad entgegen, welches er über den Fahrer des PKW befragte. Von diesem
Kind wurde dem ABV bestätigt, daß der entgegenkommende PKW von
einer Frau gesteuert wurde.
Daraufhin setzte der ABV seine Fahrt fort und bog unmittelbar
an der Autobahnunterführung nach links in diese vorhandene
Schlucht ab. Unmittelbar am Eingang dieser Schlucht stellte er
in entgegengesetzter Richtung (Richtung Straße / Raguhn)
den von ihm bereits in der Ortslage Siebenhausen einwandfrei
erkannten PKW fest. Im Fahrzeug selbst befand sich keine Person.

-2-

119

Zwecks Feststellung der Fahrerin dieses PKW fuhr er einige
Meter weiter in die Schlucht hinein und hatte somit einen
Einblick auf ca. 300 m parallel zur Autobahn in der weiteren
Entfernung Richtung Köckern.

Er wendete sofort sein Fahrzeug, fuhr unter der Autobahnbrücke
Salzfurtkapelle durch und begab sich, aus Richtung Salzfurtkapelle gesehen, vor der Autobahnbrücke rechts auf die Autobahn. Auch von diesem Standort konnte er keine Person feststellen.

Daraufhin fuhr er sofort mit seinem Moped nach Salzfurtkapelle
und verständigte hier den Gruppenpostenleiter, Ltn.d.VP
Matthes, von diesem Vorkommnis.

Von diesem wurde sofort über den OdH Einsatzalarm "Transport"
ausgelöst. Nach 10 Min. Aufenthalt bei diesem Gruppenpostenleiter fuhren beide zurück zur Schlucht und stellten hier
fest, daß sich der PKW "Trabant" nicht mehr an der vorgenannten
Stelle befand.

In der Zwischenzeit traf der durch den Einsatzalarm Benachrich-
tigte, Ltn.d.K  S a c h s e ,   ein und als dieser vom Sach-
verhalt Kenntnis erhielt, teilte er mit, daß er diesen PKW
in Richtung Wolfen fahrend, gesehen habe.

Nach Eintreffen weiterer Einsatzkräfte am Ort der Handlung,
erfolgte die Suche nach diesem PKW und am Ortsausgang Reuden
in Richtung Siebenhausen, an der dort befindlichen Aschenhalde,
wurde der PKW verschlossen vorgefunden.

Nach etwa 10 min. kam aus Richtung Autobahn "Salzfurter Weg"
eine weibliche Person entgegen und näherte sich diesem Fahrzeug. Bei der durchgeführten Personenkontrolle wurde festgestellt,
daß es sich um Frau

        Dr.  S o r g e r ,   Karin
        gebne. Papendieck
        geb. am          :  14.06.1939
        in               :  Magdeburg
        wohnhaft         :  Leipzig, C 1, Christianstr.27
        Ärztin seit 1965 am Pathologischen Institut in
        Leipzig
        seit Oktober 1972 geschieden

handelt.

Durch Kräfte ZKS wurde diese Person dem VPKA zugeführt.
In der durchgeführten Befragung gab sie an, daß sie 1972
von ihrem Ehemann

geb. am       :
wohnhaft    :
Oberassistent, Biochemiker an der Karl-
Marx-Universität Leipzig, Sektion - Bio-
chemie -

geschieden ist.
heutigen Tage war sie zu ihrer Haushälterin

zum Mittagessen eingeladen.
Gegen 14.00 Uhr will sie diese Wohnung verlassen haben, um in ihrem
Institut noch etwas zu erledigen.
Gegen 15.00 Uhr fuhr sie vom Institut mit ihrem Privat-PKW "Tra-
bant-Kombi", poliz. Kennzeichen UN 50-27, in Wiederitzsch auf
die Autobahn Dresden-Halle und am Schkeuditzer Kreuz weiter in
Richtung Berliner Ring. Nach ihren Angaben will sie ständig auf
der Fahrt den Autoatlas benutzt haben, um ein passendes Waldstück
für einen Spaziergang zu finden.
An der Abfahrt Bitterfeld verließ sie die Autobahn, fuhr durch
Sandersdorf, in Richtung Säurekreuzugn, und bog dort links ab,
in Richtung Wolfen-Dessau.
In der Ortslage Wolfen bog sie links in die Thalheimer Str.
und dann wiederum rechts, in die Krondorfer Str. ein. Sie gab an,
am Ortsausgang Wolfen links in ihrer Fahrtrichtung einen Betrieb
gesehen zu haben, der am Eingangstor zwei Staatsembleme der DDR
angebracht hatte.
In der weiteren Fahrtrichtung gab sie an, den Ort Reuden passiert
zu haben. In der Ortslage Siebenhausen wollte sie einen Feldweg,
Richtung Autobahn befahren. Obwohl dieser Weg sichtbar befestigt
ist, wollte sie einen, auf diesem Weg entgegenkommenden Motor-
radfahrer über die weitere Befahrbarkeit des Weges befragen.
Sie unterließ dies jedoch und setzte ihren Weg, wie bereits
am Anfang geschildert, fort.

-4-

Eingeleitete Maßnahmen:

1. Telefonische Information - K-Leiter der BdVP - mit der Bitte, die Arbeitsrichtung I zu verständigen.

2. Gegen 21.00 Uhr traf Gen. Schwarzkopf und Schmidt vom Dezernat I im VPKA Bitterfeld ein und übernahmen die Benachrichtigung der KD.

3. Gegen 23.00 Uhr - Eintreffen der Genossen BV MfS, DE VIII und ein Genosse DE IX, die sofort diese Person zwecks weiterer Vernehmung übernahmen. *01.00*

4. 06.30 Uhr - Benachrichtigung des Kriminaldienstes der BDVP über den weiteren Stand, zwecks Mitteilung an den K-Leiter BDVP.

5. 07.30 Eintreffen des Hundeführer - VPKA Halle und Durchführung der Fährtenarbeit an der Schlucht Autobahnunterführung Salzfurtkapelle

Hptm.d.K                           M e l z e r

Gegen 23.00 Uhr wurde plötzlich die Tür aufgerissen, und herein stürzte ein Mann, der die beiden Beamten mit einer Handbewegung aus dem Raum fegte, sich vor mir aufbaute und sagte: „Jetzt kommt die Staatssicherheit, jetzt weht ein anderer Wind! Setzen Sie sich mal ordentlich hin!" Dieser Mann war voller Aggressivität gegen mich, rannte wie ein Tiger vor mir auf und ab und meinte: „Wenn Sie nicht aussagen, mache ich mit Ihnen krk", was er mit der typischen Handbewegung des Halsumdrehens begleitete. Auch er ließ mich nicht auf die Toilette. Der Hunger war mir sowieso vergangen. Es folgten endlose Verhöre, die alle protokolliert wurden und deren Protokolle ich unterschreiben musste. Wenn ich irgendwelche Verbesserungen anbrachte oder etwas durchstrich, weil ich es so nicht gesagt hatte, rastete er förmlich aus. Schließlich schrie er: „Wollten Sie in die BRD oder nicht?" Darauf ich: „Wenn ich hier festgehalten werde, dann will ich in die BRD." Ich ahnte, dass die Stasi meine Wohnung bereits durchsucht und die gepackte Tasche mit Zeugnissen, Geld, Schmuck und Papieren gefunden hatte. Da konnte man nicht mehr behaupten, dass man zur Oma fahren wollte! Ich saß in der Falle! Bis zum Morgen hatte ich jedoch noch nichts gestanden.

Als gegen 8.00 Uhr der Publikumsverkehr begann, ging der Stasi-Mann mit mir in die Eingangshalle und ließ mich vorerst dort stehen, so dass alle normalen Bürger, die ihre Ausweise verlängern lassen oder sonst etwas bei der Polizei erledigen wollten, mich, die blass und übernächtigt da stand, verwundert anstarren konnten. Dann schob er mich auf den Beifahrersitz eines Wartburgs und donnerte mit mir über die regennassen Straßen in Richtung Halle. Vor uns fuhr eine kurze Zeit mein Trabant-Kombi, den ich dort zum letzten Mal gesehen habe. Er soll noch einige Tage in einer Nebenstraße der Christianstraße, in der wir gewohnt haben, gestanden haben.

Wir fuhren geradewegs in den Hof des Untersuchungsgefängnisses der Staatssicherheit in Halle, genannt „Der rote Ochse". Diesen Namen erfuhr ich jedoch erst viel später.

Das Verhör ging weiter. Zu meinem aggressiven, harten Typen kam nun der weiche Typ, der sagte: „Jetzt gebt der Frau doch mal was zu essen. Jetzt lasst die Frau doch mal auf die Toilette." Ich konnte nicht mehr denken. In meinem Kopf war alles durcheinander, und ich wollte nur noch heim zu meinem Kind, das nicht wusste, wo seine Mutter ist und dem ich nicht erklären konnte, was geschehen war. Beide Stasi-Mitarbeiter waren ziemlich genervt, dass ich noch immer nicht gestanden hatte und schrien mich an, was denn vorher gewesen wäre, so dass ich unsicher war, ob meine Tochter vielleicht in der Schule der Lehrerin von unserem nächtlichen Aufenthalt an der Autobahn etwas erzählt hätte. Schließlich sagten sie, die natürlich psychologisch gut geschult waren und sehr bald erkannt hatten, dass das Kind meine schwache Stelle war: „Sagen Sie die Wahrheit, und wir garantieren – Sie fahren heim zu Ihrem Kind." Da gestand ich den missglückten Fluchtversuch. Plötzlich sah ich, wie sie sich genüsslich zurücksinken ließen und eigentlich nichts gewusst hatten. Und ich war in die Falle getappt! Ich fuhr nicht heim zu meinem Kind, sondern ein in die Stasi-Untersuchungshaft Halle! Als ich das viel später einmal Kriminellen im Strafvollzug erzählte, haben die sich nur an den Kopf gefasst und gesagt: „Mensch, da sagt man doch nicht die Wahrheit!"

Ich habe an jenem Morgen in Halle gemerkt, dass man nach langen Verhören mit Schlaf- und Essensentzug, ohne die Toilette benutzen zu dürfen, in einen Zustand geraten kann, in dem man einen Mord gesteht, ohne ihn begangen zu haben. Gott sei Dank war das hier nicht die Frage!

Ich wurde in einen Raum gebracht, in dem ich mich nach und nach vollständig ausziehen, schließlich noch meine Uhr abgeben musste. Stattdessen bekam ich dunkle Anstaltskleidung, bestehend aus angerauter, viel zu großer Unterwäsche und einem Trainingsanzug, sowie eine schmutzige Decke über den Tisch geschoben. Dann wurde ich über einen Gang geführt, in dem eine rote Lampe leuchtete, die anzeigen sollte, dass niemand sonst sich auf dem Gang befinden durfte. Schließlich wurde ich in eine Zelle von etwa zwei Metern Breite und vier Metern Länge eingeschlossen, in der eine schwache Lampe an der Decke brannte. In dieser Zelle befanden sich links von der Tür eine Toilette und ein Waschbecken, beides einsehbar von dem Spion in der Tür, rechts an der Wand eine Liege mit Strohsäcken, gegenüber davon ein kleiner Holztisch mit einem Holzschemel ohne Lehne davor. Anstelle eines Fensters befanden sich relativ weit oben in der Wand gegenüber der Tür versetzte Glasbausteine, durch die im Februar kalte Luft hereinströmte.

Verstört und erschöpft setzte ich mich auf den Schemel und legte den Kopf auf den Tisch. Da wurde die Tür erneut aufgeschlossen, und der Wärter wies mich an, ich solle mich gerade hinsetzen, mein Gesicht müsse zu sehen sein. Ich drehte den Schemel um 90 Grad und lehnte mich mit dem Rücken gegen das kalte Paneel der Wand. Von oben kam kühle Luft durch den Lüftungsschacht aus den Glasbausteinen. Das merkte ich jedoch erst, als mein Rücken ganz steif geworden war und stark schmerzte. Ich hoffte auf Besserung während der Nachtruhe. Um 21.00 Uhr durften wir auf die Liege, und dann wurde das Licht von außen gelöscht. Die Liege brachte jedoch keine Linderung der Schmerzen, da sie anstelle einer Matratze mit alten Strohsäcken belegt war, in denen das Stroh zu ungleich großen Klumpen zusammengeschoben war. Ich versuchte, die Höhenunterschiede auszugleichen, indem ich mir meine Trainingshose um die Hüften wickelte, was eigentlich auch verboten war. Irgendwann fiel ich in einen unruhigen Schlaf, der immer wieder durch das Einschalten des Oberlichts durch den Wachtposten unterbrochen wurde.

Bevor das Licht ausgeschaltet wurde, hatte ich eine kurze Zeit zaghafte Klopfzeichen von nebenan gehört. Da ich aber das Klopf-Alphabet zu dieser Zeit noch nicht kannte, konnte ich sie weder deuten noch darauf antworten.

Am nächsten Tag bekam ich einen viel zu großen „Soldaten-mantel" und wurde zum Freihof herausgeholt, einem etwa zwei Meter breiten und acht Meter langen, von hohen Betonmauern umgebenen, gepflasterten Bezirk, der oben offen war und von Wachtposten, die in Wachttürmen standen, kontrolliert wurde. Hier konnte man 20 Minuten in der frischen Luft umhergehen und die Mauern nach einem Pflänzchen, das sich trotz allem hier entwickelt hatte, absuchen. Manchmal fanden sich auch verbotenerweise eingeritzte Initialen oder Hilfeschreie von Gefangenen, die vor mir hier gewesen waren, in den Steinen.

Ich schaute in den Himmel über mir und dachte daran, dass mein geschiedener Mann, der inzwischen in Halle arbeitete, vielleicht wenige Kilometer von mir in seinem Labor agierte, ohne zu wissen, dass ich hier eingesperrt bin.

In den ersten drei Tagen dachte ich ernsthaft an Selbstmord, wusste allerdings nicht, wie ich ihn durchführen sollte, denn man bekam weder ein Messer noch eine Schere in die Zelle. Die Margarine musste man sich mit einem Löffel auf das Brot schmieren. Am vierten Tag dachte ich daran, dass ich zehn Jahre alt war, als meine Adoptivmutter starb und wie schlimm das für mich war. Sollte meine achtjährige Tochter ebenfalls ohne Mutter aufwachsen? Plötzlich erwachte in mir ein starker Überlebenswille, und ich beschloss: Irgendwie musst du das hier durchstehen! Irgendwann wird das hier enden! Doch bis dahin war noch ein weiter Weg.

Dieser Weg war gespickt mit Verhören und davon angefertigten Protokollen, die ich alle unterschreiben musste. Als ich einen Rechtsanwalt verlangte, musste ich ein Schreiben aufsetzen, dass ich mich hier wegen einer strafbaren Handlung befände und ihn um meine Verteidigung bäte. Die strafbare Handlung durfte ich nicht näher bezeichnen. Ich war sprachlos und sagte zu meinem Vernehmer: „Woher soll der Rechtsanwalt wissen, was mir vorgeworfen wird? Der denkt vielleicht, dass ich geklaut hätte!" Der Vernehmer winkte jedoch ab und meinte, der Rechtsanwalt wisse dann schon Bescheid.

Nach zehn Tagen wurde ich von Halle nach Leipzig verlegt. Bis dahin hatte ich noch keinen Rechtsanwalt gesehen! Die Verlegung erfolgte am Spätnachmittag, als es schon dunkel war, in dem inzwischen berüchtigten, im Museum Berlin-Hohenschönhausen ausgestellten Kleintransporter vom Typ Barkas. Man sitzt dort in einem engen, dunklen Raum, der von teilweise durchlöcherten Plastikwänden begrenzt wird und in dem man sich kaum rühren kann. Einen eventuell mitfahrenden Nachbarn konnte man nicht sehen, nur hören. Ich zwängte mich in diese Kabine, ohne zu wissen, was mit mir geschehen soll. Nach etwa einer Stunde Wartezeit auf dem Hof des Gefängnisses in Halle, in der ich infolge der Kälte und der Bewegungsunmöglichkeit schon halb erfroren war, startete die Fahrt ins Unbekannte. Erst, nachdem ich in Leipzig in einen neuen Raum – Verwahrraum genannt – eingeschlossen wurde, erfuhr ich von den dortigen Insassen, wo ich mich befand:

im Untersuchungsgefängnis des MfS (Ministerium für Staatssicherheit) in der Beethovenstraße.

In dem fahlen Neonlicht, das sich in dem grau-grünen Anstrich der Wände spiegelte, blickte ich in die blassen Gesichter von drei Frauen. Die Einzelhaft war offenbar beendet. Ich bezog die vierte Pritsche in dem Verwahrraum. Wenn ich von einem Wärter zur Vernehmung gerufen wurde, hieß es: „Die Vier rausdrädn!" Ich war also eine namenlose Nummer!

Die Toilette befand sich auch hier wie in Halle mit im Raum, so dass es vorkommen konnte, dass eine von uns gerade auf der Toilette saß, während die anderen am Tisch ihre Mittagsmahlzeit einnahmen.

Bei den Frauen handelte es sich ebenfalls um Republikflüchtige. Sie waren unterschiedlichen Alters und hatten unterschiedliche Gründe gehabt. Einige von ihnen verschwanden bald, und es kamen Neuzugänge, so dass ich mich an manche nur wenig erinnern kann. Am längsten war ich mit Eva und Regina zusammen, mit denen ich mich auch heute noch ein Mal im Jahr treffe.

Obwohl wir nicht derselben Altersgruppe angehörten – ich war mit 38 Jahren die Älteste, Eva war 12 Jahre und Regina 10 Jahre jünger als ich – verstanden wir uns gut. Das war durchaus nicht selbstverständlich!

Eines Tages erzählten mir die beiden, dass eine Mitgefangene, die für kurze Zeit mit uns im Verwahrraum gewesen war, behauptet hatte, ich sei ein Spitzel der Stasi. Ich war fassungslos! Da wird man einfach von jemandem böswillig verleumdet! Und wie soll man unter den gegebenen Umständen das Gegenteil beweisen? War es nicht schon schlimm genug, dass wir hier saßen? Mussten wir uns ohne Not noch diesen zusätzlichen Kummer bereiten? Ich war den beiden unendlich dankbar, dass sie mir vertrauten!

Ich selbst begann fortan, vorsichtiger zu werden und weniger vertrauensvoll zu sein. Das war auf alle Fälle eine gute Vorbereitung auf den Strafvollzug.

Ich wurde fast jeden Tag zu den Vernehmungen geholt. Mein Vernehmer saß immer weit entfernt von mir, gut gekleidet und frisch rasiert, hinter seinem Schreibtisch. Ich klemmte auf einem

Stuhl in der Ecke, in dunkelblauer Anstaltskleidung, mit schlechter, von Florena-Creme gepflegter Haut und schlapp herabhängenden, ehemals blond gefärbten Haaren mit jetzt dunklerem Nachwuchs. Psychologisch keine gute Ausgangsposition. Dessen war ich mir natürlich bewusst und litt auch darunter. Die da saß, das war gar nicht ich!

Eine der Mitgefangenen hatte mir gleich am Anfang erzählt: „Hier drin bekommst du graue Haare, fängst an zu zittern und vergisst alles." Ich erschrak zutiefst, so sehr, dass ich diese Angst sogar eines Tages meinem Vernehmer gestand, dass es mir genauso ergehen könne. Er antwortete: „Disziplinieren Sie sich, lernen Sie etwas auswendig und treiben Sie Sport."

Obwohl ich emotional völlig am Boden war, machte ich mit den anderen Pläne, wie wir die Zeit am besten sowohl geistig als auch körperlich überstehen könnten. Nach dem Frühstück entledigten wir uns des Trainingsanzugs und stellten uns im Kreis auf, um Frühsport zu machen. Das Wachtpersonal schielte abwechselnd durch den Spion, während wir dort in der Unterwäsche umherhüpften, und kommentierte unsere Bemühungen im breitesten Sächsisch mit: „Jätzt geehts woll loos!" Anfangs schämten wir uns wegen unserer spärlichen Bekleidung, doch dann fand ich, dass nicht wir uns, sondern die Spanner sich schämen müssten. Fortan kümmerten wir uns nicht mehr um sie.

Von der Gefängnisleitung war festgelegt worden, dass meine Haushaltshilfe, die sich um meine verwaiste Wohnung kümmerte, und mein geschiedener Mann, der meine Tochter bei sich behalten hatte, mich in größeren Abständen alternierend besuchen durften. Dabei durften ein oder zwei Kilo Obst oder Gemüse mitgebracht werden. Meist brachten die Besucher Äpfel oder Apfelsinen, wenn sie welche bekommen konnten, für uns mit, die natürlich unter uns aufgeteilt wurden und bald aufgebraucht waren. Mit Äpfeln oder Apfelsinen war das erlaubte Gewicht schnell erreicht. Da hatte ich die Idee, mir neben dem Obst immer einen großen Strauß Petersilie zu wünschen, der nicht viel wog. Ich wusste aber, dass frische Petersilie reich an Vitamin C war! So teilten wir den Strauß sorgfältig ein, damit wir jeden Tag ein bisschen Vitamine im Essen hatten. Die Ernährung war nicht gerade berauschend, arm an Eiweiß und reich an Fett. Argwöhnisch beäugten wir immer die auf dem Essen schwimmenden dunkelgelben Fettaugen, die wir in unserem früheren Leben so noch nicht gesehen hatten, und wir fragten uns, von welchem Tier die wohl stammen mochten. Bis zum Frettchen wurde alles in Erwägung gezogen.

Eines Tages gab es Bratklops, ein seltenes Vergnügen. Es muss ein Sonntag gewesen sein. Plötzlich schrie Eva auf, sie hätte eine Kakerlake im Essen. Ich wollte das nicht glauben und vermutete ein verbranntes Stück Zwiebel, doch Eva zeigte mir ihren Klops und fragte: „Haben Zwiebeln Beene?" Erbost lief ich zur Türklappe und betätigte die Klingel, um dem Wachthabenden davon zu berichten. Natürlich nahm ich an, dass er das Essen umtauschen würde. Doch weit gefehlt! Stattdessen sagte er, völlig unpassend: „Na seehnse!" und schloss die Klappe wieder. Wir waren satt! Dabei hatten wir uns so auf den Bratklops gefreut!

Geistig versuchten wir, uns fit zu halten, indem wir uns Lesestoff von dem Bücherwagen, der einmal pro Woche kam, besorgten und uns dann über das Gelesene unterhielten. So haben wir einmal sehr zur Verwunderung des Wachtpersonals mehrere Bände von Puschkin verlangt. Jede von uns bekam einen Band und sollte ihn durchlesen und dann über das Gelesene berichten.

Eva bekam die Erlaubnis, eine Bibel zu besitzen. Zu Ostern haben wir daraus die Bergpredigt gelesen. Der Glaube war manchmal unser einziger Halt. Er gab uns Kraft in schweren Stunden.

Schwere Stunden durchlitten wir, wenn wir an unsere Kinder dachten. Wie sehr würden sie uns vermissen? Hatte mein ehemaliger Mann meiner Tochter kindgerecht erklärt, wo ich war und dass ich eines Tages wiederkommen würde? Wenn er mich besuchte, war immer ein Wachtmann dabei. Ich wollte ihn aber auch nicht belasten! Sehr verunsichert hat mich eines Tages der Vernehmer, der in seiner Ecke saß und mir einen Brief vorlas, den mein früherer Mann geschrieben haben sollte. Darin stand, dass er, wenn ich zu mehr als zwei Jahren verurteilt werden würde, unsere Tochter behalten müsste, da er sich mit seiner jetzigen Frau dann kein zweites Kind mehr anschaffen könnte, weil die Wohnung zu klein sei. Beide hatten bereits einen kleinen Sohn.

Mir erschien das Ganze so konstruiert, dass ich sagte: „Das glaube ich nicht, dass er das geschrieben hat." Daraufhin erhob sich der Vernehmer, kam zu mir und hielt mir den Brief mit den Worten vor die Nase: „Ist das die Schrift Ihres ehemaligen Mannes oder nicht?" Ich muss gestehen, dass das Schriftbild zwar so aussah, ich aber so schnell die Sätze nicht lesen konnte. Auf alle Fälle war ich zutiefst verunsichert. Damit hatte die Stasi wohl ihr Ziel erreicht.

Auch aus diesem Grund fürchtete ich die Höhe des zu erwartenden Strafmaßes, als mich der Vernehmer eines Tages rief. Wieder hatte er einen Brief vor sich liegen. Offenbar hatte er ihn schon eine Weile zurückgehalten. Jedenfalls fragte er mich: „Jemand hat für Sie einen Rechtsanwalt genommen. Können Sie sich das erklären?" Meine Gedanken rasten. Ich hatte ja inzwischen einen Rechtsanwalt. Wer will mir da helfen? Ich dachte an meine mit mir befreundete ehemalige Russisch-Lehrerin, verwarf den Gedanken aber wieder und antwortete wahrheitsgemäß: „Erklären kann ich mir das nicht, aber den nehme ich!" Ich sah, wie er wütend wurde und fragte, ob ich denn zwei Rechtsanwälte bräuchte. Darauf ich: „Wenn ich sehe, wie das hier läuft, kann man nicht genug Anwälte haben." Ich spielte dabei auf den Fall einer ehemaligen Mitgefangenen an, die als Rentnerin in den Westen fahren durfte und während dieses Aufenthaltes die Ausschleusung ihres Sohnes veranlasst hatte, gefasst und zu fünf Jahren Haft verurteilt worden war. Wütend holte er das Strafgesetzbuch der DDR aus der Schreibtischschublade und fragte: „Meinen Sie denn, dass Sie fünf Jahre bekommen werden?" Dann las er vor, dass man bei einem Vergehen nach §213, dem ungesetzlichen Grenzübertritt, mit zwischen zwei und fünf Jahren Freiheitsentzug bestraft werden könnte. Ich konterte: „Sie sagen es." Erst, als ich wieder im Verwahrraum war und den Mitgefangenen den Vorgang erzählte, klärten diese mich auf, dass dann wohl jemand im Westen für mich einen Rechtsanwalt genommen hätte.

Meinen Rechtsanwalt, den ich schon in Halle bestellt hatte, sah ich in Leipzig zum ersten Mal. Bis zur Verhandlung durfte ich nie mit ihm allein sprechen. Es war immer ein Mitarbeiter der Stasi, meist mein Vernehmer, dabei. Später hat er einmal gesagt: „Letztlich konnte ich nur Seelsorger sein." Er hat sich um zu erledigende Rechnungen und um Dinge, die meine Tochter oder die Wohnung betrafen, gekümmert. Als wir uns das erste Mal begegneten und er mir die Hand gab, brach ich in Tränen aus, die ich lange nicht stoppen konnte. Mein Vernehmer, der dabei war, fragte mich bei der nächsten Vernehmung: „Warum haben Sie denn so geweint, als Ihr Rechtsanwalt Sie besuchte?" Ich antwortete: „Weil mir jemand mal wieder die Hand gegeben hat." Zugleich wurde mir bewusst, wie dünn mein Nervenkostüm war.

Ein einziges Mal durfte ich mit meinem Rechtsanwalt allein sprechen. Das war nach der Verhandlung, wenn man in Berufung gehen wollte. Wir wussten beide, wie sinnlos das war, wollten aber die Möglichkeit der Begegnung nutzen. Mich quälte die Frage, was ich machen sollte, wenn man zu mir sagte, ich könne nur ohne mein Kind in den Westen gehen. Es zerriss mir das Herz, und ich sagte ihm, dass ich nicht wüsste, ob ich das fertigbrächte. Da wir vermuteten, dass wir abgehört werden, flüsterten wir uns unsere Fragen und Antworten gegenseitig ins Ohr. Er riet mir, dass ich, sollte ich je die Chance bekommen, auch allein gehen sollte, da ich dann vom Westen aus versuchen könnte, meine Tochter zu bekommen. Ich konnte den Gedanken nicht zu Ende denken!

Die Verhandlung war am 17. Mai 1977 vor dem Kreisgericht Leipzig-Mitte. Wegen Vorbereitung und Versuch des ungesetzlichen Grenzübertritts wurde ich nach §213 zu einem Jahr und sechs Monaten Freiheitsstrafe verurteilt. Der Pkw und das in der Tasche deponierte Bargeld wurden eingezogen.

Ich erinnere mich an den Morgen der Verhandlung. Ich bekam meine Kleidung aus den Effekten ausgehändigt und wurde im Jeansanzug über die Flure geführt, als ich plötzlich meine Haushaltshilfe und ihren Mann links von mir wartend auf einer Bank sitzen sah. Sie hatten wohl durch meinen Anwalt von dem Gerichtstermin erfahren und wollten an der Verhandlung teilnehmen, obwohl ihnen gesagt worden war, dass diese wahrscheinlich unter Ausschluss der Öffentlichkeit stattfinden würde. Die beiden waren gekommen, um mir zu zeigen, dass ich nicht allein wäre. Als ich auf gleicher Höhe mit ihnen war, stand meine Haushaltshilfe plötzlich auf und umarmte mich. Sie wurde sofort von mir getrennt mit den Worten: „Körperliche Berührungen sind hier nicht gestattet!"

Auf dem Weg zum Gerichtssaal gingen wir über einen Hof. In der Ferne sah ich plötzlich in einer Mauer einen Torbogen mit einer offenen Tür, die auf die von der Sonne beschienene Beethovenstraße führte, die ich als Studentin manchmal entlanggegangen war. Für den Bruchteil einer Sekunde verspürte ich den Drang, einfach davonzulaufen. Niemand hielt mich fest. Doch dann siegte wieder die Vernunft, die mir sagte, dass ich nicht weit kommen und mit so einem Ausbruch-Versuch meine Lage nur verschlechtern würde.

Die Untersuchungshaftanstalt der Staatssicherheit und das in den Komplex integrierte Gerichtsgebäude befanden sich offenbar hinter der Mensa am Petersteinweg, die ich als Studentin sechs Jahre lang täglich aufgesucht, in ihr mit meinen Kommilitonen gescherzt und gelacht hatte, ohne geahnt zu haben, dass wenige Meter von uns entfernt, Menschen, die von Deutschland nach Deutschland wollten, zu hohen Haftstrafen verurteilt wurden.

Während der Gerichtsverhandlung geschah noch etwas Eigenartiges: Zu Beginn sollte ich meinen Werdegang erzählen oder er wurde vorgetragen, da ihn der Vernehmer ja schon protokolliert hatte, das weiß ich nicht mehr so genau. Aber ich höre noch heute die Stimme des Richters nach den Einlassungen „Abitur mit Auszeichnung, Staatsexamen mit Sehr gut": „Na, damit, dass Sie nun hier sitzen, ist ja auch niemandem gedient." Ich traute meinen Ohren nicht und dachte: „Sie sagen es!" Verurteilt hat er mich trotzdem!

Während der Verkündung des Urteils öffnete sich die Tür des Gerichtssaals, und mein geschiedener Mann kam herein, gerade rechtzeitig, um das Urteil zu hören. Ein erhebender Moment für mich!

## In der Alfred-Kästner-Straße

Nach der Verurteilung wurde ich in die Alfred-Kästner-Straße verlegt. Dort traf ich das erste Mal mit Kriminellen zusammen und lernte, wie man das Wasser aus der Toilette auspumpt, um dann mit Mitgefangenen aus den anderen Stockwerken durch die leeren Rohre sprechen zu können, woran ich überhaupt kein Interesse hatte. Doch es vertreibt einem die Zeit.

In dem Leipziger Gefängnis in der Alfred-Kästner-Straße wurden wir eines Tages gynäkologisch untersucht. Als ich in das Untersuchungszimmer kam, traute ich meinen Augen nicht, denn der Gefängnisarzt war ein Kollege, den ich aus der Universitätsfrauenklinik kannte und der nach der Entbindung meiner Tochter einen Dammschnitt bei mir genäht hatte. Wir mochten uns. In der Universität hatte es sich natürlich schon herumgesprochen, dass ich inhaftiert worden war, und er fragte mich leise nach dem Urteil. Ich konnte ihm gerade noch zuraunen, dass ich zu 18 Monaten Freiheitsentzug verurteilt worden war, dann wurden wir vom Wachtpersonal ermahnt, dass wir nicht miteinander sprechen dürften!

Das Gefängnis in der Alfred-Kästner-Straße war nur ein Zwischenaufenthalt bis von Berlin die Order kam, welche Strafvollzugsanstalt mir zugedacht war. Die meisten Frauen kamen nach Hoheneck in Stollberg bei Chemnitz, das damals noch Karl-Marx-Stadt hieß. Bei einem seiner Besuche in der U-Haft hatte mich mein ehemaliger Mann gefragt, ob ich wüsste, in welche Strafvollzugsanstalt ich nach der Verurteilung käme. Ich hatte ihm geantwortet, dass ich wohl nach Hoheneck, in den „beschissensten Knast" der DDR, müsse. Da mischte sich der Wachthabende, der immer dabei saß, in unser Gespräch ein und meinte in breitestem Sächsisch: „Na, dass se vor solche Leude geene Inderhodels bauen, iss ja woll kloar!"

Gerade in der Zeit, als ich in der Alfred-Kästner-Straße war, hatte ich Geburtstag. Meine liebe Haushälterin hatte versucht, mich in der U-Haft an diesem Tage zu besuchen, obwohl sie keine Sprecherlaubnis hatte. Als sie hörte, dass ich in die Alfred-Kästner-Straße verlegt worden sei, machte sie sich sofort auf den Weg dorthin. Sie überzeugte das Wachtpersonal, dass sie mich unbedingt heute besuchen müsste, da ich doch Geburtstag hätte. Und tatsächlich durfte sie mir ein Päckchen mit Obst und ein paar Leckereien überreichen. Zu jener Zeit war gerade ein neues Gesetz in der DDR erschienen, dass die Strafgefangenen von zu Hause auch Seife und Kosmetikartikel aus dem „nichtsozialistischen Ausland" mitgebracht bekommen durften. Als ich ihr das erzählte, sprang sie auf, eilte in ihre nur um die Ecke liegende Wohnung und holte noch Lux-Seife und westliche Zahnpasta für mich, die meine Verwandten und Freunde aus dem Westen geschickt hatten, die sie mir aber bisher nicht hatte mitbringen dürfen. Ich war selig!

Den Schuhkarton mit meinen Habseligkeiten vorm Bauch, wurde ich zurück in den Verwahrraum geführt. Plötzlich sah ich einen Mann mit einem breiten gelben Streifen auf seiner Kleidung, der mir den Rücken zuwandte und ein Waschbecken schrubbte. Als er sich umdrehte, erkannte ich unseren ehemaligen Buchhändler, der mich mit traurigen Augen anschaute. Ich konnte nur vorbeigehen und durfte ihn nicht ansprechen. Ich weiß bis heute nicht, weshalb er dort war! In meinem Verwahrraum angekommen, wurden die essbaren Schätze natürlich geteilt, und an der Seife durften alle einmal riechen.

In unserem Verwahrraum gab es ein normales Fenster, durch das man auf den Innenhof des Gefängnisses hinaussehen konnte. Uns war aber untersagt, an das Fenster zu gehen oder es gar zu öffnen. Meine Mitgefangenen missachteten allerdings unbekümmert diese Anweisung und pflegten folgendes Ritual: Während eine von ihnen auf dem Boden vor der Tür, die nicht dicht schloss, lag, standen die anderen am geöffneten Fenster und versuchten, mit manchmal auf dem Gefängnishof umherziehenden männlichen Insassen Kontakt aufzunehmen. Wenn sich Schritte auf dem Gang näherten, wurde man von der auf dem Boden Liegenden gewarnt und schloss eilig das Fenster.

Eines Tages hatten sich wieder einige von uns um das Fenster geschart. Ich saß auf meiner Liege und hörte eine von ihnen nach draußen sagen: „Wir haben hier auch eine Ärztin!" Dann wandte sie sich zu mir mit den Worten: „Du sollst mal ans Fenster kommen." Ich tat es und erblickte einen stattlichen Mann mit grau meliertem Haar in Anstaltskleidung. Er fragte mich: „Was hast'n du gemacht und wie viel hast'n du gekriegt?" Mir kamen die Tränen, als ich mein Strafmaß nannte, doch er meinte: „Das sitzt du doch uff eener Backe ab!" Als ich ihn daraufhin nach seinem Strafmaß fragte, antwortete er: „Elf Jahre, siebeneinhalb habe ich schon weg." Ich fragte erschrocken, was ihm denn vorgeworfen worden sei, und er antwortete: „Wirtschaftsvergehen." Ich kann bis heute seine traurigen Augen und sein intelligentes Gesicht nicht vergessen! Und wenn ich einmal verzagt über mein Strafmaß war, habe ich an ihn gedacht und konnte es besser ertragen.

Zwei Tage nach meinem 38. Geburtstag wurde ich in der Alfred-Kästner-Straße mit anderen, die ich aber nie gesehen habe, in eine „Grüne Minna" geladen und in einen unterirdischen Gang unter dem Leipziger Hauptbahnhof gefahren. Von dort wurde ich mit Handschellen über eine Treppe auf einen der Bahnsteige geführt und musste so inmitten normaler Reisender auf den Zug warten. Als der einlief, wurde ich in ein Abteil eines Wagens eingeschlossen, dessen Fenster Milchglasscheiben hatten, so dass man nicht nach draußen sehen konnte. Mit mir im Abteil befand sich noch eine junge Frau, die ich bisher nie gesehen hatte. Der Zug fuhr stundenlang offenbar durch die halbe Republik, denn wir hörten zuweilen aus den Lautsprecheranlagen der Bahnhöfe die Namen der Städte Görlitz, Weimar und Jena und hatten auch den Eindruck, dass unser Wagen von dem einen Zug abgehängt und an einen anderen wieder angehängt wurde. Wir bekamen nichts zu essen und zu trinken. Wenn wir zur Toilette wollten, mussten wir uns bemerkbar machen, und die Abteiltür wurde aufgeschlossen. Der Wachthabende begleitete uns bis vor die Toilette, wartete dort vor der Tür und schloss uns dann wieder ein.

Die Fahrt schien nie enden zu wollen. Plötzlich hielt der Zug wieder, wir wurden herausgeholt und auf einem Bahnsteig des Bahnhofs Karl-Marx-Stadt von einer Polizistin mit Hund und Handschellen in Empfang genommen. Im selben Augenblick ging eine Mutter mit einem Kind an der Hand an uns vorbei und ich hörte das Kind seine Mutter fragen, was das denn für Menschen seien, die so bewacht würden. Ich dachte resigniert: Das sind Menschen, die von Deutschland nach Deutschland wollen!

In Karl-Marx-Stadt haben wir etwa zwei Stunden in einer Gefängniszelle verbracht. Die einzige Unterbrechung war eine undefinierbare wässrige Suppe, die man uns durch die Klappe schob. Wir waren satt! Kurz darauf mussten wir einen großen Omnibus besteigen. Hinter uns saß die Polizistin mit einem Revolver in der Hand. Trotz dieser etwas ungewöhnlichen Umgebung genoss ich es, in einem ganz normalen Bus und nicht in einem verschlossenen Karbuff in einem Barkas oder in einer „Grünen Minna" zu fahren. Zum ersten Mal seit Monaten sah ich wieder Bäume, Menschen, Autos und den Himmel! In der Alfred-Kästner-Straße hatte ich gehört, dass diejenigen, die in den Westen kommen, mit Bussen transportiert werden. Eine kurze Zeit hatte ich die Hoffnung, dass unser Bus uns dort hinbrächte! Wie naiv ich doch war! Spätestens, als der Bus die Autobahn verließ und in Richtung Stollberg fuhr, sah man in der Ferne auf einem Berg eine alte Burg aus rotem Backstein. Der Bus quälte sich den Berg hinauf, verlangsamte nochmals seine Geschwindigkeit, und wir sahen voller Entsetzen einen Burggraben, Stacheldraht und kläffende Schäferhunde sowie ein riesiges, dickes, eisernes Tor, das sich lautlos öffnete und den Bus hineinließ, um sich dann ebenso lautlos wieder zu schließen. Da wusste ich: Das war nicht der Westen! Wir befanden uns im Hof der Strafvollzugsanstalt Hoheneck.

## Der Strafvollzug in Hoheneck

Wir wurden barsch aufgefordert, auszusteigen und uns im „Empfang" zu melden. Die dort diensthabende Wärterin herrschte mich an: „Delikt?", nachdem ich mich mit: „Strafgefangene Sorger

*Burg Hoheneck*

meldet sich!" vorgestellt hatte. Als ob sie nicht wüsste, weswegen ich hier war! Ich murmelte: „Vorbereitung und Versuch der Republikflucht." „Kinder?" fragte sie dann. Das war mein schwacher Punkt, und unter Tränen konnte ich nur nicken. „Haben Kinder und machen so was!" gab sie mir noch eins drauf.

Die ersten Tage kam ich in die sogenannte „Aufnahme". Dort musste man warten, bis man einem der Betriebe, deren Werkräume sich im Gefängnis befanden und die im Dreischichtensystem arbeiteten, zugeteilt wurde. Inzwischen musste ich für die Küche arbeiten: Gemüse putzen und stundenlang halb verfaulte, stinkige Kartoffeln schälen, die eigentlich nicht einmal für die Schweine gut genug waren.

Früh wurde ich täglich durch, wie mir schien, endlose Lautsprecher-Ansagen geweckt, die die einzelnen Arbeitsgruppen aufriefen, wie „Esda 1 antreten zur Frühschicht", „WK 1 antreten ..." Mir wurde himmelangst, und ich dachte: Das muss ja ein Riesenknast sein! Tatsächlich haben sich in jener Zeit, in der ich in Hoheneck war, etwa 1600 Strafgefangene in der Burg befunden, deren Kapazität nicht einmal für 500 Strafgefangene ausgerichtet war. Dazu passt, dass ich dann in einen Verwahrraum gebracht wurde, in dem 21 Frauen in Dreistockbetten untergebracht waren. Zusätzlich befanden sich in dem Raum noch ein Tisch und fünf Stühle. Der angrenzende Sanitärraum verfügte über sieben Waschbecken sowie im rechten Winkel dazu stehend zwei Toiletten. Diese waren nicht abgegrenzt, so dass jeder im Raum mitbekam, wenn eine von uns die Regel oder Durchfall hatte. Erst vor wenigen Jahren habe ich in einem Film von „Spiegel TV" über Hoheneck mitbekommen, dass sich gegenüber von den Toiletten unseres Waschraumes ein Spion in der Wand befand, der vom Flur zu bedienen war. Als ich dort war, habe ich ihn nicht bemerkt, bin auch gar nicht auf die Idee gekommen, dass man noch nach der Verurteilung so ungehemmt beobachtet wird! Wozu?

Um in den Besitz eines Waschbeckens zu kommen, bin ich, wenn wir Frühschicht hatten, immer schon um 3.00 Uhr aufgestanden. So war man, noch ehe die Schicht begann, bereits wieder müde!

Alle vier Wochen durfte ich einen Brief schreiben, alternierend an meine Haushälterin, die die Wohnungsschlüssel besaß und an meinen ehemaligen Mann, bei dem meine Tochter war. Als ich einmal in einem der Briefe erwähnt hatte, dass wir 21 Frauen in einem Verwahrraum sind, erfuhr ich erst Wochen danach, dass der Brief nicht durch die Zensur gegangen und zurückgehalten worden war. Ich fragte: „Warum?" Ich hatte doch keine politische Hetzschrift verfasst. Die Frau Obermeister meinte: „Wen interessiert denn das!" Ich konterte, dass das meine Leute schon interessiert hätte, wie viel wir im Verwahrraum seien.

Ich wurde dem Arbeitskommando „Esda 1" zugeteilt. An meinem ersten Arbeitstag musste ich mich bei dem Schichtleiter, Herrn Meier, melden. Er stammte aus der Produktion des Betriebes in Thalheim und gehörte nicht zum Aufsichtspersonal des Gefängnisses, ebenso wie die zwei Frauen, die als Kontrolleurinnen eingesetzt waren und den Ausschuss aussortieren mussten, den die Gefangenen zuweilen produzierten. Als ich mein „Strafgefangene Sorger meldet sich" heruntergebetet hatte, sah mich der Schichtleiter an und fragte: „Was haben Sie denn draußen gemacht?" Ich antwortete schüchtern: „Ich bin Ärztin." Er merkte mir an, dass es mir peinlich war, als Ärztin im Gefängnis zu sein und meinte: „Och, wir haben hier schon so viele Ärztinnen gehabt! Können Sie Nähmaschine nähen?" Ich erinnerte mich, dass ich das in der Schule zwar gelernt und damals sogar ein Nachthemd für meine kleine Schwester genäht, danach aber nie mehr an einer Maschine gesessen hatte.

Da er im Moment sowieso keine Maschine frei hatte, teilte mich der Meister erst einmal zum Heißformen ein. Dabei steht man acht Stunden an einer Konstruktion aus mehreren, um eine zentrale Stange angeordneten schmalen Bügelbrettern, die durch heißen Dampf erhitzt werden. Auf diese Bretter zieht man nach und nach ungefärbte, weiße, krumpelige Strümpfe auf, die durch den heißen Dampf geglättet und nacheinander wieder abgenommen und übereinander geschichtet werden. Das gebückte und nach vorn geneigte Stehen über dem heißen Dampf machte mir zu schaffen. Abends war ich wie durchgebrochen, und meine Beine waren angeschwollen. Wenn ich es gar nicht mehr aushielt, versuchte ich, auf die Toilette zu gehen, um mich dort ein wenig ausruhen zu können. Doch das war nicht so einfach, denn die Toilette bestand aus mehreren nebeneinander liegenden Fallgruben ohne Sichtschutz dazwischen. Man wusste nie, ob sich nicht eine Aufpasserin dazugesellte. Außerdem wurde vermerkt, wenn man die Toilette zu oft aufsuchte.

Nach etwa 14 Tagen bekam ich endlich einen Maschinenplatz zugeteilt. Ich sollte Gummiränder an halterlose Strümpfe nähen. Es war nicht so einfach, das unterschiedliche Material – Gummi und Nylon – aneinander zu adaptieren und ohne Lücke zusammenzunähen. Mein Soll waren 460 Paar Strümpfe pro Tag, das hieß 920 Einzelstrümpfe. Diese waren in meinem Fall gefärbt. Man bedeutete mir, dass ich eine Vorzugsstellung hatte, weil man bei mir nicht befürchtete, dass ich Strümpfe „mitgehen" ließ. Zudem sollten die Strümpfe in den Export nach Kuwait gehen.

Meine Entlohnung betrug eine vom Gefängnis ausgegebene Wertmarke von 10,- Ostmark im Monat. Dafür konnte ich mir Kaffee oder Obst, wenn es dies gab, auch Zahnpasta oder Seife im Gefängnisshop kaufen. Große Sprünge konnte ich damit nicht machen. Ich hatte das Glück, das sich in meinem Verwahrraum eine Mitgefangene befand, die 40,- oder 80,- Mark im Monat verdiente und mir manchmal einen Kaffee spendierte. Auf meine Frage, warum ich denn so wenig verdiente, wurde mir gesagt, dass der Rest des verdienten Geldes für Alimente und Rücklagen für meine Entlassung verwendet werden würde. Das machte mich nicht gerade fröhlich, denn das hieß ja wohl, dass ich wieder in die DDR entlassen werden würde!

Nach einiger Zeit hatte ich meine Produktivität gesteigert und bekam als „Auszeichnung" eine Strumpfhose. Diese war ein wahrer Schatz, und ich hütete sie wie meinen Augapfel, hatten wir doch sonst nur plattierte Strümpfe an, die unsere Großmütter früher getragen hatten. Am gleichen Tage, als ich die Strumpfhose bekam, bemerkte ich eine Meuterei unter den Mitgefangenen, wusste aber nicht, worum es ging. Da erklärte mir der Meister, dass diese sich darüber aufregten, dass ich die Strumpfhose bekommen hätte, wo ich doch eine Republikflüchtige wäre.

Im Gefängnis gab es strenge Hierarchien. Mit Abitur rangierte man ganz hinten. Besser war, wenn man die Schule nach der vierten Klasse beendet und eine kriminelle Handlung begangen hatte. Die Republikflüchtigen hatten ja den Staat verlassen wollen, während die Kriminellen dem Staate treu ergeben waren, aber eben nur geklaut oder sonst etwas gemacht hatten. Die im bürgerlichen Leben geltenden Wertmaßstäbe waren hier völlig verdreht!

Als ich eines Tages von der Gefängnisleitung gefragt wurde, wie ich den Strafvollzug der DDR fände, antwortete ich wahrheitsgetreu, dass ich es nicht gut fände, dass die Kriminellen mit den Politischen zusammen sitzen. Da erhielt ich zur Antwort: „In der DDR gibt es keine politischen Häftlinge." So einfach war das!

Dabei hatte ich großes Glück. In meinem Verwahrraum waren in jener Zeit zwar nur Kriminelle, aber jene von der „leichten" Sorte, keine Mörderinnen oder ehemalige KZ-Aufseherinnen. Ich verstand mich mit meinen Mitgefangenen ganz gut. Manche von ihnen kämpften um das Sorgerecht für ihre Kinder, und ich half ihnen beim Schreiben an die Behörden.

Am Anfang, als ich nach Hoheneck gekommen war, hatte ich eine von ihnen, die schon länger als zwei Jahre dort war, gefragt, wie man das aushalte, und sie hatte ehrlich geantwortet: „Am schlimmsten ist die erste Hälfte. Wenn du die hinter dir hast, wird es leichter." Sie hatte ihre Pritsche schräg unter mir und soll angeblich verurteilt worden sein, weil sie schnell dabei war, die Faust auszufahren. Ich hatte später das Privileg, dass sie jeder, die mir etwas tun wollte, ihre Faust androhte. Ich fühlte mich durch sie regelrecht beschützt.

Ich gab mir redliche Mühe, meine Produktivität zu steigern, schaffte aber nie die Norm. Eines Tages kam der Meister an meine Maschine und meinte: „Sie könnten sich auch mal wieder steigern!" Ich wusste darauf nur die Achseln zu zucken. Da kamen mir die beiden Kontrolleurinnen zu Hilfe, die gerade in der Nähe standen und sagten zu ihm: „Herr Meier, sie näht aber ohne Fehler!" So war ich noch einmal gerettet. Ein wenig neidisch betrachtete ich manche „Langstraferin", die locker und fröhlich an der Maschine saß und scheinbar mühelos ihr Soll zu erfüllen schien. Ich brauchte meine ganze Kraft, um einigermaßen über die Runden zu kommen.

Eines Tages stand Herr Meier vor meiner Maschine und fragte: „Sorger, was soll eigentlich mit Ihnen werden?" Ich schaute ihn an und sagte: „Herr Meier, ich warte darauf, dass eines Tages einer kommt, der mich hier herausholt."

Meine Gemütsverfassung schwankte. Manchmal war ich leicht hoffnungsvoll, meist jedoch deprimiert. Jedenfalls heulte ich nicht mehr so viel wie in der U-Haft. Die Tatsache, dass man acht Stunden arbeitete, ließ weniger Zeit zum Grübeln und strukturierte in gewisser Weise den Tag. Nach Schichtende war man müde. Wenn wir Früh- oder Spätschicht hatten, konnten wir nachts schlafen. Ich habe immer gesagt: „Nachts bin ich nicht im Gefängnis." Ich habe mich einfach weggeträumt, bis mich die Lautsprecher in der Frühe unsanft an die Wirklichkeit erinnerten. Einmal habe ich wirklich geträumt, dass ein Engel mich an die Hand nähme und aus dem Gefängnis entführte. Er hatte das Gesicht und die Stimme des Ersten Oberarztes meines Instituts, in dem ich früher gearbeitet hatte und der kirchlich sehr engagiert war. Dadurch wurde der Traum für mich noch glaubhafter, und ich hatte beim Aufwachen große Mühe, die Enttäuschung, dass es sich nur um einen Traum gehandelt hatte, zu überwinden.

Es gab aber auch Nächte, in denen man wach lag und an die ungewisse Zukunft dachte. In solchen Nächten habe ich manchmal Schreie über den Gefängnishof hallen gehört, die von Frauen aus der Folterkammer kamen, wie mir die Mitgefangenen sagten.

Am schlechtesten ertrug ich die Nachtschichten. Gegen 2.00 oder 3.00 Uhr überfiel mich eine Müdigkeit, die ich kaum zu beherrschen vermochte. Wenn es dann endlich Morgen war und wir uns nach unserer Pritsche sehnten, konnte es passieren, dass uns die Wachtel nicht einrücken ließ. Während der Schicht fuhr das Aufsichtspersonal mit einem Medikamentenwagen umher und teilte auf Verlangen Tabletten gegen Kopf- oder Halsschmerzen, auch gegen Durchfall aus. Die Ausgabe erfolgte je nach Gutdünken der Wachtel. So konnte es vorkommen, dass die Gefangenen, die keine Tabletten bekommen hatten oder „Missbrauch" betrieben, einfach sich heimlich welche vom Wagen nahmen. Wenn das bemerkt wurde, durfte die ganze Mannschaft nicht in ihren Verwahrraum gehen, bis sich die „Sünderin" gemeldet hatte. Das waren so die kleinen Schikanen.

Schlimmer war die geistige Leere, die manchmal kaum zu ertragen war. Ich las in meiner Verzweiflung von Kant „Die Aula", weil ich mir sagte: „Das Buch wirst du draußen nie mehr lesen, also nutze die Zeit!" Eigentlich hatte ich Sehnsucht nach einem Fachbuch. Doch das musste genehmigt werden. Also bat ich um ein Gespräch mit der Anstaltsleitung. Es dauerte ewig, bis ich vorgelassen wurde. Vor mir saß die Gefängnispsychologin und fragte, was ich wollte. Ich bat um die Genehmigung, dass mir beim nächsten Besuch ein Fachbuch mitgebracht oder schon vorher geschickt werden dürfte, da ich das Gefühl hatte, ich hätte alles vergessen. Die Psychologin meinte: „Aber selbstverständlich können Sie ein Fachbuch bekommen." Ich wartete geduldig. Das erste Buch, das ich mir von zu Hause gewünscht hatte, war ein Lehrbuch der Speziellen Pathologie von Kettler, dem damaligen Ordinarius der Charité, gedruckt in der DDR. Es erreichte zwar die Anstalt, wurde mir aber nicht ausgeliefert, weil im Text Unterstreichungen waren, die von meinen Vorbereitungen für die Facharztprüfung herrührten und man meinte, das könnten chiffrierte Mitteilungen sein. Es müsse ein neues Buch sein, wurde mir gesagt. Also schrieb ich nach Hause und bat um ein wissenschaftliches Buch, das ich für meine Habilitationsarbeit brauchte, aber noch nicht gelesen hatte. Es war brandneu, doch ich bekam es wieder nicht ausgehändigt, weil es in englischer Sprache war. Letztendlich habe ich nie ein Fachbuch in die Hände bekommen.

Ein kleiner Lichtblick in geistiger Hinsicht war die Ankündigung von Frau Obermeister: „Strafgefangene Sorger, Sie werden einen Vortrag halten." Ich war völlig verdutzt und meinte: „Frau Obermeister, Sie denken doch nicht etwa, dass ich hier im Gefängnis einen politischen Vortrag halte?" Darauf sie: „Oh nein. Sie werden über ‚Missbrauch von Abführmitteln' vor den Mitgefangenen sprechen." Dagegen konnte ich nichts sagen. Es war in der Tat so, dass die Gefangenen wegen der unmöglichen sanitären Verhältnisse Schwierigkeiten mit dem Stuhlgang hatten und kiloweise Abführmittel einnahmen. Ich sagte zu, wenn sie mir Literatur besorgen würde. Frau Obermeister brachte mir tatsächlich einen Artikel aus dem Ärzteblatt über Laxantien-Abusus und dessen Folgen.

Wochen später wurde mir gesagt, dass ich am nächsten Tag Besuch von meinem ehemaligen Chef und verehrten Lehrer, Herrn Professor Holle aus Leipzig, bekäme, der mit mir besprechen wollte, was mit den persönlichen Sachen aus meinem Assistenten-Zimmer geschehen sollte. Das Zimmer müsste geräumt werden. Die Mitteilung der Universität, dass ich aus ihren Diensten entlassen worden wäre, hatte ich schon in der U-Haft erhalten. Ich zitterte vor dem Tag, an dem ich meinem Lehrer und Freund begegnen sollte. Kurz vorher war eine neue Verordnung für den Strafvollzug der DDR herausgekommen, die den Strafgefangenen künftig erlaubte, dekorative Kosmetik anzuwenden. Mancher Leser wird jetzt denken: Hatten die denn keine anderen Sorgen? Ich kann dazu nur sagen, dass wir jeden Strohhalm ergriffen, um einigermaßen menschenwürdig auszusehen mit unseren ungeschnittenen Haaren und der schlechten Haut infolge der Mangelernährung, ganz abgesehen von der Anstaltskleidung. Ich hatte kunstvoll einen blauen Mascara-Stift auf die Wimpern aufgetragen, etwas, was ich in der Freiheit nie benutzt hatte! Deshalb fehlte mir auch die Erfahrung damit. Jedenfalls konnte ich, als ich meinen ehemaligen Chef hinter der Glasscheibe im Sprechzimmer sah, die Tränen nicht zurückhalten, die sich zu blauen Rinnsalen mit der Mascara auf meinen Wangen vereinigten. Es muss malerisch ausgesehen haben! Er hatte sich offenbar auf dieses Gespräch sorgfältig vorbereitet. Das war auch gut so, denn er musste es fast ausschließlich allein bestreiten, da ich meist heulte. Er hatte einen Sonderdruck einer meiner letzten wissenschaftlichen Arbeiten, die gerade erschienen war, mitgebracht und reichte mir das Exemplar über die Glasbarriere. Ich las meinen Namen als Erstautorin und dachte: Welch eine Distanz besteht zwischen der Frau, die diese Arbeit geschrieben hat und derjenigen, die hier sitzt! Es war nicht zu fassen! Nach Beendigung der Sprecherlaubnis führte mich Frau Obermeister, die dabeigesessen hatte, zurück in meinen Verwahrraum. Unmittelbar hinter mir gehend, entrüstete sie sich: „Wer solche Beziehungen hat, will die DDR verlassen."

Kurz vor meiner Entlassung aus Hoheneck hatte die Stasi mich bestellt und bot mir an, als Ärztin arbeiten zu können. Ich fragte nach den Bedingungen. Darauf kam die Antwort: „Dass Sie wieder in die DDR ´rausgehen." Darauf ich: „Dann lassen Sie mich man lieber Strümpfe nähen." Darauf der Stasi-Mann: „Warum haben Sie sich denn so verhärtet?" Ich war sprachlos und sagte das auch: „Sie sperren mich hier ein, weil ich den Staat verlassen wollte, und nach alldem denken Sie, dass ich jetzt ‚Hurra' schreie und hierbleiben will."

Ein Kinobesuch in Hoheneck wurde den politischen Häftlingen selten gewährt. Während meines Aufenthaltes dort durfte ich einmal ins Kino gehen. Sie zeigten den sowjetischen Film „Vergiss deinen Namen nicht". Ich hatte in der DDR viele gute sowjetische antifaschistische Filme gesehen. Hier wurde gezeigt, wie eine jüdische Mutter Abschied von ihrem Kind nehmen und ins KZ gehen muss. Sie nimmt den kleinen Jungen noch einmal in den Arm und sagt zu ihm: „Vergiss deinen Namen nicht." Die meisten von uns saßen erschüttert auf ihren Plätzen angesichts dieser Situation, die uns auch an unsere von uns getrennten Kinder erinnerte und uns deshalb doppelt aufwühlte. Als das Licht im Saal wieder anging, sah ich plötzlich zwei Frauen mit grauen Haaren und hasserfüllten Gesichtern wenige Reihen vor mir aufstehen und die Arme erheben, während eine, die kleinere von ihnen, laut in den Saal hinein sagte: „Und wir würden es immer wieder tun!" Ich war entsetzt und erfuhr dann von den anderen, dass es sich um zwei ehemalige KZ-Aufseherinnen handelte, von denen die eine der „Engel von Ravensbrück" genannt wurde. Ich war sprachlos, dass die jahrzehntelange Haft bei ihnen offenbar gar nichts bewirkt hatte. Sie dachten noch immer so wie damals!

Ein anderes Mal durfte ich zu einer Theatervorstellung im Gefängnis gehen. Ich weiß heute nicht mehr, was gespielt wurde, da meine Aufmerksamkeit auf ganz andere Dinge gelenkt wurde. Die Schauspieltruppe setzte sich aus sogenannten Langstrafern zusammen, das heißt aus Frauen, die zu mehr als zehn Jahren Freiheitsentzug verurteilt worden waren. So war die Kontinuität der Truppe gewährleistet. Neben mir saß eine erfahrene Gefangene, die mich über die Mitspielerinnen aufklärte. Sie flüsterte: „Die hat ihre Schwiegermutter umgebracht, die hat ihr Kind auf die heiße Grude gesetzt, so dass es daran gestorben ist ..." usw. Es handelte sich also bei dem größten Teil dieser Truppe um Mörderinnen.

Das war so schockierend, dass ich nicht traurig war, dass ich nie mehr wieder einen Theaterbesuch erlaubt bekam.

In den Mauern der Burg Hoheneck, die 1862 bereits als Königlich-Sächsisches Weiberzuchthaus erbaut worden war, nachdem am gleichen Ort im 13. Jahrhundert ein Schloss gestanden hatte, war es kalt. Mir graute vor dem Winter. Schon im September fror ich manchmal in der Nacht. An einem Morgen, kurz nachdem wir zur Frühschicht ausgerückt waren, aber noch im Frühstücksraum saßen, wurde mein Name aufgerufen. Ich trat vor, und mir wurde gesagt, ich solle mein Esszeug holen. Im Saal war Totenstille. Ich hatte das Gefühl, dass mir alle Blicke folgten, als ich im Gefolge der Wärterin den Raum verließ. Im Verwahrraum wurde ich angewiesen, die privaten Sachen von den Anstaltssachen zu trennen. Dann ließ man mich allein. Ich wusste nicht, was mit mir geschieht. Ich hatte zwar gehört, dass man bei dieser Anweisung entlassen werden würde, konnte es aber nicht glauben. Trotz allem schrieb ich in Windeseile an meine Mitgefangenen, dass ich nicht wüsste, wohin man mich bringen würde und wünschte ihnen alles Gute, vor allem baldige Entlassung. Dann verteilte ich meine kleinen Habseligkeiten wie westliche Zahnpasta und Seife unter ihren Kopfkissen und wartete. Plötzlich wurde die Tür aufgeschlossen, ich musste der Wachtel in ein Zimmer folgen, in dem sich zwei weitere Gefangene befanden. Eine von ihnen kannte ich. Nachdem wir die Kassiber-Probe überstanden hatten, wurden wir in einen Kleinbus verfrachtet, begleitet von einer Polizistin mit Revolver, was wir ja schon kannten, und ab ging die Fahrt. Diesmal öffnete sich das riesige Tor zum Weg in den Ort Stollberg. Wir fuhren auf die Autobahn und landeten in dem Gefängnis am Kaßberg in Karl-Marx-Stadt. Damals kannte ich allerdings nicht den Ort, an dem sich diese Anstalt befand. Das habe ich erst vor wenigen Jahren durch die inzwischen erfolgten Veröffentlichungen erfahren.

Meine Mitgefangenen in Hoheneck hatten mir erzählt, dass in Karl-Marx-Stadt die Zellentüren nicht verschlossen wären und man dort seine eigene Kleidung tragen dürfe. Nichts von alledem: Ich bekam wieder Anstaltskleidung und wurde in eine Zelle eingeschlossen.

## Im Gefängnis am Kaßberg
## in Karl-Marx-Stadt (Chemnitz)

In Hoheneck hatte ich erfahren, dass man etwa zwei Wochen in Karl-Marx-Stadt zubringen müsste, ehe man durch Freikauf in den Westen käme. Der Kaßberg war die Drehscheibe, über die der Freikauf vonstatten ging. Ich hörte des Nachts, wenn ich nicht schlafen konnte, wie sich Ehepaare durch Zurufe versicherten, dass der Partner ebenfalls aus „seinem" Strafvollzug dort eingetroffen war. Hier befand sich der Sammelknast für diejenigen, die die Ausreise wünschten. Ein geringerer Teil wurde wieder in die DDR entlassen, und noch seltener wurden Häftlinge zurück nach Hoheneck geschickt.

Anfangs wartete ich geduldig in meiner Zelle. Arbeiten mussten wir nicht mehr. Im Gegenteil, wir bekamen sogar besseres Essen als in Hoheneck, damit wir bei der Entlassung nicht ganz so jämmerlich aussahen. Trotzdem war der Aufenthalt für mich ein wahres Martyrium, vor allem, nachdem ich bemerkt hatte, dass diejenigen Frauen, die mit mir aus Hoheneck gekommen waren, sich längst nicht mehr im Gefängnis befanden. Ich hörte auch nachts niemanden mehr rufen. Auf meine Bitte, doch wieder eine Frau zu mir in die Zelle zu legen, bekam ich zur Antwort: „Das würden wir ja gerne machen, aber wir haben keine Frauen mehr!" Ich erschrak zutiefst, war ich doch offenbar noch die einzige Frau in dem Gefängnis! Sollte jetzt alles umsonst gewesen sein?

Tage zuvor hatte mich die Stasi bestellt und mir einen Ausreiseantrag zum Ausfüllen vorgelegt, begleitet von den Worten: „Sie können gehen, aber das Kind bleibt hier." Das hatte mich mitten ins Herz getroffen, und ich hätte aufschreien können! Inzwischen hatten mich aber die Worte meines Rechtsanwaltes in Leipzig und die Vorhaltungen meiner Mitgefangenen ermutigt, so dass ich fest geantwortet hatte: „Mein Kind kommt mit. Bitte geben Sie mir einen Ausreiseantrag auch für meine Tochter." Widerwillig hatte der Stasi-Beamte daraufhin einen solchen über den Tisch geschoben, und ich hatte ihn ausgefüllt.

Inzwischen war bereits der nächste Transport in Karl-Marx-Stadt eingetroffen. Ich war schon über vier Wochen dort, ohne dass sich etwas bewegte. Die Neuen klopften an die Wand und fragten, wie lange ich schon da sei. Sie bekamen einen Schreck, als sie erfuhren, dass es bald fünf Wochen seien. Ich versuchte sie zu trösten, dass das nicht normal sei, aber in Wirklichkeit ging es mir psychisch immer schlechter. Schließlich wiederholte ich stereotyp, dass ich den Anstaltsleiter sprechen möchte. Darauf bekam ich zur Antwort: „Einen Anstaltsleiter haben wir hier nicht."

Eines Tages erschien ein gut gekleideter Herr in meiner Zelle. Ich sprang von der Pritsche, auf der ich gelegen hatte, auf. Dabei wurde mir ganz schwarz vor Augen. Er schien das zu bemerken und bedeutete mir, mich zu setzen. Ich fragte fast hysterisch: „Kriege ich mein Kind?" Er sagte nicht „Ja", sondern nur: „Jetzt ist erst einmal die Sache mit Ihrem Kind geklärt." Dann verschwand er wieder. Ich weiß bis heute nicht, was es da zu klären gab. Jedenfalls hat es dann noch zwei Wochen wie bei den anderen gedauert, bis ich meine zivilen Sachen bekam und meine Tasche mit Portemonnaie. Die Kleidung musste in der Gefängnisschneiderei geändert werden, da ich während der Haft stark abgenommen hatte. Das Restgeld meines Barvermögens im Portemonnaie sollte ich im Gefängnisladen verbrauchen. Ich hatte lange überlegt, was ich dort kaufen sollte, um es in den Westen mitzunehmen, zumal ich noch relativ viel Bargeld besaß.

Dann wurde der Besuch des Ladens zu einer unvorhergesehenen Witz-Vorstellung. Als ich eintrat, sah ich überwiegend leere Regale. Plötzlich fiel mein Blick auf einen Lederkoffer mittlerer Größe in gediegener Verarbeitung, der einsam auf einem der Regalbretter lag. Ich entschied mich spontan für ihn und mehrere Unterwäschegarnituren, da ich dachte, dass ich damit die ersten Tage in der Freiheit überbrücken könne. Eine Frau nach mir war so begeistert von dem Koffer, dass sie ebenfalls einen kaufen wollte. Doch der Beamte hinter dem Ladentisch grinste und meinte: „Nur für besondere Kunden." Offenbar hatte ich den einzigen Koffer in dem Laden entdeckt und bekommen! Mir tat die Frau, die leer ausgehen musste, leid. So wurden wir unfreiwillig noch einmal mit dem Mangel, den wir so oft erlebt hatten, konfrontiert. Den Koffer besitze ich heute noch. Immer, wenn ich ihn sehe, muss ich lächeln.

Endlich war es soweit: Am Nachmittag des 18. November 1977, einen Tag nach dem neunten Geburtstag meiner Tochter, durfte ich das Gefängnis am Kaßberg in Karl-Marx-Stadt verlassen. Man hatte mich hier acht lange Wochen festgehalten ohne Information über die Gründe. Eine mindestens ebenso lange Zeit waren meine Angehörigen ohne Nachricht von mir. Sie wussten nicht einmal, wo ich mich befand. Nachdem ich die DIN-A4-Urkunde über die Entlassung aus der Staatsbürgerschaft der DDR und einen sehr viel kleineren Entlassungsschein aus dem Strafvollzug ohne zeitliche Angaben über die Dauer desselben erhalten hatte, marschierte ich wie im Traum durch ein Spalier von in meiner Erinnerung mit Gold- und Silberkordeln betressten uniformierten Stasi-Offizieren und bestieg einen der zwei Busse auf dem Gefängnishof. Unterwegs musste ich zur Überprüfung meiner Identität nochmals meinen Namen, Geburtstag und Geburtsort nennen.

Als ich in den Bus kam, sah ich dort bereits Ehepaare sitzen, die sich nach Monaten zum ersten Mal wiedergesehen hatten und sich glücklich aneinander schmiegten. Mich erwartete niemand! Im Gegenteil, ich war noch immer unsicher, ob ich ohne meine Tochter gehen dürfte. Schließlich kam Rechtsanwalt Dr. Vogel, der Unterhändler der DDR für den Freikauf von DDR-Häftlingen durch die Bundesrepublik Deutschland, in unseren Bus und sagte: „Viele werden Sie um diese Fahrkarte beneiden. Denken Sie daran, dass Sie noch immer Strafgefangene und auf Bewährung entlassen worden sind. Gehen Sie im Westen nicht zum Funk oder zur Presse, um über die Verhältnisse hier zu berichten. Die meisten von Ihnen haben Kinder, und ich verlese jetzt die Namen der Kinder, die auf dem Verhandlungswege nachkommen werden." Er nannte auch den Namen meiner Tochter.

Danach setzten sich die beiden Busse in Bewegung und fuhren langsam in Richtung Autobahn. Das Tempo wurde bestimmt durch den vorausfahrenden Mercedes des Rechtsanwalts Vogel. Gegen 18.00 Uhr erreichten die Busse den Grenzübergang Wartha/ Herleshausen, passierten diesen ohne Halt – die Grenzer waren offenbar informiert – Vogel scherte aus und kehrte in die DDR zurück. Plötzlich sah ich, da ich in dem zweiten Bus saß, dass sich das Nummernschild, das eine Berliner Nummer gehabt hatte, drehte und jetzt eine Gießener Nummer aufwies. Es war wie im

Krimi! Der nette Busfahrer hatte uns noch vor dem Grenzübergang gewarnt. Wir sollten nicht in Freudenschreie ausbrechen, das könnten wir später machen. Inzwischen war es dunkel geworden. Kurz nach der Grenze hielt der Bus, es stieg ein Vertreter der hessischen Landesregierung ein, der uns begrüßte, und der Fahrer und er verteilten Getränke und Bananen an uns. Ich erinnere mich nur, dass ich zu ungeübt oder zu aufgeregt war, um die Cola-Dose zu öffnen.

Gegen 20.00 Uhr erreichten wir Gießen. Wieder öffnete sich ein Schlagbaum, und wir fuhren ein in das Gelände des Aufnahmelagers. Es war ein Freitagabend. Ich besaß 10,00 DM, die sich in meinen Effekten befunden hatten und die man mir in Karl-Marx-Stadt mit den Worten ausgehändigt hatte: „Damit können Sie gerade einmal mit dem Bus fahren." Obwohl ich Freunde und Verwandte in der Bundesrepublik besaß, mehr als in der DDR, war mein Kopf ganz leer, und ich konnte an jenem Abend weder eine Adresse noch eine Telefonnummer vollständig zusammenbringen. Mein kleines Adressbüchlein, das ich immer in der Handtasche bei mir hatte, auch an dem Tag meiner Inhaftierung, hatte man mir abgenommen und einfach einbehalten. Meine Bitte, es mir bei der Entlassung zurückzugeben, blieb ohne Erfolg. Ich hatte der Stasi angeboten, dass sie es kopieren könnten, mir aber das Original lassen möchten. Das Büchlein enthielt Adressen aus aller Welt. Noch heute suche ich nach der Anschrift einer mir damals bekannten russischen Ärztin, die in Leipzig bei der sowjetischen Armee gearbeitet hatte und später nach Baku zurückgegangen war. Mit ihr war ich befreundet gewesen.

Plötzlich kam in Gießen ein Mann auf mich zu, der sich als Mitarbeiter des Rechtsanwaltsbüros Näumann und Salm vorstellte, das sich offenbar um meinen Freikauf bemüht hatte. Er überreichte mir die Telefonnummer meines Jugendfreundes aus Hamburg, der inzwischen seit langem in Idstein wohnte. Ich konnte es nicht fassen und stürzte zur Telefonzelle. Doch dort standen schon viele, die alle ihre Lieben über ihre Ankunft in Gießen informieren wollten.

Gegen 22.00 Uhr war ich an der Reihe. Ich wählte die Nummer meines Jugendfreundes, der sich sofort meldete und auf meine

Mitteilung, dass ich im Aufnahmelager in Gießen sei, ausrief: „Uschi, wir haben es geschafft!" Dann sagte er, dass er sofort losfahren und mich über das Wochenende aus dem Lager holen wolle, da am Samstag und Sonntag sowieso dort nichts passiere. Ich hatte überhaupt keine Vorstellung, wie weit Idstein von Gießen entfernt war. Gegen 23.30 Uhr passierte ein „dicker" Mercedes, jedenfalls in meiner Erinnerung, die Lagerschranke und nahm mich mit. Bei ihm zu Hause haben wir dann bis in die Morgenstunden erzählt, was passiert war. Nach etwa zwei Stunden Schlaf haben wir gefrühstückt und sind zusammen mit seiner Frau Uschi nach Wiesbaden gefahren, um mir ein Paar Schuhe zu kaufen, denn ich war für den November etwas atypisch gekleidet: Mit einem Jeansanzug und Jeansschuhen, jener Kleidung, die sich in meinen Effekten bei der Entlassung befunden hatte.

Ich erinnere mich noch, dass wir samstags, kurz vor 14.00 Uhr, ein Paar dunkelblaue Schuhe mit Kreppsohlen für mich erstanden hatten. Selig marschierte ich die Straße entlang! Um 14.00 Uhr war damals an Samstagen Ladenschluss. Nur zehn Minuten später passten mir die Schuhe nicht mehr. Sie waren zu kurz. Im Gefängnis hatten wir nur pantoffelähnliche Stoffschuhe getragen, und ich musste erkennen, dass ich gar nicht mehr in der Lage war, zu beurteilen, ob mir ein normaler Lederschuh passte oder nicht. Ich war offenbar noch gar nicht verkehrstauglich.

Am Sonntagabend wurde ich wieder nach Gießen in das Aufnahmelager gebracht und durchlief dann in den darauffolgenden Tagen die verschiedenen Stationen: Anmeldungen zur Sozial- und Krankenversicherung, Beantragung eines Personalausweises, Befragung durch den BND. Als ich einem der Mitarbeiter des Aufnahmelagers sagte, dass ich mich wunderte, dass wir mehrere Tage dort verbringen müssten, antwortete er: „Na, wenn ihr so viele Blümchen mitbringt." Ich verstand nicht, was er mit „Blümchen" meinte, und er erklärte mir, dass er damit Kriminelle bezeichnete.

Bei meinem Jugendfreund in Idstein bekam ich die Adresse von Freunden aus der DDR, denen die Flucht geglückt war und die jetzt an der Ostsee wohnten. Sie boten mir an, bei Bekannten in ihrer Nähe in einer im Sommer als Feriendomizil vermieteten und jetzt freien Wohnung vorübergehend zu wohnen. So bekam ich in Gießen eine Fahrkarte nach Hamburg. Von dort wurde ich dann mit dem Auto abgeholt.

## Mein zweites Leben

Der Anfang war nicht leicht. Zu viel Neues stürmte auf mich ein. Zudem war ich nach dem Gefängnisaufenthalt nicht annähernd in dem körperlichen Zustand, in dem ich mich vorher befunden hatte. Ich hatte an Gewicht verloren, wurde schnell müde und musste mehrere Zähne sanieren lassen. Überraschend war meine psychische Verfassung, deretwegen ich im Gefängnis besorgt war, weil sie dort überwiegend depressiv war und ich mir gar nicht vorstellen konnte, dass sich das wieder ändern könnte. Aber kaum war ich in Freiheit, ging es mir wieder besser. Viel verdanke ich auch zahlreichen Freunden, Bekannten und Verwandten, die mir auf verschiedene Weise, teils materiell, teils mit Rat und Tat geholfen haben, in der Bundesrepublik Deutschland Fuß zu fassen.

Auch Fremde haben mir Gutes getan. Gleich, als mein Freund, der auch Mediziner ist, mich in Hamburg vom Bahnhof abholte, hatte er eine Tasche voller Kleidung für mich, die er von einer Augenärztin, der er von mir erzählt hatte, bekommen hatte. Eine ehemalige Lehrerin, die mich im Gymnasium unterrichtet hatte und später in den Westen gegangen war, lieh mir für den Winter einen Lammfellmantel. Allen bin ich noch heute dankbar für ihre Hilfe.

Inzwischen hatte ich natürlich längst Kontakt zu meiner Tochter und ihrem Vater in der DDR aufgenommen. Beide hatten allerdings noch keine Informationen über eine Ausreise. So kam die Adventszeit des Jahres 1977, und ich streifte voller Sehnsucht nach meinem Kind durch die hell erleuchteten Straßen von Kiel und schaute in die weihnachtlich geschmückten Schaufenster mit hoch aufgetürmten Bergen von Schokolade, Marzipan, Apfelsinen und Schinken. Eigentlich machten die vollen Regale mir in der ersten Zeit etwas Angst. Auch heute noch gehe ich ungern zwischen Regalen mit Riesenpaketen von Waschmitteln oder anderen Dingen im Überfluss hindurch. Aber in dieser Zeit dachte ich an meine Lieben in der DDR, und von dem ersten Geld, das ich von der Sozialhilfe bekam, packte ich Weihnachtspäckchen für den Osten.

Da ich es gewohnt war, für meinen Lebensunterhalt und den meiner Tochter zu sorgen, begann ich bald, darüber nachzudenken, wo ich denn künftig mit der Kleinen leben möchte. Mein Freund und Kollege hatte gedacht, dass ich mir in Kiel Arbeit suchen würde. Also stellte ich mich dort bei dem Ordinarius für Pathologie, Herrn Professor Lennert, vor. Es war ein freundliches Gespräch, aber er hatte nur eine Halbtagsstelle für mich. Mein Leben lang hatte ich mir eine solche gewünscht, um mehr Zeit für meine Tochter zu haben, aber in dieser Situation, in der ich völlig mittellos war, brauchte ich eine Ganztagsstelle. Da ich in der DDR wissenschaftlich auf dem Gebiet der Niere gearbeitet hatte, fragte ich Herrn Professor Lennert, wer denn in seinem Institut die Nieren untersuche. Er sagte: „Die gehen alle nach Tübingen zu Herrn Professor Bohle." Letzteren kannte ich aus der Literatur als international anerkannten Experten auf dem Gebiet der Niere.

Als ich an jenem Abend zu meinen Freunden kam, fiel mein Blick auf die jüngste Ausgabe des Ärzteblatts, und ich blätterte in den Stellenanzeigen. In der Pathologie der Universitätskliniken Tübingen war eine Beamtenstelle zu besetzen! Ich bewarb mich.

Am 21. Dezember erwartete mich Herr Professor Bohle um 18.00 Uhr in seinem Institut zur Vorstellung. Da ich Weihnachten bei meiner Lieblingstante, einer Schwester meiner verstorbenen Mutter, die in Oberkochen lebte, verbringen wollte, fuhr ich von dort nach Tübingen. Natürlich war ich aufgeregt! Professor Bohle empfing mich sehr freundlich und lud mich nach dem Gespräch zu einem Abendessen zusammen mit seinem Oberarzt und seiner Oberärztin, die übrigens beide aus dem Osten stammten, in ein schönes Restaurant ein. Gegen 22.00 Uhr bot er mir die ausgeschriebene Stelle an. Ich war überglücklich, wohl aber nicht sehr diplomatisch, denn ich bedankte mich zwar, sagte aber wahrheitsgemäß, dass ich mich auch noch in Mainz bei Herrn Professor Thoenes, dem zweiten Experten der Bundesrepublik Deutschland auf dem Gebiet der Nierenpathologie, vorstellen möchte. Ich wollte einfach beide Herren kennenlernen. Bei der Wahl meines künftigen Wirkungsortes musste ich auch an meine kleine Tochter denken, für die es nicht so leicht sein würde, den Wechsel in der Schule zu vollziehen. Ich war 38 Jahre alt und wollte nicht nur ein paar Jahre bleiben, sondern sehnte mich nach einem Ort, an dem wir beide uns für eine längere Zeit wohlfühlen konnten. Professor Bohle meinte an jenem Abend leicht irritiert, dass er noch mehrere Bewerber, unter anderem aus den USA, hätte. Es tat mir leid, aber ich wollte ihn nicht verletzen.

Als ich gegen 24.00 Uhr in meine Pension kam, in der Herr Professor Bohle für mich ein Zimmer bestellt hatte, klingelte das Telefon auf meinem Nachttisch. Etwas zaghaft ergriff ich den Hörer, weil ich mir nicht vorstellen konnte, dass das Telefonat für mich sei. Wer sollte mich hier kennen? Am Apparat war ein Kollege, der mich aus der DDR kannte, dem die Flucht geglückt war und der erfahren hatte, dass ich in der Bundesrepublik Deutschland sei. Er war inzwischen Chefarzt in einem Institut für Pathologie in Franken und bot mir eine Oberarztstelle mit einem Nebenverdienst von 6000,- DM an. Ich holte erst einmal tief Luft. Das Geld konnte ich brauchen, doch dann sagte ich, dass ich fast zwölf Jahre an einer Universität gearbeitet hätte, kurz vor der Habilitation gewesen wäre und es noch einmal an einer Universität im Westen versuchen wollte. Er verstand mich und meinte: „Das ehrt Sie, und ich wünsche Ihnen, dass Sie nicht enttäuscht werden."

Im Januar 1978 hatte ich einen Vorstellungstermin bei Herrn Professor Thoenes im Pathologischen Institut der Universitätskliniken in Mainz. Ich besuchte zu dieser Zeit gerade meine ehemalige Lehrerin im Münsterland und meinte, dass ich wohl am späten Abend desselben Tages zurück sein würde. Gegen 16.00 Uhr wurde ich von Professor Thoenes erwartet. Ich war schon etwas eher in Mainz angekommen und hatte einen kurzen Streifzug durch die Stadt gemacht. Die Stadt war mir auf Anhieb sympathisch!

Professor Thoenes erwartete mich in seinem Büro im Institut für Pathologie. Wir hatten kaum ein paar Worte gewechselt, als wir feststellten, dass wir gemeinsame Orte der Vergangenheit besaßen. Sein Vater war Ordinarius für Kinderheilkunde in Magdeburg, meiner Heimatstadt, gewesen, und seine Frau stammte aus Leipzig, wo ich studiert hatte. Er wollte alles wissen. Inzwischen war es dunkel geworden, und er meinte, ich müsse unbedingt mit zu ihm nach Hause kommen, nahm den Telefonhörer in die Hand und unterrichtete seine Frau davon. Ich war wie benommen, und ehe ich mich versah, saßen wir miteinander beim Abendbrot. Wir erzählten bis Mitternacht. Ich hatte inzwischen meine ehemalige Lehrerin benachrichtigt, dass ich erst am nächsten Tag zurückkäme.

Natürlich kannte ich den Namen Thoenes aus der Literatur, und er kannte offenbar meine Arbeiten. Ich hatte in der Literatur oftmals einen W. Thoenes und einen G. Thoenes gefunden und gedacht, dass es sich dabei um Vater und Sohn handelte. Er lachte und klärte mich auf, dass sein Bruder Gunther in München sich als Immunologe mit der Niere befasse. Ich hatte bis jetzt ja nie die Möglichkeit gehabt, die beiden auf Kongressen zu erleben!

Zu der Kernfrage, ob er für mich eine Stelle hätte, waren wir noch gar nicht vorgedrungen. Auf meine diesbezügliche Frage meinte er, dass ab 1. April eine Assistentenstelle frei werde. Wahrheitsgemäß sagte ich auch diesmal wieder, dass ich mich bereits in Tübingen bei Herrn Professor Bohle vorgestellt hätte und dort eine Beamtenstelle ab Mitte Januar antreten könnte.

Seine Reaktion war genial! Als er mich am nächsten Morgen zum Zug brachte, gab er mir zum Abschied die Hand mit den Worten: „Wie auch immer Sie sich entscheiden, es war schön, Sie kennengelernt zu haben."

Ich saß im Zug nach Münster und war im siebenten Himmel! Allerdings hatte ich nicht mehr viel Zeit, eine wichtige Entscheidung für mein neues Leben zu treffen. In Wahrheit konnte ich nicht einschätzen, wer von den beiden Herren der bessere Chef für mich sei. Ich musste mich auf mein Bauchgefühl verlassen und dabei einen von beiden, ohne dass ich es wollte, verletzen. Der frühe Beginn bereits im Januar in Tübingen machte mir etwas Angst. Ich fühlte mich eigentlich physisch noch nicht stark genug für eine solche Herausforderung. Schließlich entschied ich mich für Mainz. Die Stadt hatte mir auf Anhieb gefallen. Ich habe es nie bereut!

Aus dem Münsterland fuhr ich wieder in den Norden zu meinen Freunden in der Nähe von Kiel. Ich hatte noch immer keine Nachricht wegen der Übersiedlung meiner Tochter bekommen und war in Sorge. Da hatte mein Freund die Idee, ich müsse mal Urlaub machen. Ich verstand ihn erst gar nicht und meinte, dass ich doch gar kein Geld dafür hätte. Darauf er: „Du nimmst alles, was du bisher an Sozialhilfe bekommen hast und gehst zum Reisebüro. Wenn deine Tochter schon da wäre, würde es das Doppelte kosten." Das leuchtete mir ein. Im Februar ging ich tatsächlich zu einem Reisebüro und verkündete: „Ich habe den Sommer verpasst und möchte gern irgendwohin reisen, wo es warm ist und die Sonne scheint." Für Kurzentschlossene hatte die Dame ein preisgünstiges attraktives Angebot, für das ich gerade soviel bezahlen musste, wie ich besaß. Sie fragte mich. „Wie wär's mit Madeira, Blumeninsel im Mittelmeer?" Ich hatte zwar keine richtige Vorstellung davon, wo Madeira liegt, meinte aber tapfer: „Hört sich gut an!" und buchte.

Als ich zu meinen Freunden kam und stolz davon berichtete, sagten sie aufmunternd: „Oh, da musst du nach Funchal fliegen. Das ist der gefährlichste Flughafen der Welt." Ich erschrak, sagte aber: „Wenn es schief gehen sollte, dann bin ich auf der richtigen Seite gestorben."

In Hannover musste ich das Flugzeug wechseln, und da wurde mir doch etwas bang, so allein unterwegs zu sein. Die Landung in Funchal verlief problemlos. Wir waren eine Reisegruppe von etwa 20 Reisenden unterschiedlichen Alters und wurden auf verschiedene Hotels verteilt. Da ich niemanden kannte, war ich froh, als sich herausstellte, dass unsere Reiseleiterin auf Madeira aus Dresden stammte. Da ich kaum Taschengeld zur Verfügung hatte, ging ich meist an die Steilküste und legte mich an den schmalen steinigen Strand, schloss die Augen und ließ mich von der Sonne, die ich so lange entbehrt hatte, bescheinen. Bei im Reisepreis mit enthaltenen Ausflügen lernte ich ein nettes Ehepaar aus Weinheim kennen, das mich zum Kaffee einlud, später einen Offizier der NATO aus Norwegen, der mit mir ausging.

Ich erlebte alles wie im Traum und konnte es nicht fassen, dass ich noch vor wenigen Wochen im Gefängnis gesessen hatte. Langsam löste sich die Gefühlsstarre, und ich begann wieder, vorsichtig Pläne zu schmieden. Bis jetzt hatte ich mich noch nicht getraut, im Westen Auto zu fahren, obwohl mein Freund in Kiel es mir angeboten hatte, sein Auto zu benutzen.

Der Aufenthalt auf Madeira hatte einen für mich frappierenden Effekt. Als ich den Rückflug antrat, war ich fest entschlossen, mit einem geleasten Auto meinen Umzug nach Mainz vorzunehmen. Wieder einen Schritt weiter in Richtung Normalität!

Während das Flugzeug sich in die Lüfte erhob, sprach mich ein neben mir sitzender junger Mann, der eigentlich zu unserer Gruppe gehört hatte, unvermittelt an: „Wissen Sie, wie Sie aussehen? Wie eine Frau, die etwas Neues beginnt." Wir hatten bisher noch kein Wort miteinander gewechselt! Und ich antwortete ihm: „Soll ich Ihnen mal eine Geschichte erzählen?" Ich begann, ihm von meinem Leben in der DDR, dem missglückten Fluchtversuch und dem Gefängnisaufenthalt zu erzählen. Er wollte mir spontan etwas Gutes tun und schenkte mir noch im Flugzeug sein Buch von Peter Bamm „Am Rande der Schöpfung". Er meinte: „Schade, dass wir uns nicht vorher getroffen haben. Ich wäre mit Ihnen tanzen gegangen." Er war Student in Hamburg und hatte sein Auto am Flughafen geparkt. Ich wollte bei Bekannten in Hamburg übernachten, da das Flugzeug erst spät in der Nacht dort landete und ich keinen Zug mehr nach Kiel erreichen konnte. Ganz selbstverständlich fuhr er mich in der Nacht zu meinen Bekannten, bot mir sogar an, wenn es nötig wäre, mir beim Umzug nach Mainz zu helfen. Ich war total überwältigt von seiner Hilfsbereitschaft und Empathie!

Als ich am nächsten Tag wieder bei meinen Freunden eintraf, war die Freude groß. Sie meinten: „Du willst dir wohl dein Haus in Mainz ansehen?" Ich verstand nicht und dachte, dass sie sich einen Scherz mit mir erlaubten. Professor Thoenes hatte mir angeboten, dass seine Frau inzwischen die Wohnungsangebote in der Mainzer Zeitung für mich und meine Tochter studieren könne. Ich hatte ihm die Adresse meiner Freunde für eventuelle Rückfragen während der Zeit meiner Abwesenheit gegeben. In der Tat hatte Frau Dr. Thoenes ein kleines Reihenhaus in der Nähe der Universitätskliniken für 650,- DM Miete gefunden. So viel musste man auch für eine Wohnung bezahlen. Der Vermieter hatte dieses Haus geerbt und es in jahrelanger Arbeit modernisiert. Es fehlten aber

Bodenbelege, Tapeten und eine Einbauküche. Ich war sowieso in der DDR nichts anderes gewöhnt. Zudem gefiel es mir, dass ich das alles selbst nach meinem Geschmack einrichten konnte.

Ich lieh mir einen VW-Kombi, bepackte ihn mit den mir geschenkten, gebrauchten Sachen, wie einem Elektroherd mit zwei Kochplatten, Emaille-Kochtöpfen, einer Stehlampe und zwei Luftmatratzen zum Schlafen. Das Auto war so vollgepackt, dass ich Mühe hatte, durch das Rückfenster zu schauen. Mein Freund hatte noch gesagt: „Ich beneide dich nicht. Du musst jetzt wieder alles anschaffen von der Stecknadel bis zum Schlafzimmer." Er hatte mir geraten, einen Kredit aufzunehmen, damit ich bald wieder den Lebensstandard hätte, den ich in der DDR gehabt hatte. Ich tat mich schwer mit der Kreditaufnahme, da wir das im Osten nicht gewöhnt waren. Doch der Rat war gut. Wenn ich gewartet hätte, bis ich das Geld für die Einrichtung zusammen gespart habe, wäre inzwischen alles viel teurer gewesen.

Ich startete also in der Nähe von Kiel mit meinem VW tapfer in Richtung Mainz, nicht ahnend, was für eine lange Strecke ich mir vorgenommen hatte. In der Umgebung von Hamburg wurde der Verkehr fünf- oder sechsspurig. Ich „schwamm" förmlich auf der Autobahn. Plötzlich sah ich im Rückspiegel die Polizei. Sie überholte mich und hielt eine Klappe nach rechts heraus. Ich zuckte zusammen und meinte, ich müsse ihr folgen. Erst dann merkte ich, dass ich gar nicht gemeint war, setzte meinen Blinker wieder links und fuhr von dannen. Unterwegs machte ich Pause und aß meine mitgenommenen Schnitten.

In der Nähe von Frankfurt war der Verkehr nochmals schwindelerregend und verwirrend, so dass ich die Autobahn nach Wiesbaden anstatt die nach Mainz erwischte. In Mainz-Kastel hielt ich völlig entnervt an und erkundigte mich bei einer Passantin nach der Straße, in der ich in Mainz vorübergehend bis zur Bezugsfertigkeit meines kleinen Häuschens wohnen sollte. Die Passantin sagte: „Oh, nach Mainz wollen Sie. Da müssen Sie noch über den Rhein." Ich war verzweifelt. Irgendwie schaffte ich es dann aber doch, an der richtigen Stelle zu landen.

# Die Mainzer Zeit

Es war Ende Februar 1978. Ich hatte bei einer Bekannten meiner ehemaligen Lehrerin in einem Zimmer im Souterrain ihres Hauses vorübergehend mein Quartier bezogen, da das kleine Häuschen in der Stahlbergstraße in der Nähe der Universitätskliniken, das ich für mich und meine Tochter gemietet hatte, noch nicht bezugsfertig war. Ich kümmerte mich um Handwerker, Möbel und Gardinen. Die Raiffeisenbank hatte mir einen Kredit zugesichert, nachdem ich meinen Arbeitsvertrag mit den Universitätskliniken vorgelegt hatte, der ein regelmäßiges Einkommen versprach. Arbeitsbeginn war der 1. April. Bis dahin wollte ich für mich und meine Tochter ein gemütliches Nest gebaut haben.

Noch immer hatte ich keine Information bezüglich ihrer Übersiedlung. Plötzlich teilte mein ehemaliger Mann mir telefonisch mit, dass ich Natalie am 9. März aus Leipzig holen könnte. Sie würde mir dort auf dem Rathaus um 10.00 Uhr übergeben werden. Ich hatte natürlich dieser Nachricht entgegen gefiebert! Trotzdem war es mir etwas bang, denn laut Kommentar von Rechtsanwalt Vogel war ich auf Bewährung entlassen worden und durfte zehn Jahre nicht in die DDR einreisen. Ich rief im Ministerium für innerdeutsche Beziehungen in Bonn an und erkundigte mich, ob meine Reise nach Leipzig eine Gefahr für ein Wiedereingesperrtwerden sein könnte. Die Auskunft war ziemlich vage. In der Regel könne man davon ausgehen, dass das nicht passiere. Ich fragte meinen ehemaligen Mann, ob nicht meine Tante aus dem Westen das Kind holen oder eine Rentnerin aus dem Osten, zum Beispiel meine frühere Haushälterin, das Kind bringen könnte. Von Amts wegen erhielt er die Auskunft: „Entweder sie holt das Kind oder sie bekommt es gar nicht." Auf meinen Einwand, dass es keinen Zug von Mainz nach Leipzig gäbe, der gegen 9.00 Uhr dort sei, antwortete er, dass das niemanden interessiere und ich sehen müsste, wie ich um 10.00 Uhr auf dem Rathaus sein könnte.

Ich bekam von den Behörden der DDR eine Aufenthaltsgenehmigung für 24 Stunden und stieg gegen 24.00 Uhr in Frankfurt am Main in den Zug nach Leipzig, der früh um 6.00 Uhr dort ankam. In jener Nacht konnte ich nicht schlafen und ging ab und zu aus dem Abteil auf den Gang, weil die Angst mir zuweilen die

Luft nahm. Der Zug hielt, und ich stieg auf dem Bahnhof aus, auf dem ich vor knapp einem Jahr mit Handschellen gestanden hatte. Mein geschiedener Mann erwartete mich und nahm mich mit in die Wohnung, die er mit seiner jetzigen Frau und seinem kleinen Sohn bewohnte und die ich noch nie betreten hatte. Ich erinnere mich, dass ich eine Treppe in den ersten Stock hochgehen musste. Wir hatten uns unten durch Klingeln angemeldet. Als ich die letzten Stufen erklomm, sah ich meine Tochter in der offenen Tür stehen, und kurz darauf lagen wir uns vor Freude weinend in den Armen. Wie sehr hatte ich auf diesen Moment gewartet! Meine Tochter hat später einmal gesagt: „Mami, du hast ausgesehen wie eine Königin, als du die Treppe hoch kamst." Ich habe sicher nicht so ausgesehen nach der durchwachten Nacht im Zug, in einem Mantel, den ich von der Caritas bekommen hatte, einem braunen Schal um den Hals und braunen Stiefeln an den Füßen. Doch dem Kind, das seine Mutter so lange nicht gesehen hatte, war ich halt so erschienen.

Die Übergabe war tatsächlich um 10.00 Uhr auf dem Leipziger Rathaus. Gegen 13.00 Uhr ging unser Zug zurück nach Frankfurt/ Main. Ich musste bis um 24.00 Uhr das Territorium der DDR verlassen haben. Für Natalie war der Abschied von ihrem Vater und dessen Familie sowie den Schulfreundinnen nicht leicht. In einem Koffer waren ihre Puppen und Stofftiere sowie ihre Schulhefte und Kleidungsstücke eingepackt. Der Abschied war bewegend. Ich sehe noch meinen ehemaligen Mann auf dem Bahnhof stehen und sagen: „Vergesst uns nicht!" Wie sehr kannte ich dieses Gefühl, wenn ich eine unserer alten Tanten aus dem Westen verabschiedet und traurig dem Zug nach Frankfurt hinterhergeschaut hatte, in den ich nicht einsteigen durfte! Diesmal durfte ich! Ich schwor mir, meine Landsleute im Osten nicht zu vergessen, und ich habe es auch nicht getan!

Bis zur Grenze war eine ziemlich gedrückte Stimmung im Zug. Jeder hatte Angst vor den DDR-Grenzkontrollen, auch diejenigen, die schon immer Bundesbürger waren. Erst nach Passieren des Grenzkontrollpunktes wurde es lebhaft im Zug. Die Leute begannen, miteinander zu reden und packten ihre mitgebrachten Getränke und Proviant aus. Ich hielt meine Tochter in den Armen. Als wir in Frankfurt ankamen, stand unverhofft mein Jugendfreund

Claus am Bahnhof und brachte uns mit dem Auto nach Mainz. Das war eine schöne Überraschung!

Eigentlich hätte Natalie in die Schule gehen müssen. Ich entschied jedoch, sie erst dorthin zu schicken, wenn ich meine Arbeit im Institut für Pathologie beginnen musste. So hatten wir drei Wochen ganz für uns allein und konnten uns nach und nach erzählen, was jeder von uns inzwischen – getrennt von dem anderen – erlebt hatte.

Es war ein großes Glück, dass das kleine Mädchen an dem Tag meiner Festnahme bei ihrem Vater und dessen neuer Familie war und dort auch bleiben durfte. Es gibt unsäglich traurige Berichte über Kinder von Republikflüchtigen, die in Heime gebracht oder zwangsadoptiert worden sind! Ich kann den Gedanken noch heute nicht zu Ende denken! Natalie kannte das Umfeld, die Wohnung und die neue Frau ihres Vaters, bei dem sie seit der Scheidung alle zwei Wochen einen Tag am Wochenende verbracht hatte. Die Wohnung lag nicht zu weit von unserer entfernt, so dass sie weiterhin in ihre alte Schule gehen und die vertrauten Klassenkameraden um sich haben konnte. Sie musste allerdings morgens früher aufstehen, da sie nicht mehr zu Fuß zur Schule gehen konnte, sondern die Straßenbahn benutzen musste. Ich wagte nicht zu fragen, welch ein Schock es für sie gewesen sein muss, als sie an der Hand ihres Vaters vor unserer Haustür stand, ihre Mutter nicht wie gewohnt öffnete und beide unverrichteter Dinge wieder umkehren mussten. Sie soll die ganze Nacht geweint haben, zumal beide nicht wussten, wo ich war. Bis zu diesem Tag war ich immer da gewesen, um mein Kind wieder in die Arme zu schließen. Ich weiß nicht, was man ihr gesagt hat, wo ich wäre. Ich hätte mir gewünscht, dass man ihr kindgerecht erklärt hätte, was passiert war, aber ihr Vater hatte wohl Angst davor. Später durfte ich an die Briefe an ihn aus dem Gefängnis zwar immer ein paar Zeilen auch an meine Tochter anhängen, durfte aber nie meinen Aufenthaltsort erwähnen, – für mich eine extrem schwierige Situation, die ich als ungeheuer schizophren empfand.

Schließlich kam für das kleine Mädchen bald der Alltag mit seinen Pflichten und Anforderungen in der Schule, aber auch mit seinen Freuden. So beschrieb sie mir in einem Brief vom 16. März 1977, etwa fünf Wochen nach meiner Verhaftung, ihren Tagesablauf und dass sie jetzt in Mathematik sehr gut wäre. Große Freude hatte sie an ihrem kleinen Bruder Alexander, der ein paar Monate zuvor geboren war und mit dem sie spielen und auf dem Teppich herumtollen konnte. Sie hatte sich immer einen Bruder oder eine Schwester gewünscht! Sie schrieb weiter: „Beim Abendbrot um halb Acht denken wir immer an dich und gucken durch zwei Fernrohre, was du und Papi gerade machen. Dann gehe ich mit dem Teddy schlafen."

Natalie konnte sehr gut malen und wurde deshalb von ihrer Schule durch den Besuch einer Malschule gefördert. Diese Förderung gab es nach meiner Inhaftierung nicht mehr. Fast jedem ihrer Briefe an mich hat sie ein Bild beigefügt, zum Beispiel einen Blumenstrauß oder ein Mädchen mit der Unterschrift „Pippi Langstrumpf". Eines ihrer Bilder hat mich besonders bewegt. Es ist eine Bleistiftzeichnung auf grünem Papier. Rechts im Bild sieht man einen bärtigen Mann, der ein kleines Mädchen an der Hand hält, das sich umwendet und die Hand nach einem großen, aufgerichteten, traurig und ergeben blickenden, von einer Person mit Schirmmütze gefesselten Tier ausstreckt. Dieses Tier befindet sich in der linken Bildhälfte, hinter ihm die fesselnde Person und vor ihm ausgerollter Stacheldraht. Hat meine Tochter mehr geahnt, als es sich
die Erwachsenen vorstellen konnten? Oder hat sie irgendwelche Gesprächsfetzen auffangen können, die sie im Bild verarbeitet hat? Im Gefängnis ist mir dieses kleine Gemälde nie ausgehändigt worden. Ich habe es erst nachträglich unter den Briefen gefunden, die mir bei der Entlassung aus den Effekten übergeben worden

sind. Andererseits hat sie mir einmal gesagt: „Mami, wo du warst, das war für mich wie ein großes, schwarzes Loch!"

Neben der Unterstützung durch ihren Vater und dessen Frau erhielt sie viele Liebesbeweise durch Freunde und Verwandte in Ost und West, die sie zu Ostern und Weihnachten mit Süßigkeiten und Kleidungsstücken beschenkten oder in den Ferien ein paar Tage mit in den Urlaub nahmen. Ihre Großtante Martha strickte einen Pullover und einen Rock für sie. In der Schule pflegte sie engen Kontakt mit ihrer Freundin Constanze, die sie vor kurzem nach über 30 Jahren wiedergefunden hat.

Neben diesem Gedankenaustausch mit meiner Tochter kümmerte ich mich um die Handwerker in unserem Häuschen, die die Zimmer tapezierten und die Fußböden mit einem weichen, grünen Teppichboden im Wohnzimmer und einem olivgrünen Kunstfliesenbelag in der Küche bedeckten. Die Küche hatte eine fast quadratische Grundfläche. Wir richteten sie als Wohnküche ein mit einem runden Tisch aus Pinienholz, dessen Platte an zwei Seiten abklappbar war, so dass wir ihn bei Bedarf an die Wand schieben konnten. Dazu gehörten drei Stühle mit Korbgeflecht im Bereich der Sitzfläche. Das Ensemble stammte aus Spanien und vermittelte mir immer den Eindruck von der Wärme südlicher Länder, obwohl ich bis jetzt weder in Spanien noch in Italien gewesen war. Von der Küche sah man durch ein großes Fenster den schmalen, lang gestreckten Garten, der etwa Hausbreite besaß und unmittelbar am Haus von einer Terrasse, an seiner einen Längsseite von einer Blumenrabatte begrenzt war. Am hinteren Ende wuchsen Holunderbüsche. Zu den links von uns wohnenden Nachbarn gab es keine Begrenzung durch einen Zaun, so dass der eigentlich schmale Garten viel großzügiger wirkte. Zu dieser fehlenden Begrenzung passten auch diese Nachbarn, ein sehr nettes Ehepaar, dessen Kinder schon aus dem Hause waren und das uns von Anfang an herzlich und offen entgegenkam.

Die Verbindung zwischen der Küche und dem kleinen Wohnzimmer bildete ein offener Rundbogen. So konnte man auch aus dem Wohnzimmer durch die Küche in den Garten schauen. Das Wohnzimmerfenster führte auf die Straße, die durch eine schmale Grünfläche geteilt war, so dass der Verkehr, auch wegen der zusätzlich am Straßenrand parkenden Autos, langsam und ungefährlich war.

Den Dielenboden im ersten Stock belegte ich nach und nach mit Teppichen, die ich als Gebrauchtwarenangebote in der Zeitung fand. Bei einem Ehepaar, das nach Übersee zog und seinen gesamten Haushalt auflöste, kaufte ich neben anderen Dingen auch einen Fernseher für uns.

Es machte mir riesigen Spaß, nach und nach das Haus für uns einzurichten. Abends saß ich am Tisch und rechnete, wie viel von dem Kredit der Bank mir noch zur freien Verfügung stand, ob ich die Gardinen kaufen konnte oder erst mal warten musste. Fast zehn Jahre lang habe ich für mich und meine Tochter viele Dinge, vor allem Kleidung, aus zweiter Hand gekauft. Es war alles kein Problem. Ich war frei, und meine Tochter war wieder bei mir!

Als mein Wirt eines Tages bei uns vorbeikam und das inzwischen ziemlich eingerichtete Haus sah, fragte er mich, ob ich Innenarchitektin wäre. Ich hatte den Eindruck, dass er mit seiner neuen Mieterin sehr zufrieden war.

Langsam näherte sich der 1. April, und es begann der Ernst des Lebens für uns beide. Wir starteten früh um 7.30 Uhr und gingen Hand in Hand durch die Stahlbergstraße. An der Ecke musste meine Tochter nach links, ich nach rechts gehen, als sie plötzlich sagte: „Mami, ich habe Angst." Ich antwortete: „Ich auch." Am ersten Tag wollte ich sie bis zur Schule begleiten. Kurz davor meinte sie: „Mami, vor der Schule musst du aber meine Hand loslassen." Ich verstand. Vor dem Eingang drehte sie sich noch einmal um und winkte mir zu, während ich umkehrte und den Weg durch das Gelände der Universitätskliniken zum Institut für Pathologie nahm, das genau am anderen Ende lag.

*Mutter und Tochter sind wieder vereint*

Der Anfang war nicht leicht. Wir im Osten hatten immer großen Respekt vor dem Wissen unserer westlichen Kollegen, weil wir wussten, dass ihnen sowohl die technischen Voraussetzungen wie die gesamte wissenschaftliche Literatur zur Verfügung standen, während wir mit unzureichenden Mitteln oft improvisieren mussten und Mühe hatten, an die westliche Literatur zu kommen. Die Kollegen aus dem Westen, am meisten jene, die niemals Kontakt zum Osten gehabt hatten, betrachteten mich neugierig und etwas distanziert und dachten: „Kann die überhaupt Pathologie?" Ich wusste das und war natürlich in der Defensive, auch durch die unfreiwillige Unterbrechung meiner Tätigkeit während des Gefängnisaufenthaltes in der DDR, in dem ich niemals die Erlaubnis bekommen hatte, Fachliteratur zu lesen. Ich stand in dem mir zugewiesenen Assistenten-Zimmer, das bestückt war mit einem Mikroskop mit technischer Ausstattung, wie ich sie nie zuvor in meinem Leben gehabt hatte. Aber ich hatte kein Buch! Die Regale meiner Kollegen waren voll von Büchern über die Diagnostik der Magen- und Darmbiopsien, der Nierenbiopsien und der Leberbiopsien. Manche Kollegen besaßen sogar die zahlreichen Bände des „Handbuchs der Pathologie" von Doerr und Uehlinger, von denen ein Band mehrere Hundert DM kostete!

Ich fragte den Kollegen, der die Institutsbibliothek betreute, ob ich mir die wichtigsten Bücher, die ich zum Arbeiten brauchte, dort ausleihen und in mein Regal stellen dürfte bis ich sie nach und nach selbst erwerben könnte. Er gestattete es mir freundlicherweise.

Eines Tages bekam ich von der Verwaltung der Universitätskliniken einen Anruf und wurde von der Gehaltsabteilung gefragt, ob ich denn im Osten im öffentlichen Dienst gearbeitet hätte. Ich war sprachlos, denn in meiner Bewerbung hatte ich geschrieben, dass ich seit 1965 bis zu meiner Verhaftung 1977 fast zwölf Jahre am Institut für Pathologie der Universität Leipzig gearbeitet habe. Ich fragte die Sachbearbeiterin, ob sie meinte, dass es in der DDR private Universitäten gäbe, abgesehen von einigen theologischen Einrichtungen. Sie antwortete: „Ja, aber Sie sind nicht nach BAT (Bundesangestelltentarif) bezahlt worden." Darauf ich: „Dafür kann ich nichts." Sie blieb dabei: Da ich in der DDR nicht nach dem Bundesangestelltentarif bezahlt worden sei, könne sie mich auch jetzt nicht danach einordnen, und ich könnte dann erst nach achteinhalb Jahren höher im Gehalt eingestuft werden. Für mich waren das alles „böhmische Dörfer", und wir waren es im Osten auch nicht gewöhnt, gegen Entscheidungen der Verwaltung anzugehen.

Ein anderes Beispiel meiner Unkenntnis der „westlichen" Strukturen war mein Umgang mit der Krankenversicherung. Seit meiner Ankunft in der Bundesrepublik Deutschland war ich bei der AOK versichert. Nach ein paar Monaten besuchte mich ein Vertreter der privaten Versicherung „Die Vereinte" am Arbeitsplatz in Mainz und bot mir einen besonders günstigen Gruppentarif für Ärzte an, die sich damals als Kollegen gegenseitig keine Rechnungen stellten, wie ich das auch von der DDR her kannte. Ich wollte zu dieser Versicherung wechseln, musste dafür aber die bisherige bei der AOK kündigen. Da ich jetzt in Rheinland-Pfalz wohnte, wandte ich mich an die dortige gesetzliche Krankenversicherung. Diese teilte mir mit, dass ich gar nicht bei ihr versichert sei. Ich hätte mich, als ich von Kiel wegging, ummelden müssen. Das wiederum war ich vom Osten nicht gewöhnt. Ich hatte angenommen, dass nur bei einem Wechsel des Versicherers eine Ummeldung nötig sei, nicht aber bei einem Wechsel des Bundeslandes. In meiner Angst, dass mir irgendeine Anwartschaft verlorenginge, wenn ich nicht nahtlos versichert gewesen sei, zahlte ich die Beiträge der fehlenden Monate bei der AOK nach, obwohl ich die Versicherung gar nicht in Anspruch genommen hatte und das Geld so nötig brauchte. Da gab es niemanden, der mir gesagt hätte, dass ich das nicht hätte machen müssen!

Eines Tages bekam ich eine amtliche Aufforderung zu einer Untersuchung in der Medizinischen Universitätsklinik auf eventuelle Haftfolgeschäden. Ich erinnerte mich, dass der Gefängnisarzt bereits in der Untersuchungshaft eine Hypertonie festgestellt hatte, die auch in der Krankenakte in Hoheneck später dokumentiert worden war. In Mainz legte man mich drei Tage in ein Bett auf der Station, machte Blutuntersuchungen und maß zum Schluss (!) den Blutdruck, der nach der Ruhephase nicht erhöht war. Als ich wieder arbeitete, hatte ich mehrmals hypertonische Krisen, die niemand mehr mit der vorangegangenen Haft in Verbindung brachte.

Eindeutig mit der Haft in Verbindung zu stehen schien mir aber eine andere Erkrankung, deren rechtzeitige Erkennung ich einem meiner Kollegen in Mainz verdanke. Er fragte mich eines Tages, ob ich schon einen Gynäkologen hätte, und ich meinte erstaunt, ob man den denn haben müsse. Ich fühlte mich nicht krank. Er empfahl mir einen sehr kompetenten Kollegen, den Chefarzt der gynäkologischen Klinik des Krankenhauses Rüsselsheim, Herrn Professor Breinl, zu dem auch seine Frau ginge und der seine Biopsien, Ausschabungen und Operationspräparate an unser Institut in Mainz schickte. Nach einigem Zögern meldete ich mich dort zur gynäkologischen Vorsorgeuntersuchung an. Die zytologische Untersuchung des Abstrichs vom Gebärmuttermund ergab eine Veränderung der Zellen im Sinne von Krebsvorstufen. Ich war zutiefst verunsichert, wusste ich doch, dass mein Kollege von der Universitätsfrauenklinik in Leipzig, der mir als Gefängnisarzt in der Alfred-Kästner-Straße begegnet war, damals einen normalen Befund erhoben hatte, der in der Stasi-Akte dokumentiert worden war. So hatte offenbar in relativ kurzer Zeit eine Fehldifferenzierung der Zellen meines Gebärmuttermundes stattgefunden, die dank der Empfehlung meines Kollegen rechtzeitig behandelt werden konnte und danach nie mehr aufgetreten ist. Von wissenschaftlicher Seite wird immer wieder ein möglicher Zusammenhang zwischen Psyche und Krebsentstehung auf dem

Wege der Psycho-Immunregulation diskutiert. Ich glaube, dass das psychische Trauma der Inhaftierung hier eine große Rolle gespielt hat und ich nur der Tatsache, dass das unfreiwillige Experiment vorzeitig abgebrochen worden ist und ich rechtzeitig behandelt wurde, meine Rettung verdanke.

Nachdem ich schon einige Monate im Institut gearbeitet hatte, lernte ich anlässlich einer Feier den Vorgänger meines Chefs, Herrn Professor Bredt, kennen und erfuhr, dass er in den 50er Jahren, als das noch möglich war, einer Berufung auf den Mainzer Lehrstuhl von Leipzig aus gefolgt war und mein von mir so verehrter Chef, Herr Professor Holle, dann auf den Leipziger Lehrstuhl als sein Nachfolger aus Greifswald berufen worden war. So schloss sich für mich der Kreis auf eine wunderbare Weise, indem ich im Mainzer Institut teilweise noch die Leipziger Schule vorfand, ohne es vorher gewusst zu haben.

Langsam arbeitete ich mich ein und nahm auch am studentischen Unterricht teil. Dabei fiel mir auf, dass die Studenten in Leipzig dem Unterricht in der Regel viel aufmerksamer und vor allem disziplinierter gefolgt waren. Ich war es nicht gewohnt, dass sie während des Unterrichts laute Unterhaltungen führten, wagte aber anfangs auch nicht, energisch dagegen zu halten. Bis mir eines Tages der Kragen platzte und ich loswetterte, dass diejenigen, die sich unterhalten wollten, doch bitte hinausgehen sollten, damit diejenigen, die zuhören wollten, nicht gestört würden. Die Angesprochenen zuckten zusammen und verhielten sich ruhig. Am Ende der Vorlesung kam eine Delegation der Studenten zu mir und entschuldigte sich für ihre Kommilitonen, die das in anderen Vorlesungen teilweise auch so praktizierten. Da merkte ich, dass diese Disziplinlosigkeit gar nichts mit mir zu tun hatte und ich sie nicht persönlich nehmen musste. Zugleich bedankten sich die Studenten bei mir, dass endlich mal einer etwas gesagt hätte. Ich war etwas überrascht über den unerwarteten Erfolg und meinte nur: „Ihr seid doch erwachsene Leute! Muss man euch denn so etwas noch sagen?" Aber dann erinnerte ich mich an meine eigene Aussage, dass ich selbst erst nach Beendigung des Studiums erwachsen geworden war.

Ein diesbezügliches Schlüsselerlebnis hatte ich mit meiner eigenen Tochter, die mir eines Tages erzählte, dass sie während des Unterrichts eine Unterhaltung über mehrere Bankreihen hinweg mit einer Mitschülerin wegen eines fehlenden Radiergummis geführt hätte und das normal fand. Ich sprang erregt in unserer Küche herum und meinte: „Jetzt weiß ich, warum die Studenten es genau so machen. Sie lernen es nicht in der Schule!" Meine Tochter schaute mich nur mitleidig an und sagte: „Beruhige dich!"

Sie hatte inzwischen Freunde gefunden und fühlte sich einigermaßen wohl in ihrer Schule, die sie allerdings nur bis zur Beendigung der vierten Klasse besuchen konnte. In der DDR besuchte man die Grundschule bis zur achten Klasse. Ich hatte jetzt die Aufgabe, die richtige weiterführende Schule für sie auszusuchen. Ich nahm diese Aufgabe sehr ernst und besuchte abends die in Frage kommenden Schulen in Mainz, um deren Angebote zu vergleichen. Es gab damals noch reine Mädchenschulen. Wir waren gemischte Schulen gewöhnt. Am besten gefiel mir das Angebot des altsprachlichen Rabanus-Maurus-Gymnasiums. Nicht so ganz wohl fühlte ich mich dabei, dass ich allein die Entscheidung treffen musste, denn mein Kind war einfach zu jung, um mit entscheiden zu können. Ich sprach natürlich mit ihr darüber, und eines Tages saß sie weinend auf dem Bett und fragte: „Mami, muss ich, wenn ich aufs Gymnasium gehe, später studieren?" Ich nahm sie in den Arm und tröstete sie, dass sie, wenn sie das möchte, danach auch Friseuse werden könne, dass aber, wenn sie vielleicht doch studieren wolle, dies ohne Abitur nicht möglich sei. Insgeheim beneidete ich sie um dieses Gymnasium mit seiner humanistischen Ausrichtung. Meine Tochter ist sehr gern in diese Schule gegangen und gehört noch heute zu den Freunden des Rabanus-Maurus-Gymnasiums. Sie sagte mir später einmal, dass sie sich erst mit dem Beginn des Gymnasiums richtig heimisch fühlen konnte, da sie hier in keine schon bestehende Klassengemeinschaft wie in der Grundschule kam, sondern in eine Gemeinschaft, die für alle neu war und sich erst zusammenfinden musste.

Wie sich im Laufe der Jahre zeigte, waren nicht nur die dort arbeitenden Lehrer und Lehrerinnen kompetent und den Schülern zugetan. Auch wir Eltern hatten untereinander eine sehr gute

Beziehung. Einige der Eltern waren Kollegen und arbeiteten wie ich in den Universitätskliniken.

Ein Problem war für mich, dass der Hort, in den Natalie nachmittags ging, bereits um 15.30 Uhr schloss und es niemanden interessierte, dass ich natürlich viel später von der Arbeit nach Hause kam. So mussten wir uns um eine Möglichkeit der Hausaufgabenüberwachung kümmern. Ich hatte manchmal ein schlechtes Gewissen, weil ich so spät heimkam. Umso mehr genossen wir beide, dass meine Arbeitsstelle nicht weit von zu Hause entfernt war, so dass meine Tochter wusste, dass sie jederzeit zu mir ins Institut kommen konnte, wo sie inzwischen auch jeden kannte, wenn sie eine Frage oder ein Problem hatte.

Eine weitere Option war in jener Zeit für uns das kleine Reihenhaus. Dorthin durfte sie alle ihre Freunde mitbringen, und, wenn ich abends kam, war mein erster Gang zu den Jugendlichen, die in Natalies Reich unter dem Dach versammelt waren. Ich setzte mich meist zu ihnen, und wir diskutierten über Gott und die Welt. So lernte ich die Freunde meiner Tochter kennen, und sie kannten mich. Ich habe viel von den Jugendlichen im Gespräch gelernt.

Eines Tages kam meine Tochter aus der Schule und berichtete, dass die Mutter eines Mitschülers ihr angeboten hätte, ein Jahr lang täglich nach der Schule zusammen mit der Familie zu Mittag zu essen. Ich war überwältigt von so viel Nächstenliebe! Die Mutter erklärte mir, dass sie natürlich wisse, dass ich meine Tochter selbst ernähren könne. Es ginge ihr jedoch um die Möglichkeit für Natalie, in einer Familie am Mittagessen teilzunehmen. Ich war so dankbar für dieses Angebot! Noch heute hat meine Tochter einen engen Kontakt zu ihrem ehemaligen Mitschüler und dessen Familie.

Am meisten litt ich, wenn mein Kind krank war. Glücklicherweise passierte das nicht oft. Wenn sie morgens beim Frühstück über Halsschmerzen klagte, zuckte ich zusammen, da ich wusste, dass meine Kollegen – alles Männer – mäßig begeistert waren, wenn ich wegen des Kindes zu Hause bleiben musste. Sie hatten die Sorgen nicht, da bei den meisten von ihnen die Frauen entweder wegen der Kinder daheim waren oder in Teilzeit arbeiteten, manchmal auch eine Oma für den Notfall zu Verfügung stand.

Einige der Kollegen waren jünger als ich und hatten noch keine Kinder. So sagte einer von ihnen einmal zu mir, nachdem er eine kleine Tochter bekommen hatte: „Wenn mit dem Kind etwas ist, flippe ich aus." Ich antwortete ganz ruhig: „Sehen Sie, und ich flippe schon seit zehn Jahren aus."

Es war nicht immer einfach, sich gegenüber den Männern durchzusetzen. Ich war zu Professor Thoenes nach Mainz gegangen, um bei ihm, dem international anerkannten Experten auf dem Gebiet der Nierenpathologie, mein Wissen, das ich mir innerhalb von sieben Jahren im Leipziger Institut angeeignet hatte, zu vervollständigen. Diese Möglichkeit bekam ich bei ihm in hohem Maße. Vor allem lernte ich bei meinem neuen Chef die elektronenmikroskopische Untersuchung und Beurteilung von Nierenbiopsien, wozu ich am Leipziger Institut kaum Gelegenheit gehabt hatte. Für mich war mein Beruf immer „eine Welt der schönen Bilder". Mithilfe der Elektronenmikroskopie erschloss sich mir jetzt eine ganz neue Welt submikroskopischer Strukturen in zigtausendfacher Vergrößerung, die neben der Immunhistochemie ein wertvoller Baustein bei der Diagnostik von Nierenerkrankungen in der Lichtmikroskopie war. Auf Grund dieser inzwischen an den Universitätsinstituten etablierten Methoden waren in jenen Jahren auch Fortschritte in der Wissenschaft erzielt worden. Es wurden neue Vorstellungen zur Immunpathogenese der entzündlichen Nierenerkrankungen international diskutiert und neue Nomenklaturen von Zollinger und Mihatsch in der Schweiz sowie von Bohle und Thoenes in Deutschland eingeführt.

Mir standen am Institut für Pathologie der Universitätskliniken in Mainz sowohl die Methoden als auch die Literatur zur Verfügung, und ich konnte die Kongresse besuchen. Es war traumhaft! Niemand verbot mir, in die Schweiz oder nach Frankreich zu fahren, wo Madame Habib, die „Nierenpäpstin" der damaligen Zeit, in Paris im Hôpital Necker arbeitete. Ich bekam wieder Lust, wissenschaftlich zu arbeiten. Mein Chef war einverstanden. Es gab genug Material in seinem Archiv und im Gefolge der laufenden Einsendungen von Nierenbiopsien aus der gesamten Bundesrepublik, das aufgearbeitet werden konnte.

Ich erinnere mich an meinen ersten Vortrag, den ich auf einem Kongress in Nürnberg halten wollte und zu dem natürlich neben den Nephropathologen, die sich mit den Erkrankungen der Niere beschäftigten und von denen es nicht so viele gab, vor allem die Kliniker, die Nephrologen, gekommen waren. Alle schienen sich zu kennen. Ich kannte fast niemanden bis auf meine Kollegen, die auf dem Gebiet der Nephropathologie arbeiteten, diese aber auch nicht näher. Mich kannte natürlich keiner der Kliniker im Saal. Da ich nicht mehr ganz jung war, fragte sich manch einer, wo ich denn vorher gearbeitet hätte. Professor Bohle, den ich nach meiner Absage hier zum ersten Mal wieder traf, war der Vorsitzende dieser Sitzung. Natürlich war ich aufgeregt, da ich wusste, dass jetzt alle schauten, was die Kollegin aus dem Osten vortragen würde. Ich hatte mich sehr sorgfältig vorbereitet und die Reihenfolge der Diapositive, die nicht verwechselt werden durften, noch einmal kontrolliert. Dann übergab ich den Kasten mit den Dias dem Mann, der für die Projektion zuständig war und der in einem Glaskasten fern von mir auf der Empore saß. Man konnte mit ihm nur per Knopfdruck von der Vortragskanzel aus in Verbindung treten. Ich erklärte ihm, dass dies mein erster Vortrag vor diesem Gremium sei und beschwor ihn, sich besondere Mühe bei der Projektion meiner Dias zu geben. Ich war ihm offenbar sympathisch, und er versprach es mir. Ich begann mit dem Vortrag, nachdem ich aufgerufen worden war. Die ersten paar Dias erschienen wie geplant, doch plötzlich ging es nicht weiter. Die Dias klemmten offensichtlich. Ich erschrak. Zu allem Überfluss sah ich meinen Chef, der mir wohl helfen wollte, in dem Glaskasten stehen und in den Dias herumstochern. Ich überlegte in Bruchteilen von Sekunden – im Saal wurde es schon unruhig –: Du kannst jetzt zwischen zwei Dingen wählen, entweder du lässt dich fallen, was nicht ganz ernst gemeint war, oder du machst weiter im Text. Ich entschied mich für die zweite Variante, und plötzlich erschienen auch die richtigen Dias wieder auf der Leinwand.

Jeder Pathologe weiß, wie wichtig die Bilder bei unseren Vorträgen sind, da sie eindrucksvoll dokumentieren können, was wir gefunden haben. Obwohl ich den Vortrag normal beenden konnte, war ich nicht zufrieden mit meinem Debut und suchte still meinen Platz auf. Nach Beendigung der Sitzung begegnete ich Professor Bohle beim Hinausgehen. Ich wusste nicht, wie er reagieren würde. Da sagte er laut und vernehmlich: „Sie haben sich benommen, als hätten Sie beim Doerr gelernt!" Ich verstand nicht, und er erklärte, dass Professor Doerr, der Ordinarius für Pathologie in Heidelberg, die Angewohnheit hatte, seinen Assistenten, wenn sie mit einem Vortrag bei ihm zur Generalprobe antraten, die Dias durcheinander zu bringen, damit sie lernten, mit solch einem Problem zurechtzukommen.

Ich dachte daran, dass wir in Leipzig zwar nur eine Art von Diaprojektoren, und zwar solche von Zeiss Jena gehabt hatten, dass diese in meiner Erinnerung aber immer zuverlässig gewesen waren.

Mittlerweile war in mir der Gedanke gereift, noch einmal die Habilitation anzustreben. Dafür gab es verschiedene Gründe. Zum einen hatte man sowohl in Leipzig unter Professor Holle als auch in Mainz unter Professor Thoenes erst nach Erlangen dieser wissenschaftlichen Qualifikation die Chance, zum Oberarzt am Institut für Pathologie ernannt zu werden. Zum anderen war ich ja in Leipzig schon einmal kurz davor gewesen. Schließlich gab ein merkwürdiges Erlebnis den letzten Ausschlag. Einmal hatte ich am Heiligabend Dienst im Institut. Wegen des Feiertags war neben mir nur noch ein Kollege im Haus, der etwas jünger als ich, aber bereits habilitiert und Oberarzt war. Plötzlich klingelte bei mir das Telefon und der Ordinarius für Innere Medizin erkundigte sich höchst persönlich nach dem Befund eines Patienten, der offenbar zu Weihnachten entlassen werden sollte. Ich gab den Befund, den ich erstellt hatte, telefonisch an ihn durch. Er meinte: „Können Sie das noch mal einem Habilitierten zeigen?" Äußerlich ohne mit der Wimper zu zucken, sagte ich: „Ja, das kann ich machen." Innerlich aber dachte ich: Was ist los? Er kennt dich. Du bist seit mehr als zwölf Jahren als Facharzt tätig und hast bereits eine gute Erfahrung in der Diagnostik. Außerdem ist die Habilitation eine Qualifikation auf wissenschaftlichem Gebiet und sagt nichts aus über die Erfahrung und das Können auf dem Gebiet der Diagnostik. Schön, wenn beides auf hohem Niveau vorhanden ist, aber es muss nicht immer so sein. Also tigerte ich zu dem Kollegen und stellte ihm die Präparate des Patienten mit den Worten vor, es solle noch einmal ein Habilitierter darauf schauen. Ihm war das sichtlich peinlich, denn er wusste, dass er diagnostisch nicht besser war als ich, und er bestätigte meine Diagnose. Da habe ich mir geschworen: Das machst du nicht mehr lange mit!

Aber ganz so einfach war die Sache nicht. Ich war als Quereinsteiger gekommen. Da musste man erst einmal schauen, wer jetzt „dran" wäre mit der Habilitation, denn der Chef, dessen Einverständnis man natürlich brauchte, betreute immer nur einen Habilitanden pro Jahr. Das war auch verständlich, da es ihn, der diese Aufgabe sehr ernst nahm, viele Stunden seiner Freizeit kostete.

So behielt ich meinen Wunsch erst einmal für mich und zögerte lange, ehe ich mein Vorhaben artikulierte. Wusste ich denn, ob ich es schaffen würde? Immer wieder überfielen mich Zweifel. Daneben galt es, die tägliche Routine zu bewältigen sowie mein Kind zu betreuen und auf seinem Weg ins Leben zu begleiten.

Der Chef war auf meiner Seite. Einige der Kollegen fragten allerdings selbstsicher: „Haben Sie denn überhaupt Ergebnisse?" Ich hätte nie gewagt, in ähnlicher Situation ihnen eine solche Frage zu stellen! Noch am selben Abend rief mich der Chef zu Hause an und teilte mir mit, dass er mit seinen Oberärzten gesprochen hätte und ich mich habilitieren könne. Dann setzte er allerdings hinzu: „Aber freigestellt werden Sie nicht." Dabei hatte ich mehrere Male miterlebt, dass die Herren eine bestimmte Zeit freigestellt worden waren, teilweise hatte ich deshalb ihren Part an der Routine mit übernehmen müssen. Am Ende des Telefonats legte ich den Kopf auf den Küchentisch und heulte. Plötzlich bekam ich eine Wut, erhob meinen Kopf und beschloss: Du habilitierst dich auch unter diesen Umständen, selbst, wenn du daran eingehst! Immerhin konnte ich neben der Routine die Ergebnisse meiner bisherigen Untersuchungen an Nierenbiopsien von Patienten mit einer Entzündung der Nierenkörperchen im Gefolge einer Streptokokken-Infektion zusammenstellen, Tabellen und Grafiken anfertigen und mit den klinischen Befunden vergleichen. So kam ich langsam voran.

Ich hatte auch, bevor ich mich zur Habilitation entschloss, mit meiner Tochter gesprochen und ihr erklärt, dass ich dann noch mehr als jetzt arbeiten müsste, dies aber zu Hause am Schreibtisch erledigen könnte. Sie war damals nicht mehr so klein, etwa 15 Jahre alt, und antwortete erstaunlich weise: „Mutti, wenn du denkst, dass du das tun musst, dann tu es, denn ich werde eines Tages aus dem Haus sein." Und so haben wir es immer gehalten. Wir haben die Dinge besprochen und in gegenseitiger Rücksichtnahme stets einen Konsens gefunden. Ich habe nie zu den Müttern gehört, die später ihren Kindern mit der Behauptung, dass sie ihretwegen auf alles verzichtet hätten, auch auf eine ordentliche Ausbildung, lebenslang ein schlechtes Gewissen bereiteten.

Natalie war inzwischen konfirmiert worden und fühlte sich wohl in der evangelischen Gemeinde unserer Kirche in der Oberstadt von Mainz. Viele ihrer Schulkameraden traf sie dort. Ich war froh, dass sie ohne Angst den Konfirmandenunterricht besuchen und niemand sie zur Jugendweihe zwingen konnte, wie das in Leipzig der Fall gewesen wäre. Ich wollte, dass sie mit den moralischen Grundsätzen der zehn Gebote aufwächst und diese in ihre Lebensführung integrieren würde. Dass Mainz eigentlich eine Hochburg des Katholizismus war, haben wir nie als störend empfunden. Im Gegenteil, wir liebten unseren prächtigen romanischen Dom, der zu jeder Jahreszeit das Stadtbild bestimmte, und den Bischof Lehmann, dessen menschliche Güte wie auch sein Humor stadtbekannt waren. Die Zugehörigkeit zu einer Konfession spielte im öffentlichen Leben keine Rolle. Wir fühlten uns einfach als Christen.

So gar nicht christlich gewesen war die Entscheidung der DDR-Behörden, die es Natalies Vater nicht gestattet hatten, zur Konfirmation seiner Tochter zu fahren. Wir waren alle sehr traurig darüber, zumal es in den 80er Jahren einige Lockerungen im Reiseverkehr zwischen Ost und West gegeben hatte. Dafür versuchten die wenigen, bereits in die Jahre gekommenen, noch vorhandenen Tanten und Onkels im Westen, uns an diesem Tag zur Seite zu stehen. Wir hatten den Wohnzimmertisch ganz ausgezogen und mit zahlreichen Stühlen und unserem kleinen Biedermeier-Sofa umstellt, so dass unser winziges Esszimmer voll war. Plötzlich klingelte es, und der Pfarrer stand vor der Tür. Damit hatte ich nicht gerechnet. Er hatte es sicher gut gemeint, da er doch wusste, dass wir ohne väterlichen Beistand feiern mussten. Doch – oh Wunder – fand auch er noch Platz in unserer Runde, ehe er sich zu dem nächsten Konfirmierten aufmachte.

Im katholischen Mainz lernten wir natürlich die Fastnacht kennen. Ursprünglich hatte ich vorgehabt, in den „tollen Tagen" Urlaub zu nehmen, den ich fern von dem Trubel verbringen wollte. Ich hatte nicht mit der Begeisterung meiner Tochter gerechnet, die unbedingt in der Stadt bleiben und den Umzug miterleben wollte. Etwas skeptisch gab ich nach. Schließlich wurde ich von Jahr zu Jahr mehr von dem närrischen Treiben mitgerissen und fand mich begeistert am Straßenrand auf einer Lei-

*Natalie als Konfirmandin am 13. März 1983*

ter stehend, den Zug erwartend. Das muss man erlebt haben! Noch heute sehe ich mir die Übertragung der „Meenzer Fassenacht" im Fernsehen an und springe vom Sofa auf, wenn Mainz von den Hofsängern besungen wird. Heute erschließt sich mir auch der tiefere Sinn der Fastnacht. Die närrischen Tage helfen über die dunkle Winterzeit hinweg.

Während der Arbeit an meiner Habilitationsschrift konnte mir allerdings auch die Faschingszeit nicht helfen. Als es an das Schreiben ging, zeigte der Chef Verständnis und meinte, er hätte mit den Herren gesprochen, ich könnte etwas freigestellt werden. Montags sei immer viel zu diktieren, da sollte ich mitmachen, dienstags hätte ich den Kurs bei den Studenten, den sollte ich abhalten und donnerstags die klinisch-pathologische Demonstration für die Hals-Nasen-Ohrenklinik, die müsste ebenfalls bestritten werden. Ich rechnete mir blitzschnell aus, dass mir unter Einbeziehung des Wochenendes immerhin vier Tage zur Verfügung stünden. Ich war glücklich!

Ich erstellte das Manuskript damals noch mit der Hand, und es wurde von einer Sekretärin im Institut geschrieben. Zwischendurch – da war ich schon wieder in der Routine eingesetzt – gab es zu der Habilitationsarbeit Besprechungen mit dem Chef. Dazu wurde man telefonisch gerufen. Manchmal habe ich bis abends um 20.30 Uhr auf seinen Anruf im Institut gewartet. Dann ging es erst los und dauerte oftmals bis 23 Uhr.

Einmal hatte ich auch bis 20.30 Uhr in meinem Zimmer auf den Anruf des Chefs gewartet. Dabei hatte ich zu Hause so viel Arbeit! Als ich den Hörer abnahm, hörte ich den Chef sagen, dass er jetzt erst heim müsse und er sich wieder melden würde. Ich ging frustriert nach Hause. Als meine Tochter die Tür öffnete, kamen mir die Tränen, und ich erzählte ihr, dass ich vergeblich auf den Chef gewartet hätte und er heute Abend noch anrufen werde. Es war 23.00 Uhr, als das Telefon klingelte und mein Chef fragte, ob ich mich denn um diese Zeit noch durch den Volkspark traute. Wir waren fast am Ende der Besprechungen, und ich hatte mir vorgenommen, ihn nicht „aus den Klauen" zu lassen. So antwortete ich forsch, obwohl ich gar nicht so mutig war, ich käme doch mit dem Auto und da hätte ich keine Angst. Die Besprechung dauerte bis gegen 2.00 Uhr nachts. Am Morgen musste ich selbstverständlich wieder im Institut sein.

Gegen 9.00 Uhr kam mein Chef in mein Zimmer und fragte, wie es mir ginge. Ich antwortete: „Müde, aber glücklich." Glücklich fühlte ich mich deshalb, weil wir in der Nacht die Arbeit endlich bis zum Schluss besprochen hatten und ich Licht am Ende des Tunnels sah. Ich würde nur noch kleine Änderungen vornehmen müssen, und dann war es geschafft. Plötzlich sagte der Chef, er hätte sich die Zusammenfassung meiner Arbeit heute morgen noch einmal durch den Kopf gehen lassen und sei zu dem Schluss gekommen, dass wir das doch noch einmal ändern müssten. Ich war verzweifelt, hatte ich doch schon manchmal erlebt, dass das Geänderte von ihm so „geändert" wurde, wie ich es vorher bereits geschrieben hatte!

Ich wollte endlich fertig werden mit der Arbeit, die inzwischen meine ganze Kraft in Anspruch nahm. Ein paar Wochen zuvor war ich morgens aufgewacht und konnte nicht mehr aufstehen. Bei jedem Lagewechsel erfasste mich ein bisher nicht gekannter Drehschwindel, und ich musste mich übergeben. Ich rief meinen Hausarzt an, der sofort die Ferndiagnose Überarbeitung stellte und meiner Tochter ein Medikament mitgab, auf dessen Beipackzettel stand, dass es bei Morbus Ménière, einer Erkrankung des Innenohrs, anzuwenden sei. Ich hatte in Leipzig von einem Kollegen aus der Zahnklinik gehört, der wegen dieser Erkrankung seine Habilitationsarbeit nicht beenden konnte und fürchtete, dass es mir vielleicht genau so gehen würde, da die Symptome ähnlich waren. Doch das Medikament und eine anschließende Behandlung der Wirbelsäule in der Neurochirurgie halfen.

An dem Tage, als ich die Arbeit auf dem Dekanat einreichen wollte, war meine Tochter mitgekommen, da ich die Unterlagen, die dazu erforderlich waren, kaum tragen konnte. Alles musste in sechsfacher Ausfertigung vorgelegt werden. Wie wir beide so bepackt im Dekanatsbüro erschienen, dachte die Angestellte, wir brächten die Unterlagen eines Oberarztes, also eines Herrn. Als ich dann sagte, dass es meine eigenen Unterlagen seien, strahlte sie plötzlich und rief begeistert: „Endlich mal eine Frau, die sich habilitieren will!"

Die Arbeit lag vier Wochen im Dekanat öffentlich für jedermann zur Einsichtnahme aus, ehe der Dekan das Habilitationsverfahren eröffnete. Dazu werden von drei unabhängigen Gutachtern schriftliche Begutachtungen der Arbeit eingeholt, ehe die mündlichen Prüfungen stattfinden. Wie ich später erfuhr, waren diese an der Medizinischen Fakultät der Universität in Mainz besonders zahlreich im Vergleich mit anderen Universitäten.

Zuerst musste ich vor der gesamtem Fakultät meine Ergebnisse noch einmal mündlich vorstellen und verteidigen. Ich hatte an Nierenbiopsien von Patienten mit einer akuten Entzündung im Gefolge von Streptokokken-Infekten durch die erstmals erfolgte synoptische Untersuchung derselben Biopsie mit Hilfe der Lichtmikroskopie, der Immunhistologie und der Elektronenmikroskopie, der sogenannten Triple-Diagnostik, drei verschiedene morphologische Muster gefunden. Während man bisher der Meinung war, dass die akute postinfektiöse Glomerulonephritis Immer restlos ausheilte, zeigte es sich bei der Korrelation mit den klinischen Befunden und den Verläufen, dass ein bestimmtes Muster, das wir Girlanden-Muster genannt hatten, schwerer und länger verlaufen und ausgedehnte narbige Restzustände hervorrufen konnte. Die akademischen Kollegen durften bei dieser Vorstellung nach Herzenslust Fragen stellen.

Mit den morphologischen und klinischen Befunden sowie der Literatur war ich bestens vertraut. Angst hatte ich jedoch vor den Fragen des Statistikers, von dem mir berichtet worden war, dass er die Mediziner, die bekanntermaßen meist keine guten Mathematiker sind, gern vorführte. Ich hatte jedoch bereits während meiner Erhebungen einen Medizinstatistiker einer Mathematischen Fakultät konsultiert, um meine Ergebnisse abzusichern.

Den größten Respekt hatten die Habilitanden jedoch vor dem zweiten Kolloquium, das nach der Studentenvorlesung als dritte Prüfung stattfand. Hierzu musste man in meiner Erinnerung drei Themen seines Fachgebiets, die nicht in Zusammenhang mit dem Habilitations-Thema standen, einreichen, und erst kurz vor der Prüfung bekam man eines dieser Themen zum Vortrag genannt. Man musste praktisch alle drei Themen vorbereiten und dann das genannte ohne Manuskript in sieben Minuten vor dem Fachbereich vortragen. Für diese Vorbereitung hatten mich meine Kollegen dankenswerterweise freigestellt. Die Prüfung war am 29. November 1984.

Im Januar 1985 hielt ich meine Antrittsvorlesung im Hörsaal des Instituts für Pathologie mit dem Titel „Die Niere – ein Zielorgan der Immunpathogenese". Danach wurde mir vom Dekan

des Fachbereichs Medizin der Johannes-Gutenberg-Universität Mainz eine Urkunde über die Erteilung der Venia legendi für das Fach Allgemeine Pathologie und pathologische Anatomie feierlich überreicht, und ich wurde zur Privatdozentin ernannt.

Ich war selig und konnte es kaum fassen, dass die

*Nach meiner „Öffentlichen Vorlesung"*
*im Januar 1985 in Mainz*

Schufterei ein vorläufiges Ende haben sollte. In den Hörsaal waren neben den Studenten meine Tochter, einige Freunde, Bekannte, meine Institutskollegen und die übrigen Angestellten des Instituts, darunter die Sektionsgehilfen, die medizinisch-technischen Assistentinnen, Sekretärinnen und Putzfrauen sowie der Zeichner und der Fotograf gekommen. Alle, besonders die Frauen, hatten mit mir mitgelitten und mir immer wieder Mut gemacht, wenn ich einmal verzagt war. Jetzt sollten sie auch mit mir feiern, denn im Anschluss an die Veranstaltung im Hörsaal waren alle zu einem Imbiss geladen. Sehr glücklich war ich darüber, dass auch mein Chef aus Leipzig, Herr Professor Holle, gekommen war, dem ich so viel verdankte und der sich gemeinsam mit meinem Chef aus Mainz über sein „Ziehkind" freute.

Ich habe immer gesagt: „Zu einem Drittel habilitiere ich mich für die Frauen, um zu zeigen, dass wir es auch können, zu einem Drittel für den Osten, aus dem ich ja kam, und zum letzten Drittel für mich selbst." Traurig war ich darüber, dass meine Eltern nicht mehr lebten und ich ihnen nicht mehr danken konnte.

Bald begann der Alltag wieder. Ich arbeitete nun als Oberärztin, hielt Vorlesungen und Kurse für die Studenten, klinisch-pathologische Demonstrationen für die Kollegen der HNO-Klinik, teilweise auch für die Internisten, und betreute Doktoranden. Daneben verfolgte ich meine wissenschaftlichen Untersuchungen an der Niere weiter und veröffentlichte einige Arbeiten zusammen mit Kollegen anderer Fachgebiete.

Meine Habilitationsarbeit „Subtypen der akuten postinfektiösen Glomerulonephritis" hatte ich in meiner Muttersprache Deutsch verfasst. Einer meiner Kollegen, der einige Jahre in den USA gearbeitet hatte, überzeugte mich, dass ich die Arbeit ins Englische übertragen müsste, wenn ich wollte, dass sie auch international gelesen werden würde. Das bedeutete nochmals ein Jahr Arbeit neben der sonstigen Routine, ehe sie beim Gustav-Fischer-Verlag in Stuttgart 1986 erschien.

Ich hatte gehofft, dass ich nach Beendigung der Habilitationsarbeit und in meiner Stellung als Oberärztin etwas mehr Freizeit haben würde. Das war leider nicht der Fall. Ich erzähle hierzu oft die Geschichte meiner „Segelbekanntschaft". In den ersten

Jahren unseres Aufenthaltes in der Bundesrepublik Deutschland war ich mit meiner Tochter an die Nordsee gefahren, weil wir beide das Meer lieben. Da ich nicht nur untätig am Strand liegen wollte, hatte ich dort segeln gelernt und den Segelschein erworben. Natalie hatte während der Unterrichtsstunden hinter dem Deich mit anderen Kindern, deren Eltern ebenfalls die Segelschule besuchten, im seichten Wasser nicht weit von unserem Revier gespielt. Unter den Kindern befanden sich auch ältere, die auf die kleineren aufpassten. Wenn ich vom Unterricht kam, erzählten wir uns gegenseitig, was wir erlebt hatten. Jetzt fehlte mir nur noch ein Segelboot. Dafür hatte ich natürlich kein Geld. Eines Tages las ich in der Mainzer Zeitung die Annonce eines Mannes meines Alters, der für Segelfahrten auf dem Rhein mit seinem Boot eine Mitfahrerin oder einen Mitfahrer suchte. Ich meldete mich, und wir trafen uns bei mir zu Hause, um uns kennenzulernen und die Möglichkeiten der Unternehmungen abzusprechen. Der Mann war sehr sympathisch. Er war bei der Bundeswehr beschäftigt. Ich warnte ihn aber gleich, dass ich wenig Zeit hätte und er sich sicherheitshalber noch andere Partner suchen sollte. Er rief mehrere Male an den Wochenenden an, und immer hatte ich keine Zeit. Die Wochenenden waren meist vollgepackt mit Arbeit im Garten, Einkaufen, Arbeiten im Haus und Unternehmungen mit Natalie. Meine Tochter war jetzt zwar schon groß, und ich brauchte ihr nicht mehr die Nase zu putzen; dafür gab es umso mehr Diskussionen. Manchmal verfolgte sie mich damit am Abend bis ins Bett. Es war natürlich auch schön, dass wir eine enge Beziehung zueinander hatten. Jedenfalls gab mein Segelfreund es nach etwa einem Jahr auf, mich zu fragen, ob ich mit zum Segeln komme. Er wird sicher gedacht haben: Was für ein blödes Weib! Ich habe noch heute ein schlechtes Gewissen, wenn ich daran denke, denn ich wollte ihn nicht verletzen. Es war halt so.

## Die Reise nach Amerika

Mein Traum war es immer gewesen, einmal nach Amerika zu reisen und die Freiheitsstatue zu sehen, die für mich eine ganz besondere Bedeutung hatte.

Eigentlich hatte ich nicht genügend Geld für eine solche Reise. Der Kollege, der mir bei der Übersetzung meiner Habilitationsarbeit ins Englische geholfen hatte, riet mir, die Deutsche Forschungsgemeinschaft um finanzielle Unterstützung zu bitten. Eine Voraussetzung war dann allerdings, dass ich wissenschaftliche Vorträge an verschiedenen Orten hielt und Gedankenaustausch auf wissenschaftlichem Gebiet mit den Amerikanern pflegte. Das kam meinen Intentionen sehr entgegen. Wie sehr hatte ich mir eine solche Möglichkeit damals an der Universität in Leipzig gewünscht! Nun ging es an die Planung der Reise.

Es begann mit einem Kongress der Internationalen Akademie für Pathologie der amerikanischen und kanadischen Abteilung im Frühjahr 1986 in New Orleans. Dort hatte ich ein Poster angemeldet, in dem ich die Ergebnisse meiner wissenschaftlichen Arbeit auf dem Gebiet der postinfektiösen Glomerulonephritis, insbesondere das Girlanden-Muster, dargestellt hatte. Diese Ergebnisse wollte ich den internationalen Experten vorstellen, ihrer Kritik aussetzen und sie mit ihnen diskutieren. Das Poster hängt während der gesamten Tagung an einer Pin-Wand. Im Programm ist dann eine bestimmte Zeit angegeben, zu der man vor seinem Poster für die Diskussion zu Verfügung stehen muss. An dem Tag, an dem ich dran war, wurde es mir dann doch mulmig im Magen. Würde ich die Fragen in Englisch verstehen? Würde überhaupt jemand zu mir kommen? Schließlich war ich noch nie in Amerika auf einem Kongress gewesen. Ich stellte mich etwas seitlich von meinem Poster auf, wachsam umherblickend, ob sich ein Interessent oder eine Interessentin näherte. So stand ich etwa eine halbe Stunde. Plötzlich kamen all die Größen, deren Namen ich aus der Literatur zwar kannte, die ich aber persönlich noch nie gesehen hatte. Sie stellten sich schlicht vor mit: „Halloo, my name is Churg!" oder: „Halloo, my name is Heptinstall!" und diskutierten frank und frei ohne Überheblichkeit mit mir über meine Arbeit. Ich war begeistert und verlor immer mehr meine Hemmungen. Diese offene, nicht überhebliche Art, fachliche Dinge zu diskutieren, habe ich noch viele Male auf meiner Reise in Amerika erlebt, und ich war jedes Mal entzückt darüber. Der Kongressbesuch war für mich ein voller Erfolg. Als Ergebnis wurden Jahre später durch

Fred G. Silva Bilder von mir in der Neuauflage des zweibändigen Werkes „Pathology of the Kidney" von Heptinstall veröffentlicht.

Ich ging beschwingt mit einem deutschen Kollegen, der seit Jahrzehnten in New Orleans lebte und dem mich ein Freund aus Mainz empfohlen hatte, am Abend durch das berühmte French Quarter und konnte ihn sogar dazu überreden, mit mir eine Jam-Session zu besuchen. Dort konnte man Jazz und Soul der Südstaaten in Vollendung hören! Mein Begleiter gestand mir später, dass er selbst noch nie eine solche Veranstaltung besucht, dass es ihm aber sehr viel Spaß gemacht hätte.

Am Ende der Kongresswoche gab es eine Schiffsreise auf dem Mississippi, dem größten Fluss der USA, mit dem historischen Schaufelrad-Dampfer. Dann ging es weiter nach Birmingham/ Alabama, wo ich an der Universität alte Bekannte aus Leipzig besuchte, Vorlesungen hörte und die Labors besichtigte. Überwältigend!

In Washington D.C., der Stadt am River Potomac und Regierungssitz des Präsidenten der Vereinigten Staaten von Amerika, holte ich meine Tochter vom Flughafen ab. Den Rest der Reise wollte ich mit ihr zusammen machen, da mir klar war, dass die bald 18-Jährige nicht mehr lange mit mir verreisen und fortan ihre eigenen Wege gehen würde.

Zuerst besuchte ich das National Institute of Health (NIH). Am nächsten Tag wollte ich mit meiner Tochter in das Walter Reed Hospital, in dem sich das Institut für Pathologie der amerikanischen Streitkräfte (AFIP) befindet, dessen umfangreiche Sammlungen den Grundstock für einen vielbändigen Tumor-Atlas bildeten, den wir auch in Mainz für die Diagnostik benutzten. Ich wollte hier Herrn Professor Enzinger besuchen, einen Oesterreicher, der damals der bekannteste Experte auf dem Gebiet der Weichteiltumoren war. Doch zuvor erlebte ich mit meiner Tochter noch etwas Seltsames in unserem Hotel im 13. Stock.

Es war gegen 23.30 Uhr – wir lagen im Bett und lasen – als wir hörten, wie sich jemand an unserer Zimmertür von außen zu schaffen machte und offenbar versuchte, hineinzukommen. Meine Tochter sprang auf und suchte nach Dollarscheinen, die sie auf den

Tisch legen wollte. Wir hatten im Reiseführer gelesen, dass man damit Kriminelle, die Geld wollten, erst einmal beschwichtigen könnte. Währenddessen versuchte ich, die Pforte anzurufen und zu melden, dass jemand versucht, in unser Zimmer zu gelangen. Uns beiden erschien es wie eine Ewigkeit, bis wir draußen Schritte und Stimmen hörten, die jemanden von unserer Tür wegzuführen schienen. Uns schlug das Herz bis zum Hals. Dann kam der Anruf vom Sicherheitsdienst, es hätte sich um einen Betrunkenen gehandelt, der unser Zimmer mit seinem verwechselt und vergeblich mit der Code-Karte Einlass gesucht hätte. Es war Sonntagabend, und da konnte das schon einmal vorkommen.

Wir waren noch immer aufgeregt, doch gegen 1.00 Uhr schlief meine Tochter endlich ein. Ich war dagegen hellwach und griff wieder zu meinem Buch, um mich abzulenken. Plötzlich wurde eine Tür gegenüber von meinem Bett geöffnet und ich sah einen behaarten Männerarm auf der Klinke. In Bruchteilen von Sekunden dachte ich, dass ich übermüdet und überreizt von dem letzten Erlebnis sei, doch dann sprang ich auf und knallte die Tür mit den Worten: „What´s up?" zu. Glücklicherweise war der Arm des Mannes nicht dazwischen, und er hat sie auch nicht wieder zu öffnen versucht. Später haben wir uns dieses Erlebnis so erklärt, dass es in den amerikanischen Hotels oftmals die Möglichkeit gab, das Hotelzimmer in eine Suite zu vergrößern, indem eine sonst verschlossene Tür geöffnet wurde. Hier war offenbar versäumt worden, diese wieder zu verschließen, und als der Nachbar die Toilette aufsuchen wollte, hatte er wohl versehentlich die falsche Tür erwischt.

Ich war am nächsten Tag bei meinem Besuch im Walter Reed Hospital leider ziemlich müde und war mir nicht sicher, ob man meinen Erzählungen von den Begebenheiten der Nacht Glauben schenkte.

In Washington D.C. gab es eine Unmenge zu besichtigen: Das Capitol, das Lincoln Memorial und das Sterbehaus Abraham Lincolns,in dem er den Schuss erhielt, an dessen Folgen er am nächsten Tag im Jahre 1865 starb. Das Lincoln Memorial ist ein prächtiger Marmorbau, in dessen Innern sich die ebenfalls aus Marmor gehauene Figur Lincolns, der von den Amerikanern sehr verehrt wird, auf einem riesigen Marmorsessel sitzend, befindet. Der Gedächtnistempel liegt in einer Achse mit dem Capitol und dem Washington Monument, einem 166 Meter hohen Marmor-Obelisk. Der Besuch des National Air and Space Museums war für uns ein einmaliges, unvergessliches Erlebnis. Hier sahen wir den Film „The Dream is Alive" über die modernen Raumflüge. Wir besuchten das Weiße Haus und die letzte Ruhestätte John F. Kennedys auf dem Soldatenfriedhof Arlington.

Die nächste Station war Morgantown in Westvirginia, wo ich in dem Department of Pathology des Universitätshospitals einen Vortrag hielt und bei Dr. Rodman, dem Chef der Abteilung, und seiner Familie mit meiner Tochter zu Gast war. Bei Unterhaltungen mit den Assistenten des Instituts hatte ich hier zum ersten Mal den Eindruck, dass man sehr wenig über Europa wusste und es deshalb auch gar nicht in seine Betrachtungen mit einbezog.

Der absolute Höhepunkt unserer Reise war New York. Unsere gesamte Reise war zusammen mit dem Mainzer Reisebüro Hillebrand vorbereitet und geplant worden. Zufällig veranstaltete dieses Reisebüro in jener Zeit, in der wir in New York waren, eine Theater- und Konzertreise dorthin, und der Leiter hatte mich gefragt, ob wir uns daran beteiligen wollten. Natürlich wollten wir das! Durch den günstigeren Gruppentarif hatten wir die Option, im „Waldorf Astoria" zu wohnen. Es war ein einziger Traum! Ich war nach unserem Hotelerlebnis in Washington D. C. besonders angetan, als ich vor dem Hoteleingang einen schwergewichtigen Farbigen postiert sah, der uns Hotelgäste immer freundlich anlächelte. Bei ihm fühlten wir uns gut aufgehoben. Tagsüber haben wir in New York City alles unternommen, was möglich war. Wir sind mit der Circle Line auf dem Wasserweg unterwegs gewesen und mit dem Helikopter zwischen den Wolkenkratzern umhergeflogen, was heutzutage nicht mehr erlaubt ist. Wir waren in Manhattan am Times Square, dem Lincoln Center und am Broadway, bei den Vereinten Nationen und der New Yorker Börse im Wallstreet District, in Chinatown und in Greenwich Village mit seinem Künstlerviertel SoHo.

Beeindruckend war die Fahrt mit dem Fahrstuhl zur Aussichtsplattform des World Trade Centers im 107. Stockwerk. Von hier oben hatte man einen wahnsinnigen Rundblick über die Stadt mit den berühmten Wolkenkratzern von Midtown, den Hafen, den Hudson, die Brooklyn-Brücke und die Freiheitsstatue.

Ich war später zutiefst entsetzt über die Ereignisse am 11. September 2001, die ich auf dem Europäischen Pathologen-Kongress in Berlin erfuhr.

Am Abend sind wir auf die Aussichtsplattform des Empire State Building im 102. Stock hinaufgefahren. Dieses Gebäude war mit 460 Metern lange Zeit das höchste Bauwerk der Welt. New York bei Nacht! Wir konnten uns gar nicht losreißen von dem Anblick dieser aufregenden, pulsierenden Stadt.

Das Rockefeller-Center, ein aus 19 Gebäuden bestehender Komplex, zu dem auch die Radio City Music Hall, die ehemals größte Konzerthalle der Welt, gehört, in der die Beatles aufgetreten sind, stand am Morgen des Ostersonntages auf unserem Programm. Dort gab es eine Eisbahn, auf der sich Jung und Alt zu herrlicher Musik im Takte wiegten. Ein echtes Zentrum der Lebensfreude! Mich hatte das Bekenntnis von Rockefeller, dass die Liebe das Größte in der Welt ist, besonders bewegt!

Viel zu sehen gab es auch an der Fifth Avenue, zum Beispiel an der Ecke zur 50. Straße St. Patrick´s Cathedral, erbaut 1858-1874, der Sitz des Erzbischofs von New York, den Central Park, die Synagoge und das Metropolitan Museum of Art, in dem gerade eine Sonderausstellung von Werken von Francois Boucher eröffnet worden war. Zum Metropolitan Museum of Art gehören auch „The Cloisters". Dabei handelt es sich um eine Sammlung verschiedener europäischer Klöster, hauptsächlich aus Spanien, die nach Amerika gebracht worden waren. Ich war etwas erstaunt, als unsere Stadtführerin dies berichtete und sagte es ihr auch. Darauf antwortete sie: „Wir müssen doch auch etwas Altes haben." Plötzlich wurde mir in dem faszinierenden New York bewusst, wie reich wir an alten Kulturschätzen in Europa sind!

In Greenwich Village, dem bevorzugten Ort von Künstlern, Schriftstellern und Intellektuellen, blühten die Bäume. Hier war es im Gegensatz zum geschäftigen, turbulenten Manhattan noch beschaulich und idyllisch.

Die majestätische Freiheitsstatue an der Hafeneinfahrt von New York, das Symbol der Freiheit, war für mich eine denkwürdige, lang ersehnte Begegnung! Die Figur ist ein Geschenk Frankreichs aus dem Jahr 1886 und wurde gerade für die 100-Jahrfeier im Juli neu hergerichtet.

Die Abende verbrachten wir drei Mal in der Metropolitan Opera, die zum Lincoln Center gehört. Es war ein Traum! Wir erlebten Placido Domingo in der Oper „Carmen", Gwyneth Jones im „Rosenkavalier" und Luciano Pavarotti in „Aida". Eigentlich war vom Reisebüro geplant, dass wir bei der dritten Veranstaltung ein Konzert der New Yorker Philharmoniker besuchen. Dafür hatten wir auch schon Karten. Ich hatte jedoch erfahren, dass am selben Abend Pavarotti den Radames in „Aida" singt. Da die Konzerthalle und die Met nicht weit voneinander entfernt waren, versuchten wir, noch Karten für die Oper zu bekommen. An der regulären Kasse war es aussichtslos. So schlenderten wir durch die auf dem Vorplatz stehende Menge und hielten Ausschau, wer vielleicht Karten verkaufte. Da fiel mein Blick auf eine kleine, ältere Dame, die einem jungen Mann zwei Karten für 50 Dollar anbot. Da der Mann sich nicht entschließen konnte, bedeutete ich ihr, dass ich die Karten nehmen würde. Plötzlich tauchte ein smarter Bursche mit einem Aktenkoffer auf und bot ihr das Vielfache des Preises. Die Dame drehte sich jedoch zu mir und sagte ganz schlicht: „She was first" und verkaufte mir die Karten ohne Aufschlag. Ich war selig, auch überwältigt von ihrer Anständigkeit und hätte sie umarmen können! Bis zum heutigen Tage habe ich diese Szene nicht vergessen. Meine Tochter und ich saßen im fünften Rang in der Met fast unter der Kuppel und lauschten verklärt dem damals vergötterten Luciano Pavarotti. Eine Überraschung war für mich die Besetzung der Aida durch Anna Tomowa-Sintow, eine Bulgarin, die ich als Studentin in der Leipziger Oper gehört hatte und nun hier in New York wiedertraf. Es war grandios. Ich fühlte mich so beschenkt, dass ich meinte, ich könnte jahrelang von diesen Erlebnissen zehren.

Das Musical „Cats", das damals gerade am Broadway lief, stand ebenfalls auf dem Programm, ehe es zu uns nach Europa kam.

186

Als wir nach einer Woche Abschied von New York nehmen mussten, waren wir ganz traurig. So gut hatte es uns gefallen.

Unsere letzte Station war Halifax an der Ostküste Kanadas, wo uns Kurt Atermann, ein Kollege von mir, der Jahre zuvor im Leipziger Institut zu Gast gewesen war und bei mir gewohnt hatte, mit seiner Frau empfing. In Halifax war es sehr viel kühler als in New York, und ich wartete verzweifelt auf meinen Koffer mit wärmeren Sachen, der erst zwei Tage später eintraf.

Ich war durch die Vermittlung von Professor Kurt Aterman von der Universität in Halifax zu einem Vortrag eingeladen worden. Es war mein letzter Vortrag auf dieser Reise. Ich erinnere mich, dass die Dias in einem sogenannten Karussell angeordnet waren und mal wieder stockten. Die kanadischen Kollegen versuchten mit einem Taschenmesser, die Sache in Ordnung zu bringen. Doch diesmal konnte mich der Zwischenfall offenbar nicht wie in Nürnberg auf dem Kongress aus der Ruhe bringen, denn meine Tochter, die mit im Saal war, meinte später, ich hätte die Zeit ganz „cool" in englischer Sprache überbrückt. In Halifax war es das erste und einzige Mal in meinem Leben, dass ich für einen Vortrag Geld bekam. In meiner Erinnerung waren es ca. 65 kanadische Dollar, die ich auf keinen Fall einfach verprassen wollte. Wir hatten dort wunderbare rosa Pampelmusen kennengelernt, die die Einheimischen mit speziellen Kaffeelöffeln, deren Ränder gezähnt waren, aßen. Solche Löffel, die es bei uns nicht gab, kaufte ich und brachte sie als Andenken an unseren Aufenthalt in Kanada mit nach Deutschland.

Inzwischen hatte ich Sehnsucht nach Mainz. Doch kurz vor dem Abflug gab es noch eine Schrecksekunde, als meine Tochter ihr Ticket für den Rückflug nicht fand. Wir hatten einige Flüge innerhalb der USA absolviert, und nie hatte ein Ticket gefehlt. Ausgerechnet das teuerste war nicht aufzufinden. Ich hatte zwar den Beleg, dass ich es bezahlt hatte, aber Pan Am verlangte eine nochmalige Bezahlung, gestand mir jedoch zu, dass ich einen Teil des Betrages zurückbekäme, falls sich das Ticket fände. Ich war verzweifelt, da ich wusste, dass ich so viel Geld weder bei mir im Geldbeutel noch zu Hause auf dem Konto hatte. In meiner Not bezahlte ich mit der Kreditkarte von American Express, denn der Betrag wurde erst ein paar Wochen später abgebucht, wenn das nächste Gehalt auf dem Konto eingegangen sein würde. So konnten wir schließlich doch noch das Flugzeug besteigen.

## Wieder zurück in Mainz

Mit vielen neuen Eindrücken kehrten wir nach Mainz zurück und waren froh, unser kleines Häuschen unversehrt vorzufinden. Einige meiner Kollegen und Freunde wunderten sich, dass ich zurückgekommen war, aber ich hatte nie vorgehabt, in den USA zu bleiben. Ich wollte sehen, wie die Amerikaner arbeiteten, und da bin ich nicht enttäuscht worden. Ich war begeistert von der offenen und freundlichen Art, wie man interdisziplinär miteinander umging, ohne hierarchisches Gehabe. Jedenfalls habe ich es so erlebt. Abgesehen von den kulturellen Highlights in der Met, von denen ich noch jahrelang zehrte, hatte ich nun endlich auch die Freiheitsstatue gesehen! Ich war unendlich dankbar für alles, was ich zusammen mit meiner Tochter erlebt hatte.

Schnell kehrte der Alltag ein, bei mir im Institut, bei Natalie in der Schule.

Eines Tages rief mich die Tante meines ehemaligen Mannes, die in Offenbach wohnte, an und berichtete erfreut, dass er zu ihrem 80. Geburtstag kommen dürfe, allerdings ohne seine Familie. Sie fragte mich, ob ich ihn am Samstag vom Bahnhof in Offenbach abholen könnte, da sie seit kurzem in einem Altenheim lebte. Ich fuhr mit meiner Tochter nach Offenbach, und es war ein unheimlich bewegender Moment, als ihr Vater dort aus dem Interzonenzug von Leipzig ausstieg, eine Option, die ihm zur Konfirmation seiner Tochter von Seiten der DDR nicht gewährt worden war. Wir brachten ihn zu seiner Tante und luden ihn ein, in der nächsten Woche zu uns zu kommen, da die Tante ihn sonst bei Bekannten unterbringen musste. Für ihn und meine Tochter war es eine schöne gemeinsame Zeit, die sie miteinander verbringen konnten, während ich arbeitete. Natalie wollte ihrem Vater ihr Zimmer, ihre Schule und ihre Freunde zeigen, so dass er eine Vorstellung von ihrem Leben bekam und Anteil daran nehmen konnte.

Zu Weihnachten bekamen wir eine Einladung von unseren polnischen Freunden aus Gdingen, mit ihnen und ihrem Sohn, der Schwiegertochter und den Enkeln die Festtage zu verbringen. Ich fürchtete mich zwar vor der weiten Reise im Winter, aber meine Tochter war Feuer und Flamme für das Unternehmen. Sie wollte gern mit vielen Leuten Weihnachten feiern.

Da ich noch immer Einreiseverbot für die DDR hatte, erkundigte ich mich vorsichtshalber, ob ich überhaupt durch die DDR nach Polen reisen durfte. Ich bekam eine Transit-Erlaubnis, musste aber in Berlin vom Bahnhof Friedrich-Straße nach Lichtenberg, um dort in den Zug nach Danzig einsteigen zu können.

Auf dem Weg nach Berlin fuhr unser Zug durch die Gegend um Leipzig und Bitterfeld, und wir hielten den Atem an, weil alles so trist und heruntergekommen aussah. Von den Häusern bröckelte der Putz, die Straßen hatten tiefe Schlaglöcher, die Erde wirkte wie „verbrannt", es gab kaum grüne Bäume, und die Luft war stechend und reizte die Atemwege. Ich wurde wieder an meine Flucht erinnert, sagte aber nichts. Plötzlich stand meine Tochter spontan auf und umarmte mich mit den Worten: „Mami, ich bin so froh, dass du von hier weggegangen bist!" Ein schöneres Feedback konnte ich nicht bekommen.

In Berlin-Lichtenberg mussten wir auf den Zug nach Danzig warten. Ich war ziemlich nervös und hatte dauernd das Gefühl, mir würde einer die Hand auf die Schulter legen und sagen: „Kommen Sie mit zur Klärung eines Sachverhaltes," wie ich das bei meiner Festnahme 1977 erlebt hatte.

Als wir in Gdingen ausstiegen, standen unsere Freunde nicht auf dem Bahnhof. Was nun? Wir wussten die Adresse und wollten ein Taxi nehmen, doch die Nachfrage danach war so groß, dass wir uns in eine lange Warteschlange einreihen mussten und dabei von den Einheimischen so ausgetrickst wurden, dass wir nach einer Dreiviertelstunde noch nicht dran waren. Endlich erbarmte sich ein Taxifahrer und fuhr uns nach Gdynia-Orlowo zum Haus unserer Freunde. Die Tür war verschlossen. Ich fror jämmerlich und war dem Heulen nahe. Da kamen die Nachbarn unserer Freunde, die uns durch ihr Fenster gesehen hatten, und nahmen uns mit in ihr Haus. Dort konnten wir uns etwas aufwärmen. Sie erzählten uns, dass unsere Freunde nach Danzig gefahren seien, um uns abzuholen.

Irgendwann tauchten sie dann auf, und die Wiedersehensfreude war groß. Ich hatte gedacht, dass wir die Festtage in Gdingen verbringen würden. Doch sie hatten eine Überraschung für uns bereit. Am nächsten Tag starteten wir mit ihrem Auto und fuhren an die Masurische Seenplatte nach Sensburg, wo sie für uns alle, einschließlich ihres Sohnes, der Schwiegertochter und der zwei Enkel, Zimmer in einem wunderschönen Hotel gemietet hatten. Hier feierten wir gemeinsam in einer großen Familie das Weihnachtsfest. Meine Tochter war selig!

Wir lernten, dass traditionsgemäß in Polen zum Fest zwölf verschiedene Fischgerichte gegessen werden. Wenn jemand von uns einen Wunsch hatte, Tadeusz, der Gastgeber, erfüllte ihn. Es war das harmonischste Weihnachten, das ich jemals verbracht habe.

Unsere Freunde wollten auch Silvester dort mit uns feiern, doch ich musste zurück zur Arbeit nach Mainz, wollte aber nicht, dass unsretwegen auch die anderen ihren Urlaub abbrechen müssten. Da wir für unsere D-Mark, von der man pro Tag eine bestimmte Summe umtauschen musste, sehr viel Zlotys bekommen hatten, die wir in der kurzen Zeit gar nicht ausgeben konnten, hatte Tadeusz die Idee, dass wir mit der Taxe zurück nach Gdingen fahren, dort in ihrem Haus übernachten und von dem Nachbarn zum Zug gebracht werden sollten. So fuhren wir durch eine schneereiche Winterlandschaft zurück. Die Nachbarn waren schon informiert und gaben uns den Schlüssel für das Haus.

Obwohl die im September1980 auf den Werften in Danzig und Stettin gegründete und von einer breiten Volksbewegung getragene, unabhängige Gewerkschaft Solidarność längst verboten worden war, spürte man Mitte der 80er Jahre noch immer ihren Einfluss, vor allem in den Köpfen von Millionen polnischer Arbeitnehmer. Unter der Leitung von Lech Walesa war es ihr gelungen, Anfang der 80er Jahre Teilreformen in Wirtschaft und Kultur in Polen durchzusetzen. Die offene politische Konfrontation mit dem Staat und der kommunistischen Partei führte letztlich zu ihrer Liquidierung, wenngleich ein großer Teil der Bevölkerung sie weiterhin als Vertreterin ihrer politischen Forderungen betrachtete.

Es gab viele Diskussionen, ähnlich wie beim „Prager Frühling", und eine große Hoffnung auf Veränderung!

Im Sommer1987 besuchten uns unsere Freunde Márta und Tibor Balász aus Budapest in Mainz. Márta war Pathologin wie ich und hatte in den 70er Jahren ein halbes Jahr am Institut für Pathologie der Leipziger Universitätskliniken in der Elektronenmikroskopie bei Herrn Professor Cossel gearbeitet. Ich hatte damals ihre private Betreuung übernommen, und daraus war eine lebenslange Freundschaft entstanden. Ich war stolz, den Freunden die schöne Landschaft entlang des Rheins mit ihren Weinanbaugebieten, den alten Burgen und Schlössern einschließlich der sagenumwobenen Loreley zeigen zu können. Ich liebe Mainz und den Rhein sehr, vielleicht deshalb, weil ich meine Kindheit ebenfalls an einem großen Fluss, der Elbe, verbracht habe und weil die Stadt uns „Neuankömmlinge" vor neun Jahren so gut integriert hatte.

Seit meinem missglückten Fluchtversuch und dem darauf folgenden Gefängnisaufenthalt in der DDR hatte ich meine ungarischen Freunde nicht wieder gesehen, und ich wusste nicht, ob sie meinen Wechsel von Ost nach West verstehen konnten. Besonders bei Tibor, der nicht so gut deutsch sprach und deshalb wenig zur Unterhaltung beitrug, war ich nicht sicher. Er war ein ganz feinfühliger Mann, und ich mochte ihn sehr. Als er bei mir in Mainz war, gestand ich ihm meine Zweifel und fragte ihn direkt, wie er über meine Flucht denke. Er antwortete schlicht: „Warum erst 1977?" Da wusste ich, dass er mich verstanden hatte. Die ungarischen Wissenschaftler durften wenigstens ein Mal im Jahr in das westliche Ausland reisen und internationale Kongresse besuchen, auch meine Freunde. Nur wenige nutzten die Gelegenheit dazu, ihr Land zu verlassen. Es war ihre Heimat, in der ihre Muttersprache gesprochen wurde. In dem geteilten Deutschland war die Situation anders. Hier gab es keine Sprachbarrieren, und viele Ostdeutsche hatten Verwandte im Westen. Man ging von Deutschland nach Deutschland. Die Teilung war einfach widersinnig!

Da ich schon spürte, dass meine inzwischen 18-jährige Tochter nicht mehr lange mit mir zusammen in den Urlaub fahren würde, wollte ich eine besonders schöne „letzte" Freizeit mit ihr verbringen und hatte im August eine Deichkate für uns beide im

Nordseebad Neuharlingersiel neben dem Wasserschloss, in dem sich die Aufenthaltsräume und der Speisesaal befanden, gebucht. Doch meine große Tochter sagte nur: „Good luck!" und ließ mich allein fahren. Ich dachte „Das war´s" und legte traurig den ersten Gang von meinem VW Polo ein und startete in Richtung Nordsee. Dabei hatte ich, wenn ich ehrlich bin, großes Glück mit meiner Tochter, denn wer fährt heute in diesem Alter noch mit seiner Mutter in die Ferien!

So musste ich langsam damit beginnen, mich innerlich darauf vorzubereiten, auch zum Jahreswechsel allein zu sein. Silvester hat für mich allerdings nie eine große Bedeutung gehabt. Ich erlebe den Jahreswechsel eher nachdenklich und ruhig. Als ich noch klinisch in der Patientenbetreuung tätig war, habe ich lieber Dienst an Silvester als an Weihnachten gemacht. Aber ganz allein sein wollte ich auch nicht. Da ereignete sich etwas sehr Nettes. Bei meiner Entlassung aus der Staatsbürgerschaft der DDR wurde mir gesagt, dass ich zehn Jahre nicht in die DDR einreisen dürfte. Das war für mich nicht ganz so schlimm, da ich ohnehin dort kaum noch Verwandte oder Freunde hatte. Es gab allerdings eine Familie in Braunsdorf bei Dresden, die mir in all den Jahren die Treue gehalten hatte und jetzt im Brief fragte, ob ich nicht mit ihnen Silvester feiern wolle. Ich hatte schon Lust, alte Freunde wieder zu sehen, glaubte aber nicht daran, dass ich eine Einreisegenehmigung in die DDR bekäme. Ich hatte auch ein bisschen Angst davor, dorthin zu fahren, wo ich die schlimmsten Erfahrungen meines Lebens gemacht hatte. Die Freunde beantragten und erhielten die Einreisegenehmigung für mich und schickten sie mir mit dem Hinweis, ich könnte ja immer noch entscheiden, ob ich kommen wollte. So feierten wir gemeinsam den Jahreswechsel, besuchten einen Gottesdienst in der Kreuzkirche und schlenderten durch Dresden. Es war ein berührendes Wiedersehen mit den vielen Kulturstätten dieser Stadt, in der wir als Studenten mindestens einmal im Semester unsere ehemaligen Kommilitonen der vorklinischen Semester besucht hatten. Inzwischen war die Semperoper wiedererbaut worden, doch wir hatten leider keine Chance, Karten für eine Vorstellung zu bekommen. Wir gingen zu den Brühlschen Terrassen, ins Grüne Gewölbe und den Zwinger. Ich ließ mich vor dem Luther-Denkmal und den damals noch dahinter liegenden Trümmern der heute wiedererbauten Frauenkirche fotografieren. Alte Erinnerungen kamen hoch, und ich ging in den Altmarkt-Keller, um den großen runden Tisch zu suchen, an dem wir als Studenten viele Male gesessen und miteinander gefeiert hatten. Beim Abschied wusste ich, dass ich wiederkommen würde.

Im Herbst des vergangenen Jahres 1987 hatte ich von Herrn Professor Dr. Jürgen Zöllner, dem Vizepräsidenten der Johannes-Gutenberg-Universität, die Ernennungsurkunde zur Universitätsprofessorin unter Berufung in das Beamtenverhältnis auf Zeit für sechs Jahre erhalten; das bedeutete, das ich mir in den nächsten Jahren Gedanken machen müsste, wie sich meine weitere berufliche Entwicklung gestalten sollte.

Als ich mich 1978 nach meiner Übersiedlung in den Westen entschlossen hatte, am Institut für Pathologie der Universitätskliniken in Mainz unter der Leitung von Professor Wolfgang Thoenes zu arbeiten, hatte ich geglaubt, bis an mein berufliches Ende dort bleiben zu wollen. Mit Mitte 40 änderten sich meine Vorstellungen. Inzwischen war ich mehrfach von Kollegen, die allein in einem Institut für Pathologie arbeiteten, gefragt worden, ob ich sie nicht 14 Tage vertreten könnte, damit sie mit ihrer Frau auch einmal Urlaub machen könnten. Diese Vertretungen wurden gut bezahlt. Da meine Tochter inzwischen erwachsen war, sagte ich zu. Eine meiner ersten Vertretungen machte ich in Hof. Dort wurde ich von meinem Kollegen, Herrn Dr. Muntschik, im besten Hotel am Platze untergebracht. Mit den dort arbeitenden Institutsmitgliedern verstand ich mich sofort, und sie taten alles, um mir die Arbeit zu erleichtern. Arbeit gab es allerdings genug. Ich musste neben dem täglichen Eingang des Biopsiematerials und der Operationspräparate auch die Sektionen durchführen und die Befunde den Klinikern demonstrieren. Die zytologischen Untersuchungen erledigte ich am Ende des Tages oder am Wochenende. Freizeit war knapp. Die Arbeit machte mir jedoch großen Spaß, und am Ende meiner Zeit fragte mich der Verwaltungsleiter, ob ich nicht Lust hätte, mich nach dem Ausscheiden des jetzigen Stelleninhabers in Hof zu bewerben. Die Kliniker hätten ihm signalisiert, dass man gut mit mir zusammen arbeiten und diskutieren könnte.

Wenngleich ich innerlich noch nicht soweit war, begann ich ernst-haft darüber nachzudenken. Mich reizte es, als Institutsleiterin die menschliche Atmosphäre in einem solchen Institut mitbestimmen zu können. Allerdings wollte ich nie als Einzelkämpfer arbeiten, sondern immer im Team. Das Einzelkämpfer-Dasein als Patho-loge fand ich schon deshalb nicht erstrebenswert, weil man sich niemals mit einem Kollegen gedanklich austauschen und kaum Fortbildungen besuchen konnte. Ja, ich fand es geradezu kriminell, bei der Verantwortung, die ein Pathologe hat, über Jahre hinweg allein zu agieren. Es fehlt einfach das Korrektiv! Obwohl ich dia-gnostisch sehr gut ausgebildet war und mehr als 20 Jahre an der Universität gearbeitet hatte, fühlte ich mich erst jetzt mit Mitte 40 kompetent genug, die letzte Entscheidung bei der Diagnostik zu treffen und auch zu vertreten. Der Verwaltungsleiter der Klinik in Hof verstand mein Anliegen und sagte mir eine Aufstockung des ärztlichen Personals zu.

Ich hatte jedoch vor etwas ganz anderem Angst! Hof lag damals im Zonenrandgebiet, und manchmal träumte ich, dass ich mich im Walde verirrt hätte und versehentlich im Osten gelandet wäre. Das konnte ich jedoch niemandem gestehen! Alle hätten mich für verrückt erklärt.

Interessant war eine andere Beobachtung. Bei einer Bewerbung am Krankenhaus von München-Pasing bekam ein Kollege den Zuschlag, den ich zufällig kannte und der mir an fachlicher Kom-petenz nicht überlegen, aber Mitglied der CSU geworden war. Hier wurde ich auf andere Weise an den Osten erinnert!

Eines Tages kam ich von unserer jährlichen zentralen Fortbildung in Bonn sonntags nach Hause, als meine Tochter mir einen Arti-kel im Ärzteblatt zeigte. Die „Klinik am Eichert" des Landkreises Göppingen suchte einen neuen Chefarzt oder eine Chefärztin für das Institut für Pathologie, da der damalige Stelleninhaber altershalber im folgenden Jahr ausschied. Die Einsendung der Bewerbungen sollte bis vor zwei Tagen erfolgt sein. Ich rief mei-nen Kollegen, den Noch-Chefarzt, Herrn Dr. Schwarzkopf, an und fragte ihn, ob es noch Sinn hätte, mich zu bewerben. Er meinte, ich solle meine Unterlagen zusammenpacken und noch heute losschicken, was ich dann tat.

Komischerweise hatte ich bei dieser Bewerbung wenig Hoffnung auf Erfolg. Unter 14 Bewerbern, darunter Kollegen aus Baden-Württemberg und von der Universität Ulm, zu der die Klinik in Göppingen als Lehrkrankenhaus gehörte, war ich die einzige Frau. Ich sagte zu meinen Kollegen in Mainz: „Ich versuche es halt mal, aber ich bin Nichtschwäbin und zudem noch eine Frau." Doch die Vorgespräche gestalteten sich schon sehr positiv, und bald merkte ich, dass diese damals noch 1000-Betten-Klinik mit allen Abteilungen, die man auch an den Universitätskliniken hat bis auf eine Hautabteilung, mir geradezu auf den Leib geschrieben war. Hier brauchte man ein breites diagnostisches Spektrum, was ich in der Ausbildung und auch später erworben hatte. Daneben konnte ich die Tumor-Diagnostik, die mich in der Routine immer am meisten interessiert hatte, mit Hilfe der Etablierung eines auf hohem Niveau arbeitenden Immunhistologischen Labors konsequent weiterentwickeln. Es gab sogar in der Inneren Klinik eine Nephrologische Abteilung, deren Leiter, Herr Dr. Hanelt, sich über meine Kenntnisse auf dem Gebiet der Nierenpathologie freuen würde.

Während meine Bewerbung lief, erhielt ich einen telefonischen Anruf von Herrn Professor Eder, dem Ordinarius des Instituts für Pathologie der Ludwig-Maximilians-Universität in München, der mir eine C 3-Professur anbot. Ich war etwas verunsichert, sagte ihm aber ehrlich, dass ich mich gerade in Göppingen beworben hätte und erst mal abwarten wolle, was dabei herauskäme. München war zwar verlockend und eine Ehre für mich, hieß aber wieder, einen Chef über mir zu haben. Ich wollte im letzten Drittel meiner beruflichen Laufbahn einmal selbst etwas gestalten!

In Göppingen mussten die Bewerber verschiedene Gremien durchlaufen, ehe über die letzten Drei nach ihrem Vortrag im Kreistag in geheimer Wahl abgestimmt wurde. Ich war an zweiter Stelle dran, nach mir noch ein Kollege mit seinem Vortrag. Da ich nicht an einen Sieg glaubte, ließ ich mich vom Fahrer des Landrats, der mich mehrmals bei meinen Besuchen in der Stadt gefahren hatte, dazu verführen, in der Zwischenzeit einen Kräuterschnaps mit ihm zu trinken. Es war mein erster, und ich glaubte, dass man das in zehn Minuten schaffen könnte. Plötzlich wurde die Tür aufgerissen, jemand rief: "Hier sind Sie! Wir suchen Sie, denn

Sie haben die Wahl gewonnen!" Ich war wie benebelt, stürzte hinter dieser Person hinterher und verfluchte mich, weil ich mir nicht einmal überlegt hatte, was ich in dieser Situation sagen würde! Als ich in den Saal kam, hatte der Landrat dem Auditorium gerade mitgeteilt, dass die Frau Professor mit seinem Fahrer durchgebrannt sei, so dass eine lustige Stimmung herrschte. Von 55 abgegebenen Stimmen hatte ich laut Presse 50 bekommen. Es war überwältigend! Von meinen männlichen Mitbewerbern habe ich ausschließlich nette, teilweise auch originelle Glückwünsche bekommen. Lange konnte ich diese Welle der Sympathie, die mir von allen Seiten entgegenschlug, aber nicht genießen, denn ich musste so schnell ich konnte zurück nach Mainz zur Abiturfeier meiner Tochter.

Auch Natalie hatte an diesem Tag im Juni 1988 ihr großes Erfolgserlebnis. Sie hatte das Abitur am Rabanus-Maurus-Gymnasium mit einer guten Note bestanden. Als ich in Finthen, wo gefeiert werden sollte, eintraf, hatte sie ihren Lehrern schon von meinem Erfolg berichtet, und es herrschte Hochstimmung bei uns beiden. Im September sollte sie mit dem Medizinstudium in Budapest beginnen. Sie hatte sich mit dem Zeugnis vom Vorjahr auf Anraten unserer ungarischen Freunde an der Semmelweis-Universität beworben, weil sie wegen des in Deutschland herrschenden Numerus clausus keine Chancen auf einen Studienplatz gehabt hätte. Das kommunistische Ungarn war clever genug, das Studium der Medizin sowohl in deutscher als auch in englischer Sprache anzubieten, allerdings gegen Studiengebühren in D-Mark. Wir warteten jetzt auf eine Zusage der Universität.

Ich sollte meine Stelle in Göppingen erst im nächsten Jahr, am 1. April 1989, antreten. Das hätte gut gepasst, denn dann hätte ich nach Natalies Studienbeginn in Ruhe meine Verpflichtungen an der Universität Mainz zurückfahren und abschließen und später mit der Organisation des Umzugs beginnen können. Doch es kam anders. Natalie erhielt zuerst eine vorläufige Absage aus Budapest, jedoch die Option, im Nachrückverfahren vielleicht doch noch einen Studienplatz zu bekommen. Sie bekam schließlich in letzter Minute eine telefonische Zusage, hatte sich aber inzwischen entschlossen, noch ein Jahr in Mainz zu bleiben und auf ihren damaligen Freund zu warten, der erst im nächsten Jahr das

Abitur machen konnte. So hatte sie ohne Rücksprache mit mir den Studienplatz zurückgegeben. Ich war verzweifelt! Doch sie meinte nur, sie hätte sich den Platz für das nächste Jahr aufheben lassen, und ich sollte mich nicht aufregen. Das bedeutete für mich, dass ich, als ich schon in Göppingen mit der Arbeit begonnen hatte, jedes Wochenende nach Mainz fahren und den Haushalt dort mit Einkaufen, Kochen, Waschen und Putzen besorgen musste. Sie hatte währenddessen bei einer Versicherung eine Stelle angetreten, um etwas Geld zu verdienen.

Im August 1989 war es dann endlich soweit, dass ich mit ihr zur Immatrikulation nach Budapest fahren konnte. Als wir in unser Auto stiegen und das Radio einschalteten, hörten wir plötzlich, dass sich Tausende von DDR-Bürgern auf dem Wege nach Ungarn befanden, nachdem bekannt geworden war, dass es einigen DDR-Bürgern am 19. August während des Paneuropäischen Picknicks unter Mitwirkung von Otto von Habsburg gelungen war, die für eine kurze Zeit offene Grenze nach Österreich am Neusiedler See zu durchbrechen. Der DDR-Rundfunk mit Karl Eduard von Schnitzler dementierte die Meldungen als westliche Feindpropaganda.

Durch meine Vertretungen hatte ich mir nach zehn Jahren Fahrt mit einem roten VW Polo einen 3er BMW kaufen können, der gerade eingefahren war. Wir genossen den ungewohnten Sitzkomfort und waren guter Dinge, als wir nach Wien über die Grenze nach Ungarn einfuhren. Inzwischen war es schon dunkel geworden, so dass ich das Licht einschalten musste. Plötzlich, in einem kleinen Ort nach der Grenze, ging das Licht aus, das Auto blieb stehen und sprang auch nicht mehr an. So etwas hatte ich mit meinem kleinen Polo nie erlebt. Inzwischen hatte es begonnen, in Strömen zu regnen, so dass die Straßen fast menschenleer waren. Ich wollte in einem nahe gelegenen Gasthof unsere Freunde in Budapest, die uns erwarteten, telefonisch benachrichtigen, doch das Telefon ging nicht. Jedenfalls fand ich hier ein paar junge Männer, die unser Auto in eine Seltenstraße schoben und uns dort ein Privatquartier besorgten. In der Nacht hörte ich Stimmen in deutscher Sprache, offenbar von Landsleuten aus dem Osten, die hier auch übernachteten, aber am nächsten Morgen schon vor uns aufgebrochen waren. Unser Auto wurde in eine Werkstatt nach Raab (Györ) abgeschleppt und dort notdürftig wegen fehlender Ersatzteile repariert mit der Maßgabe, bei der Rückfahrt noch in Österreich eine Werkstatt aufzusuchen.

Als wir endlich in Budapest einfuhren, sahen wir überall DDR-Bürger auf den Straßen. Ich hielt an und fragte, ob ich sie mit in die Stadt nehmen sollte. Sie stiegen ein und erzählten, dass sie in ein Lager wollten, in dem schon viele Ostdeutsche darauf warteten, dass die Ungarn die Grenze nach Österreich öffneten. Ich bin in dieses Lager auf dem Csillaberc gefahren. Als ich die vielen „Trabants" und meine ostdeutschen Landsleute in den Zelten zwischen den Pfützen sah, kamen mir die Tränen.

Am Abend waren wir bei unseren ungarischen Freunden eingeladen, als es plötzlich klingelte. Wir erschraken, denn es wurde niemand erwartet. Als Márta öffnete, stand ein junges Paar vor der Tür und bat um Übernachtung. Der Mann war der Sohn eines ostdeutschen Kollegen aus Jena, den Márta persönlich, ich nur vom Namen her kannte. Beide wollten am nächsten Morgen ebenfalls in das Lager. Da ich sah, dass meine Freunde nicht genug zu essen für uns alle hatten, bin ich mit den jungen Leuten in ein Lokal gegangen. Sie taten mir unendlich leid. Wie gern hätte ich sie in meinem Auto auf der Rückfahrt mitgenommen! Aber das war unmöglich. Später haben sie mir geschrieben, dass ihre Übersiedlung geglückt wäre.

Natalies Immatrikulation in Budapest war sehr feierlich. Ich habe mir am nächsten Tag noch ein paar Vorlesungen der ungarischen Kollegen mit angehört, die mich überzeugten, dass meine Tochter hier gut aufgehoben war. Es war ein wenig von der alten Tradition der österreichisch-ungarischen K-und-K-Monarchie zu spüren. Natalie hat sich an der Semmelweis-Universität sehr wohl gefühlt und dort auch erfolgreich das Physikum bestanden, ehe sie in Deutschland weiterstudieren konnte. Noch heute hat sie aus dieser Zeit eine besondere Beziehung zu den Ungarn, zumal sie während des Studiums auch in der ungarischen Sprache unterrichtet worden ist.

Als ich im September 1989 nach Göppingen zurückkam, war ich noch immer aufgewühlt von den Ereignissen in Ungarn. Wenige Wochen danach erfolgte die Erstürmung der Prager Botschaft durch die Ostdeutschen, ehe die inzwischen fest etablierten Montagsmärsche in Berlin, Leipzig, Magdeburg, Dresden, Cottbus und anderen Städten mit dem Ruf „Wir sind das Volk" ihren Höhepunkt in der Überwindung der Mauer am 9. November erreichten. Eine Sternstunde der deutschen Geschichte, auch dank der Tatsache, dass diesmal die russischen Panzer unter Gorbatschows Herrschaft nicht eingegriffen hatten wie am 17. Juni 1953 in Berlin und anderen Großstädten der DDR und am 21. August 1968 in der Tschechoslowakei. Alle diese Brennpunkte der Geschichte hatte ich miterlebt und unter den Niederlagen gelitten. Ich war zwar zutiefst überzeugt, dass die deutsche Teilung nicht ewigen Bestand haben würde, konnte mir aber andererseits nicht vorstellen, dass ich in meinem Leben die Einheit Deutschlands noch erleben würde. Neben der Freude erfüllte mich eine tiefe Dankbarkeit, dass alles ohne Blutvergießen abgelaufen war.

## Die Zeit in Göppingen

So erfolgreich meine Wahl zur Chefärztin auch gewesen sein mochte. Ich wusste sehr wohl, dass es sich dabei um Vorschusslorbeeren handelte und ich in den nächsten Jahren beweisen musste, dass ich sie auch wirklich verdient hatte. Laut Vertrag war ein halbes Probejahr zu bestehen, so dass ich erst einmal ein Einzimmer-Appartement bezog, das die Klinik vorübergehend in dem Gebäudekomplex, der dem mittleren medizinischen Personal zur Verfügung stand, an mich vermietet hatte. Für Einladungen oder Übernachtungen von Freunden oder meiner Tochter war der Raum zu klein.

Im Institut für Pathologie waren die Umbauten in vollem Gange, die mir bei meiner Bewerbung versprochen und von meinem Vorgänger bereits mit geplant worden waren. So saß ich auch hier anfangs in einem provisorisch eingerichteten Zimmer, noch ohne Immunfluoreszenzmikroskop, das ich von Mainz her gewöhnt war und für die Diagnostik der Nierenbiopsien unbedingt brauchte. Mit übernommen hatte ich einen Oberarzt, der unter den Mitbewerbern gewesen war. Einige der Sekretärinnen und der medizinisch-technischen Assistentinnen hätten lieber einen männlichen Chef gehabt. Eine Frau als Chefin war man nicht gewohnt! Auch im Kreise der Chefarztkollegen war ich die einzige

Frau – und einer der Kollegen soll nach meiner Wahl gesagt haben: „Was soll ich denn mit einem Weib!". Als es mir berichtet wurde, habe ich nur geantwortet: „ Er soll gar nichts mit einem Weib, er soll nur meine Diagnosen lesen!" Später, als ich ihn einmal mit dieser Aussage konfrontierte, haben wir beide darüber gelacht und sind die besten Freunde geworden. Daneben hatte ich aber auch Kollegen, die mich von Anfang an unterstützt haben wie Professor Roland Eisele, der Chef der Chirurgie, Dr. von Buch, der damalige Ärztliche Direktor, Professor Eberhard Schmid, der Chef der Inneren Klinik, Professor Heiner Sigel, der Chef der Kardiologie und einige andere. Die größte moralische Unterstützung habe ich in all den Jahren aber durch meinen Freund Dr. Hubert Bongen erfahren.

Ich erinnere mich, als wäre es gestern, wie ich eines Abends an einem Wochenende – ich fuhr immer noch an den Wochenenden zu meinem Mainzer Reihenhaus – mein Zimmer im Institut für Pathologie in Mainz ausräumte und in der Stille der Nacht die hier verbrachten glücklichen Jahre in meinem Geist vorüberziehen ließ. Plötzlich musste ich heulen. Ich dachte: Jetzt, wo du hier Anerkennung und Reputation erworben hast, gehst du mit fast 50 Jahren woandershin und stellst dich dort noch einmal auf den Präsentierteller und setzt dich der Kritik aus. Inzwischen hatte die Universitätsverwaltung die wenigen Stellen, die sie kurz vor meiner Bewerbung auf sechs Jahre begrenzt hatte, wieder zurückverwandelt in Stellen auf Lebenszeit, da man gemerkt hatte, dass man sonst gerade die erfahrenen Mitarbeiter verlor. In Göppingen erwartete mich keine Beamtenstelle. Doch dann fragte ich mich: „Willst du noch 15 Jahre Oberarzt sein und Dinge tun, die du jetzt schon getan hast oder willst du einmal selbst etwas gestalten?" Und ich dachte an die Worte von Hermann Hesse: „Jedem Anfang wohnt ein Zauber inne ..." Die Entscheidung war gefallen.

Professor Thoenes, der eigentlich stolz auf sein „Ziehkind" war, hatte mich mit den Worten verabschiedet: „Es gibt kein Zurück." Das entsprach auch meinen Vorstellungen, doch wer konnte in die Zukunft blicken?

Ich war noch kein halbes Jahr in Göppingen, da zeichnete sich schon ab, dass ich dort bleiben würde, und ich begann mit der

Wohnungssuche. Ich litt unter der Enge des Einzimmer-Appartements, in dem ich mich nicht zu Hause fühlte und keine Freunde einladen konnte. Natalie fehlte mir. Wenn ich spät abends mit der Arbeit fertig war, saß ich allein in diesem einen Zimmer! Anfangs suchte ich nach einer Wohnung, da ich glaubte, dass ich allein kein Haus ausfüllen könnte. Dann lernte ich aber, dass eine Wohnung im Vergleich zu einem Haus gar nicht so viel billiger war. Schließlich überzeugten mich mein Vorgänger, Herr Dr. Schwarzkopf, und mein lieber Freund Dr. Bongen, ein Haus zu kaufen.

Fast jeden Tag wartete ein Makler mit seinem Auto vor dem Eingang der Klinik auf mich und fuhr mit mir durch die Gegend. Eines Tages konnte ich zu Fuß zu einer solchen Hausbesichtigung gehen. Während ich auf den Makler wartete, ging ich um die Ecke und sah drei nebeneinander liegende Reihenhäuser am Rande der Siedlung mit einem freien Feld gegenüber dem Eingang und in Sichtweite der Klinik! Diese Häuser gefielen mir sofort. 14 Tage später wurde mir eines von ihnen angeboten, ein Reihenendhaus. Mein erstes eigenes Haus! Ich habe den Kauf nie bereut, hatte auch nie den Eindruck, dass ich es nicht ausfüllen konnte. Im Laufe der Jahre habe ich es ganz nach meinen Wünschen innen gestaltet und eingerichtet. Für den kleinen Garten hinter dem Haus hatte ich meine besonderen Vorstellungen mit Hilfe eines Gartenbauarchitekten verwirklicht, dem die Umsetzung offenbar selbst Spaß machte. Jetzt fühlte ich mich auch im privaten Bereich wohl, und es fiel mir nun leichter, den Abschied von Mainz, das ich so geliebt hatte, zu überwinden.

Der Fall der Mauer hatte zur Folge, dass ich im wiedervereinigten Deutschland noch einmal einen Antrag auf Rehabilitierung wegen meiner Verhaftung in der damaligen DDR stellen musste, obwohl ich nach meiner Übersiedlung in die Bundesrepublik bereits einen solchen gestellt hatte und in Frankfurt am Main rehabilitiert worden war, bevor ich mit der Arbeit an der Universitätsklinik in Mainz begonnen hatte. Ich nahm einen Rechtsanwalt. Anlässlich eines Treffens mit ihm erwähnte ich, dass ich in der DDR einmal ein Mehrfamilienhaus, Baujahr 1906, mit einer Gastwirtschaft im Untergeschoss besessen, dies aber dem DDR-Staat geschenkt hätte. Als mein Vater 1961 starb, hatte ich dieses Haus in der Holsteiner Str. 1 in Magdeburg-Südost geerbt. Da ich anfangs noch in Leipzig studierte, später dort als wissenschaftliche Assistentin arbeitete, hatte ein Freund meines Vaters, der im ersten Stock wohnte und zugleich Pächter der Gastwirtschaft war, für mich die Verwaltung des Grundstücks übernommen. Außer ihm wohnten noch fünf weitere Mieter dort, die zwischen zwölf und 45 Ostmark monatlich zahlten. Mit übernommen hatte ich beim Antritt der Erbschaft eine monatliche Zahlung von 250 Ostmark an eine ältere Witwe, da mein Vater das Haus neben der Zahlung eines bestimmten Betrags auf Rentenbasis von ihr gekauft hatte. Die Mieten kamen auf ein Sonderkonto, von dem ich nichts für mich privat entnahm. Wenn die Mieter etwas brauchten und Geld dafür auf dem Konto war, haben sie es bekommen, zum Beispiel einen neuen Ofen oder neue Fenster. Etwa 15 Jahre kamen wir so über die Runden.

In den letzten Jahren wurde ich jedoch zunehmend unruhiger, denn jedes Jahr, wenn ich nach dem Grundstück schaute, wies mich der Verwalter immer eindringlicher darauf hin, dass bestimmte Reparaturen an dem Dach, dem Zaun sowie Elektro- und Sanitärarbeiten nötig wären, ohne dass das Geld dafür vorhanden war. Ich war ratlos, wollte das Haus aber auch nicht verkommen lassen. So entschloss ich mich, es dem Staat zu übergeben. Der nahm jedoch anfangs nur Einfamilienhäuser. 1975 rief mich mein ehemaliger Rechtsanwalt aus Leipzig, der mich bei den Erbschaftsangelegenheiten unterstützt hatte, an und teilte mir mit, dass der Staat jetzt auch Miethäuser übernähme. Diese müssten allerdings schuldenfrei sein. Auf dem Grundstückskonto waren wenige Hundert Ostmark. So schrieb ich sofort dem Rat der Stadt Magdeburg, dass ich mein Haus dem Staat übergeben wolle. Die Übergabe zog sich durch den Verwaltungsweg, den ich auch noch bezahlen musste, einige Monate hin und erfolgte schließlich Anfang 1976. Ein Jahr später wurde ich in der DDR verhaftet.

Bei meiner Übersiedlung habe ich wahrheitsgemäß angegeben, dass ich mein Haus dem DDR-Staat wegen drohender Überschuldung übergeben habe. Somit habe ich auch keinen Lastenausgleich dafür bekommen.

1992 bin ich mit meinem Rechtsanwalt von Göppingen nach Magdeburg gefahren, um mich um das Grundstück zu kümmern. Dabei erfuhren wir beim „Amt zur Regelung offener Vermögensfragen", dass das Haus „rückübereignet" werden könnte, wenn wir nachweisen könnten, dass die damals bevorstehenden Investitionen etwa in Höhe des Einheitswertes hätten erfolgen müssen. Mit Hilfe der Kommunalen Wohnungsverwaltung und einer Mieterin, die Architektin war, gelang uns das. Zusätzlich fanden wir beim Liegenschaftsamt in Magdeburg noch eine amtliche Notiz über eine Begehung des Grundstücks durch Experten nach meiner Übergabe, die ebenfalls festgestellt hatten, dass Investitionen notwendig waren.

Monate später erhielt mein Rechtsanwalt von der Stadt Bescheid, dass das Haus nicht zurückgegeben würde, da zum Zeitpunkt des Übergangs in Volkseigentum keine Überschuldung vorgelegen noch eine solche gedroht hätte. Doch hat der DDR-Staat zu dieser Zeit gar keine Mietshäuser übernommen, wenn sie verschuldet waren, so dass ich das Haus vor einer Verschuldung übergeben musste! Schließlich haben wir auch vor Gericht gegen die Stadt Magdeburg verloren. Dabei wollte ich in das Haus investieren und es in Übereinstimmung mit den Mietern, von denen mich noch einige kannten, modernisieren. Etwa ein Jahr später kam auch das Bundesverfassungsgericht in Karlsruhe zu der Auffassung, dass man davon ausgehen könnte, dass niemand in der DDR freiwillig sein Grundstück dem Staat geschenkt hätte, sondern in der Regel dann, wenn er es auf Grund der niedrigen Mieten nicht mehr halten konnte. Von einer wirklich „eigenen" Entscheidung könne keine Rede sein. „Kalte" und förmliche Enteignungen seien gleichermaßen diskriminierend, so dass es den Grundsatz der Gleichbehandlung verletze, wenn nur eine Gruppe, die Zwangsenteigneten, in den Genuss von Entschädigungen komme. Begünstigt waren allerdings nur Fälle, die noch nicht rechtskräftig entschieden waren. Wir hatten keine Berufung eingelegt. Ich hatte den jahrelangen Kampf so satt!

Anfangs hatte ich geglaubt, dass irgendjemand aus Magdeburg an dem Objekt interessiert gewesen wäre und ich es deswegen nicht bekommen hätte. Das war offenbar nicht der Fall, denn später, als ich einmal wieder an dem Haus vorbeikam, erschrak ich über dessen Zustand. Der Freund meines Vaters, der ehemalige Pächter der in der unteren Ebene gelegenen Gastwirtschaft und

Mieter der Wohnung im ersten Stock, der mir bei der Verwaltung geholfen hatte, war inzwischen gestorben. Die Pächter der Gastwirtschaft hatten mehrfach gewechselt. Die älteren Mieter waren verstorben, andere wegen ungeklärter Eigentumsverhältnisse ausgezogen. Das Haus verkam zusehends. Eines Tages sah ich abends nur noch in zwei Wohnungen Licht brennen. Die übrigen standen offenbar leer. Mir krampfte sich das Herz zusammen! Dass man sich das in unserer Bundesrepublik leisten konnte!

Vor wenigen Jahren erfuhr ich, dass das große Haus mit Grundstück an eine einzige Familie für 10.000 Euro zwangsversteigert worden sei. Meine Gerichtskosten waren höher gewesen! Ich wunderte mich nur, dass eine einzige Familie darin leben sollte, wo mindestens drei bis vier Familien Platz gehabt hätten. Dann kam die Aufklärung: Die Bewohner der meinem ehemaligen Haus gegenüberliegenden Wohnungen hatten über längere Zeit beobachtet, dass dort öfter schwarze Limousinen vorfuhren und hatten dies eines Tages der Polizei gemeldet. Die soll dann bei einer Razzia entdeckt haben, dass der Eigentümer in den Räumen Cannabis angebaut hätte.

Das ist die Geschichte meines Hauses. Wenn ich sie nicht selbst erlebt hätte, hätte ich sie nicht geglaubt.

## Die Geschichte mit meiner Mutter

Eine ganz andere Geschichte ist die mit meiner Mutter, die nach dem Fall der Mauer eine entscheidende Wende bekam. Nachdem ich mich in Mainz einigermaßen eingelebt hatte, begann ich, meine leibliche Mutter zu suchen. Ich hatte im Alter von etwa sieben Jahren von den Kindern auf der Straße gehört, dass ich nicht das „richtige" Kind meiner Eltern sei und hatte daraufhin im Schreibtisch meines Vaters nachgeforscht und einen sogenannten Ahnenpass gefunden, in dem meine Vorfahren aufgelistet waren, die vorwiegend aus Hessen stammten. Meinen Eltern hatte ich nichts davon erzählt. Als ich zehn Jahre alt war, starb meine Adoptivmutter, ohne dass ich je mit ihr darüber gesprochen hätte. Erst mit 14 Jahren klärte mich mein Adoptivvater auf. Die Tatsache, dass ich ein Adoptivkind war, spielte keine Rolle in der Beziehung zu meinen Eltern, die ich beide sehr geliebt habe. Durch den frühen Tod meiner Adoptivmutter hatte ich danach ein besonders enges Verhältnis zu meinem Adoptivvater, das mich für mein ganzes Leben geprägt hat. So lange er lebte, wäre ich nie auf die Idee gekommen, nach meinen leiblichen Eltern oder auch nur nach meiner leiblichen Mutter zu suchen, um ihn nicht zu verletzen.

Kurz nach seinem Tod 1961 wurde die Mauer errichtet, und das Bundesland Hessen lag im Westen – für mich unerreichbar. Erst nach meiner Übersiedlung 1977 in die Bundesrepublik Deutschland begann ich, ernsthaft darüber nachzudenken. Aus dem Ahnenpass wusste ich, dass meine Mutter in Friedberg in Hessen geboren und bei meiner Geburt 20 Jahre alt gewesen war. Und Mainz war nicht weit von Friedberg entfernt. Nachdem meine Tochter und ich in der Landeshauptstadt von Rheinland-Pfalz einigermaßen heimisch geworden waren, beschlossen wir Anfang der 80er Jahre, meine Mutter zu suchen und fuhren mit unserem roten VW Polo eines schönen Tages nach Friedberg. Die hessische Kleinstadt mit historischem Stadtkern war uns auf Anhieb sympathisch. Wir gingen zum Rathaus und trugen unser Anliegen vor. Dort kannte man die Familie meiner Mutter. Ihr Vater war Tierarzt in Friedberg gewesen, allerdings inzwischen verstorben. Meine Mutter sei nach Berlin verzogen, wurde uns gesagt, und man gab uns die Adresse.

Zu Hause in Mainz überfielen mich Zweifel, ob es richtig wäre, nach ihr zu suchen, zumal auch Freunde und Bekannte meinten, dass ich doch gar nicht wüsste, was für eine Frau sie wäre. Es hat eine Weile gedauert, bis ich mich hinsetzte und einen Brief an die Berliner Adresse schrieb. Der Brief kam zurück mit dem Vermerk „Unbekannt verzogen".

Wieder vergingen Jahre. Inzwischen wohnte ich schon in Göppingen. Nach dem Mauerfall kam ich auf die Idee, das Einwohnermeldeamt in dem jetzt geeinten Berlin anzurufen. Die Sachbearbeiterin schaute in den Computer, fand aber nicht den Namen, den ich ihr genannt hatte und fragte mich, ob meine Mutter, die Witwe war, noch einmal geheiratet hätte, was ich natürlich nicht wusste. Erst als ich ihr das Geburtsdatum nannte, fand sie die Gesuchte.

Diese sei allerdings 1984 nach Braunschweig verzogen. Ich bekam die Adresse, sollte aber die Telefonnummer bei der Auskunft erfragen. An einem Freitag vor Pfingsten 1993 wählte ich zitternd die Nummer. Am anderen Ende der Leitung meldete sich eine warme, weiche Stimme. Sie war es! Als ich meinen Namen sagte, fragte sie: „Muss ich Sie kennen?" Ich nannte mein Geburtsdatum, und da wusste sie Bescheid. Am liebsten hätte sie gehabt, dass ich gleich nach Braunschweig käme. Ich wollte ihr jedoch Zeit lassen, zumal ich in der Woche nach Pfingsten zum Kongress der Deutschen Gesellschaft für Pathologie fahren und anschließend eine Radtour mit Kollegen unter Leitung meines ungarischen Freundes Laszlo Füzesi machen wollte. Alles war schon seit Monaten geplant. So schlug ich ihr vor, dass wir uns in wenigen Wochen zu Beginn meines Urlaubs in Göppingen treffen könnten. Sie war einverstanden. Ihr Zug sollte gegen 16.00 Uhr in Göppingen eintreffen. Wir hatten ausgemacht, dass sie, falls wir uns nicht erkennen, einfach auf dem Bahnhof stehen bleibt, bis die übrigen Ausgestiegenen verschwunden waren. Der Zug lief ein, und ich erschrak: Noch nie hatte ich so viele Reisende in Göppingen aussteigen sehen! Plötzlich kam eine weißhaarige Dame im Glenscheck-Kostüm mit roter Seidenbluse langsam den Bahnsteig entlang, die mit schönen, dunklen Augen suchend um sich blickte. Und da hatten wir uns gefunden! Wir haben dann drei Tage miteinander verbracht,

in dem wir uns gegenseitig unser Leben erzählt haben. Dabei erfuhr ich, dass meine Mutter insgesamt drei Töchter hatte, von denen die älteste bereits 1984 gestorben ist. Ich sei die mittlere und hätte noch eine jüngere Schwester in Braunschweig, wo sie jetzt auch lebe. Als ich sie später zum Bahnhof brachte, meinte sie: „ Es ist nicht so einfach, mit 74 Jahren ein Kind zu kriegen." Offenbar wusste die Familie nichts von meiner Existenz.

*Der erste Besuch meiner Mutter in Göppingen im Juni 1993*

Ich flog am nächsten Tag nach Genf und traf mich dort mit einer kleinen Gruppe, mit der ich zu einer Velo-Tour durch die Provence und die Camargue aufbrechen wollte. Die Reise hatte ich in Göppingen gebucht. Wir fuhren mit dem Zug gemeinsam nach Avignon und bekamen dort die Fahrräder ausgehändigt. Wir waren etwa zwölf Urlauber, die meisten von ihnen Schweizer. Da ich beruflich eine sitzende Tätigkeit hatte, wollte ich mich wenigstens im Urlaub bewegen. Am zweiten Tag passierte es.

Die Route dieses Tages führte von Remoulins über Cabrières nach St. Gilles. Am Vormittag hatten wir den Viadukt Pont-Du-Gard besucht. Nach einem kleinen Picknick auf einer Waldlichtung fuhren wir auf relativ verkehrsarmen Nebenstraßen weiter, die das Nebeneinanderfahren gestatteten. Gegen 13.00 Uhr durchfuhren wir einen kleinen Ort. Am Ortsrand mussten wir auf eine Landstraße nach links einbiegen und hatten dabei die Vorfahrt zu beachten. Mindestens sechs Radfahrer von uns waren schon auf dieser Straße, die nach links leicht anstieg. Auf der Höhe befand sich ein Bahnübergang. Ich erinnere mich, dass ich angehalten, nach beiden Seiten geschaut habe und dann wieder losgefahren bin. Danach habe ich keine Erinnerung. Eine zu dieser Zeit neben mir fahrende Schweizerin berichtete später, dass auch sie kein Auto gesehen hätte, aber durch den Ruf „Auto" des Sohns einer ebenfalls mit uns fahrenden Familie gewarnt worden und noch von ihrem Fahrrad abgesprungen sei, während ich weiter gefahren wäre.

Ein von links kommender Pkw hatte mich mit offenbar hoher Geschwindigkeit erfasst, obwohl ich schon die Straße überquert hatte. Durch die Wucht des Aufpralls bin ich gegen die Windschutzscheibe geflogen und auf die Straße zurückgeworfen worden, wie mir die anderen später berichtet haben. Ich blieb dort bewusstlos mit einem Bruch von Unter- und Oberschenkel sowie von acht Rippen liegen. Mein Helm war in vier Teile zerbrochen, hat mir aber offensichtlich das Leben gerettet. Die Autofahrerin, die an jenem Tag mit dem Auto ihres Schwiegervaters zum Arzt unterwegs war, hat später in der gerichtlichen Auseinandersetzung durch ihren Rechtsanwalt erklären lassen, dass sie, um die rechts von ihr an der Straßenkreuzung noch wartenden Radfahrer nicht zu gefährden, nach links ausgewichen wäre. Dabei hatte sie mich offenbar nicht gesehen und erfasst.

Von den Mitreisenden erfuhr ich später, dass es fast eine Dreiviertelstunde gedauert hätte, bis der Krankenwagen aus dem ca. 23 Kilometer entfernten Nimes gekommen wäre. Dann allerdings hätte man eine Infusion noch auf der Straße angelegt. Die Mitreisenden hätten sich in der Zwischenzeit rührend um mich gekümmert, besonders Anita aus Bern, die dann viele Stunden im Krankenhaus als Dolmetscherin zu Verfügung gestanden hat. Ich bin erst einige Stunden später im Bett einer Krankenstation der Universitätskliniken in Nimes aufgewacht, ohne zu wissen, wo ich mich befand und was mit mir passiert war, umgeben von französisch sprechenden Schwestern und Ärzten. In der Schule hatte ich Russisch, Englisch und Latein gelernt! Alles, was ich in der französischen Sprache konnte, hatte ich aus Kinofilmen behalten. Einmal habe ich nach der Schwester geklingelt und, als sie kam, zu ihr gesagt: „Grande Douleur!" Da ergoss sich ein Schwall von französischen Lauten über mich, mit dem sie wohl ausdrücken wollte, dass ich genug Schmerzmittel mit dem Tropf, an dem ich hing, bekäme. Ich habe nie wieder geklingelt.

Die Reise war Gott sei Dank bei einer Schweizer Assekuranz versichert. Meine arme Tochter, die inzwischen in Berlin studierte und über die Nachricht von meinem Unfall zu Tode erschrocken war, kam nach Nimes und begleitete meinen Rücktransport nach Stuttgart im Flugzeug der Deutschen Rettungsflugwacht. Dort erwartete mich ein Krankenwagen aus Göppingen, der mich in meine Klinik brachte.

Als ich richtig erfassen konnte, was passiert war, war ich total traurig, denn eigentlich wollte ich in der Klinik arbeiten und nicht dort liegen! Mein Zustand bedeutete Totalausfall für mehrere Monate. Ich war verzweifelt und bin noch heute meinem Freund Laszlo Füzesi dankbar, der meine Vertretung übernahm, und seinem damaligen Chef, Herrn Professor Christian Mittermayer, der ihn im Institut für Pathologie der RTU Aachen freistellte. Ebenso dankbar bin ich den vielen Göppinger Kollegen, die mich behandelt und besucht und mir Mut zugesprochen haben.

Eigentlich hatte ich diese Reise nie vorgehabt. Ich wollte zur gleichen Zeit ursprünglich eine Wandertour in Norwegen bis hin zu den Lofoten machen, doch diese Tour kam wegen zu geringer Teilnehmerzahl nicht zustande. Die Velo-Tour buchte ich dann auf Vorschlag des Reisebüros in Göppingen als Ersatz, da ich mich unbedingt im Urlaub körperlich bewegen wollte. Was so gut angedacht gewesen war, war mir jetzt zum Verhängnis geworden.

Wochenlang haderte ich mit dem Gedanken, warum gerade mir dieser Unfall passiert war, bis ich eines Tages begriff: So kommst du nicht weiter. Du musst dein Denken ändern! Es hat dich zwar getroffen, aber du hast einen Schutzengel gehabt. Du hast überlebt! Mach was draus! Von da an ging es wieder aufwärts.

## Die große Enttäuschung

Gar nicht aufwärts ging es in beruflicher Hinsicht. Bei meinem Arbeitsantritt in der „Klinik am Eichert" hatte ich von der Kassenärztlichen Vereinigung Nordwürttemberg als Chefärztin für drei Jahre die Ermächtigung erhalten, Untersuchungen von Gewebeproben und Operationspräparaten durchzuführen und zu liquidieren, die mir von niedergelassenen Kollegen aus dem Umkreis geschickt wurden. Natürlich waren dabei Abgaben an die Klinik zu leisten. Da wir keine Hautabteilung im Hause hatten, war ich froh, dass ich dadurch von den niedergelassenen Kollegen Hautproben bekam. So stand mir das gesamte Spektrum der Pathologie zu Verfügung.

Die Pathologie ist eine Erfahrungswissenschaft. Je mehr man gesehen hat, umso besser und sicherer ist man in der Diagnostik. Es dauert etwa drei Jahre, bis man Reputation bei den Einsendern erlangt hat. Gerade, nachdem ich diese Aufbauphase erfolgreich hinter mich gebracht hatte, verweigerte mir der Zulassungsausschuss der Kassenärztlichen Vereinigung die Fortsetzung meiner Ermächtigung mit der Begründung, die niedergelassenen klinischen Kollegen müssten zu einem niedergelassenen Facharzt für Pathologie und dürften nicht zu einem Chefarzt dieser Fachgruppe in der Klinik schicken.

Zu dieser Zeit hatte sich gerade ein Kollege in Göppingen niedergelassen. Ich war bereit gewesen, neue Einsender an ihn zu verweisen, aber ich war nicht bereit, für diejenigen Einsender, die explizit an mich senden wollten, keine Untersuchungen mehr machen zu dürfen. Das war gerade für mich, die aus dem Osten kam, ein schmerzlicher Eingriff in die Freiheit meiner Berufsausübung! Zudem war die Entscheidung nicht einmal kostensparend. Bisher konnten wir bei Patienten, bei denen eine Tumorerkrankung in der Biopsie diagnostiziert worden war und die dann in unsere Klinik zur Operation kamen, bei Unklarheiten in Minutenschnelle auf die Schnitte der Voruntersuchung zurückgreifen, die bei uns archiviert worden waren. Jetzt mussten wir erst einmal herausbekommen, wer die Voruntersuchung gemacht hatte, denn die Einsender von Präparaten für die Pathologie konnten ihr Material theoretisch auch an einen niedergelassenen Pathologen in Tübingen oder Stuttgart schicken, was sie teilweise auch praktizierten. Dann mussten wir diesen Kollegen bitten, uns die Schnitte zur Einsichtnahme zu übersenden. Das alles nahm Zeit und Geld in Anspruch. Noch schmerzlicher war für mich, dass ich, wenn ich über Jahre keine Hautpräparate mehr bekäme, an Erfahrung auf diesem Gebiet verlieren würde. Dabei war es mein Markenzeichen, ein breites Spektrum der Pathologie, darunter auch die Dermatopathologie, zu überblicken.

In der Mainzer Zeit, während der ich mich mit der „Nierenpäpstin" Madame Habib in Paris getroffen hatte, war bei mir die Entscheidung gefallen, dieses breite Spektrum meines Fachgebietes weiter zu pflegen, um in meiner Berufsausübung unabhängig von einer Universität zu sein, an der man mit einem Spezialwissen eher Unterschlupf findet. Ich wusste aber auch: Wenn du berühmt werden willst, solltest du dich ausschließlich der Nierendiagnostik zuwenden, wie das Madame Habib getan hatte. Wenn du alles andere weglässt, kannst du auf diesem Spezialgebiet, das nur wenige beherrschen, ganz in die Tiefe gehen und damit glänzen. Aber diesen Weg hatte ich eben nicht gewählt.

Ich fühlte mich so in meiner beruflichen und persönlichen Freiheit eingeschränkt, dass ich beschloss, vor das Sozialgericht zu gehen, obwohl ich eigentlich kein Prozessliebhaber bin und strittige Dinge lieber durch Überzeugung oder einen Kompromiss klären würde. Während des Gesprächs mit dem Rechtsanwalt vor der Verhandlung meinte dieser, dass ich gut vorbereitet gewesen wäre. Doch meine Argumente wurden gar nicht angehört. Die Sitzung war relativ schnell beendet, und ich hatte verloren! Ich war sprachlos und konnte mich des Eindrucks nicht erwehren, dass alles schon vorher beschlossen worden war. Auch mein Einwand, dass ich das gesamte Spektrum meines Fachgebietes brauchte, um junge Kollegen zum Facharzt ausbilden zu können, wie ich das seit über 20 Jahren an der Universität getan hatte, verhallte ungehört. Wenn heute über Nachwuchssorgen geklagt wird, kann ich nur mit den Achseln zucken. Die Verfahrensweise des Richters am Sozialgericht in Stuttgart hat mich sehr an meine Gerichtsverhandlung im Osten erinnert. Dort habe ich nach Errichtung der Mauer immer gesagt: „Du sitzt in einem großen Zuchthaus!", weil ich mich eingesperrt und hilflos fühlte. Jetzt sagte ich verzweifelt während der Fahrt von Stuttgart nach Göppingen: „Du sitzt in einem großen Irrenhaus!"

Als ich in die Klinik zurückkam, wo mich schon alle erwarteten, wollte man mich trösten und meinte, es wäre halt eine politische Entscheidung. Hier begann ich zum ersten Mal damit zu hadern, dass ich Rheinland-Pfalz verlassen hatte und nach Baden-Württemberg gegangen war, denn diese kompromisslose Haltung hatte sich damals noch nicht in allen Bundesländern durchgesetzt, am spätesten in Bayern.

Einige Kollegen aus den anderen Bundesländern rieten mir, mich am Krankenhaus niederzulassen und nur noch zur Hälfte als Chefärztin dort angestellt zu sein, ein Modell, das mein Nachfolger dann praktizierte, dem aber zur damaligen Zeit weder der Landrat noch der Verwaltungsdirektor zugestimmt haben. Vielleicht war ich auch nicht stark genug in der Diskussion, die ihren Höhepunkt erreicht hatte, als ich nach dem zweiten Aufenthalt aus der Reha-Klinik nach meinem Unfall zurückgekommen war, noch immer Gehstützen brauchte und meine alte Form noch nicht wieder erreicht hatte. Ich fühlte mich einfach allein gelassen.

In jener Zeit war für mich mein Haus ganz besonders wichtig. Wenn ich von der Arbeit heimkam, schloss ich die Tür und wollte niemanden mehr sehen bis auf meinen alten Freund Hubert, der immer treu zu mir gehalten hat und mit mir litt. Ich spielte ernsthaft mit dem Gedanken, das Krankenhaus zu verlassen und in eine niedergelassene Praxis in Freiburg einzusteigen. Dort begegnete mir jedoch ein junger Kollege, der Sohn des Praxisgründers, der derart ungeschickt mit mir verhandelte, dass ich schon auf dem Rückweg nach Göppingen diesen Gedanken wieder verwarf.

Ich versuchte, die positiven Seiten meiner Arbeit im Krankenhaus zu sehen. Ich hatte ein neues, technisch sehr gut ausgestattetes Institut, gute Mitarbeiter und klinische Kollegen, die mich schätzten und mit denen ich mich gut verstand. In meinem Haus fühlte ich mich wohl. Wollte ich wirklich wieder von vorn anfangen? Hatte ich dazu noch die Kraft mit Mitte 50? Andererseits war ich aber auch vor Gericht gegangen, um mir von der jüngeren Generation nicht einmal vorwerfen lassen zu müssen: „Ihr Älteren habt nichts gegen die Entscheidung der Politik getan, die Ökonomisierung und Reglementierung in der Medizin voranzutreiben." Ich hatte eben verloren, das musste ich akzeptieren. Und doch gehörte die Einschränkung meiner beruflichen Freiheit auf diese Weise zu den größten Enttäuschungen meiner Karriere!

Heute kann sich ein Pathologe an verschiedenen Orten niederlassen und daneben noch Chefarzt sein, ohne dass die Politik Anstoß daran nimmt.

## Die späteren Jahre in Göppingen

Ich hatte mich entschieden, in Göppingen zu bleiben. Inzwischen bekam ich immer mehr Einsendungen von niedergelassenen Pathologen aus Baden-Württemberg oder anderen Bundesländern mit der Bitte um spezielle immunhistochemische Untersuchungen, die in unserem Institut Routine waren, die die Kollegen aber aus Kostengründen nicht durchführen konnten oder die bei ihnen noch nicht etabliert waren. Diese Untersuchungen betrafen besonders die Diagnostik von Tumoren oder von Nierenerkrankungen. Sie waren mir vom Gesetzgeber gestattet und trösteten mich etwas.

1995 hatte mich meine Mutter zu meinem Geburtstag in Göppingen besucht und anschließend mit in die Gascogne genommen, um mich meiner Schwester Cornelie vorzustellen, die mit ihrem

Mann Michael seit einiger Zeit in Frankreich lebte. Beide haben mich sehr nett aufgenommen – aber es fehlen die Jahre gemeinsamer Vergangenheit. Daneben spielt sicher auch die große räumliche Entfernung eine ungünstige Rolle.

1998 wurde mein erster Enkel, Philipp, geboren. Obwohl ich das ganze Wochenende darauf gewartet hatte, bekam ich den Anruf am Montagmorgen im Institut. Dabei erfuhr ich, dass meine Tochter nur wenige Stunden in der Klinik bleiben wollte. Ich war hin und her gerissen zwischen Pflicht und Neigung! Da sagte mein Erster Oberarzt, der dies bemerkte: „Befunden Sie noch die Nierenbiopsien, und dann können Sie fahren." Ich war glücklich und dankbar, übergab die dienstlichen Aufgaben an meine Oberärzte, sprang in mein Auto und fuhr nach Dießen an den Ammersee, wo meine Tochter zu dieser Zeit wohnte. Schon nach kurzer Zeit bemerkte ich, dass ich meine Medikamente vor Aufregung vergessen hatte, doch ich kehrte nicht um. Als ich in Dießen an der Tür klingelte, erschien meine Tochter an der Tür und war selig, als sie mich erblickte. Es war für mich ein sehr bewegender Moment, als ich dieses nur wenige Stunden alte, zarte, kleine Wesen im Arm hielt! Und wir saßen viele Stunden am Körbchen und bestaunten ehrfürchtig den neuen Erdenbürger, der einige Jahre später noch zwei Brüder, Jakob und Johannes, bekommen sollte.

*Taufe meines jüngsten Enkels Johannes Pfingsten 2006*

Dank der Hilfe meines Freundes Laszlo hatte ich meine Ängste überwunden und war wieder auf ein Fahrrad gestiegen, so dass ich mich erneut an den Radtouren der überwiegend aus Pathologen bestehenden Gruppe unter seiner Leitung, immer im Anschluss an die Jahrestagung der Gesellschaft für Pathologie, beteiligen konnte. Wir hatten viel Spaß dabei und kehrten meist voller Elan an unseren Arbeitsplatz zurück.

Die 90er Jahre waren sowohl beruflich als auch privat geprägt durch die turbulenten Ereignisse, die die so lang ersehnte und dann doch am Ende überraschend schnell vollzogene Wiedervereinigung unseres Vaterlandes ökonomisch und politisch zur Folge hatten, und zwar nicht nur für Deutschland, sondern auch für den gesamten Ostblock und die übrige Welt.

So hatten sich die führenden Vertreter der Ärzteschaft der drei baltischen Staaten Estland, Lettland und Litauen nach der Wende an deutsche Kollegen in Berlin gewandt und um Unterstützung beim Anschluss an die deutsche und die europäische Medizin gebeten. Für die Pathologen hatte sich Herr Dr. Wegener, Chefarzt des Instituts für Pathologie des Klinikums Berlin-Moabit, eingesetzt und die Deutsch-Baltische-Ärztegesellschaft mitgegründet. Bis zu meinem Ausscheiden aus dem Beruf bin ich Mitglied gewesen. Wir trafen uns abwechselnd in Riga, Tallinn und Vilnius mit den baltischen Kollegen zum Erfahrungsaustausch in unseren Fachgebieten. Die deutschen Kollegen hielten Vorträge über moderne Methoden und die damit mögliche verbesserte Diagnostik der einzelnen Organkrankheiten unter dem Mikroskop. Diese Vorträge wurden simultan ins Russische übersetzt, da sich unter den Kollegen auch Russen befanden und außerdem diese Sprache in allen drei Ländern verstanden wurde, da sie dort seit der russischen Besetzung Amtssprache war. Es gab auch eine Möglichkeit der Hospitation von baltischen Kollegen in deutschen Krankenhäusern, um die neuen Methoden vor Ort zu erlernen. Gleichzeitig wurden Hilfstransporte moderner technischer Geräte zur Erkennung und Behandlung von Krankheiten, wie Sonographie- und Endoskopie-Geräte für die Innere Medizin, organisiert, für die Pathologie waren es Mikroskope und Färbeautomaten. Ich erinnere mich, dass eines Tages ein Hubschrauber der Bundeswehr auf dem Hubschrauber-Landeplatz unserer Klinik landete, um einen solchen Färbeautomaten aus unserem ehemaligen Laborbestand mit nach Köln zu nehmen, der dann dort einem größeren Transport mit weiteren Hilfsgütern auf Lastkraftwagen nach Tallinn mitgegeben wurde.

Gleich beim ersten Treffen in Riga hatte ich einen estnischen Kollegen, Dr. Vitali Leiba, kennengelernt, der sich besonders mit der Diagnostik der Nierenkrankheiten beschäftigte und deshalb meinen Namen aus der Literatur kannte. Er hat mehrmals in unserem Institut in Göppingen hospitiert, und kurz vor meinem Ausscheiden aus dem Beruf haben wir gemeinsam ein Kolloquium über die Erkrankungen der Niere in Riga bestritten. Für mich ein schöner Abschluss!

Auch nach meinem Ausscheiden blieben die persönlichen Kontakte bestehen, und bis zu seinem viel zu frühen Tod hat er mich noch mehrmals in Deutschland besucht, und wir haben zusammen mit Freunden selbst gemachten Borschtsch (russische Kohlsuppe mit Fleisch) gegessen und Krimsekt, den er mitgebracht hatte, getrunken.

Ebenfalls in den 90er Jahren gab es ein Treffen mit ehemaligen Mitschülern aus der Grundschule, später auch mit Schulkameraden aus der Oberschule in Magdeburg. Mit zwei von ihnen, Ilse und Gitta, treffe ich mich seitdem ein Mal im Jahr in irgendeiner deutschen Kleinstadt, die uns interessant erscheint oder an die wir nostalgische Erinnerungen aus der Schulzeit haben. Wir verstehen uns heute noch so gut wie damals!

Durch die Vermittlung meines ehemaligen Doktoranden in Leipzig, Dr. Gabriel Wähner, mit dem ich immer im Briefkontakt geblieben war, bekam ich eine Einladung seiner Seminargruppe, die ich als junge wissenschaftliche Assistentin am Institut für Pathologie betreut hatte, zu deren Treffen anlässlich ihrer 20, zehn Jahre später ihrer 30 Jahre zurückliegenden Immatrikulation an der Medizinischen Fakultät der Universität Leipzig. Zuletzt haben wir uns in einem Forsthaus in der Nähe von Dresden getroffen. Ich war ziemlich aufgeregt, ob wir uns nach so vielen Jahren noch erkennen würden. Es wurde ein sehr harmonisches Treffen. Meine ehemaligen Studenten sind längst gestandene Ärzte und Ärztinnen, und ich war richtig stolz auf sie.

Jährlich einmal trifft sich der größte Teil der Mitglieder meiner eigenen Seminargruppe aus der Studienzeit in Leipzig. Da einige von uns nach dem Physikum an der Medizinischen Akademie in Dresden weiter studiert haben und der Kontakt mit ihnen nie abgebrochen war, sind auch sie dabei. Unsere Zusammenkünfte haben bisher schon in Leipzig, Dresden, Halle, Erfurt und Görlitz stattgefunden.

Schließlich freue ich mich jedes Jahr auf die Zusammenkunft mit ehemaligen Mithäftlingen und deren Männern, die abwechselnd bei uns zu Hause oder an besonderen Jahrestagen auch einmal in Leipzig oder Berlin stattfindet. Wir treffen uns inzwischen seit über 30 Jahren, und immer ist das Zusammensein harmonisch und interessant. Als unsere Kinder noch klein waren, waren auch sie dabei. Jetzt tauschen wir Bilder und Berichte über unsere Enkel aus und machen manchen Witz über unsere Vergangenheit.

Jedes Mal genieße ich, dass ich ungehindert durch ganz Deutschland fahren kann und freue mich über die enorme Verbesserung

*Treffen mit ehemaligen Mithäftlingen in Göppingen 1998: Gitte, Karin, Eva, Regina und Rudolf (von links)*

der Infrastruktur sowie über die Fortschritte der Restauration der erhaltenswerten Bauten in den Städten der ehemaligen DDR. Erst jetzt erschließt sich mir der Reichtum an Schlössern und Burgen, Denkmälern unserer Kultur, die dort existieren und zu DDR-Zeiten teilweise zum Hauptsitz der Landwirtschaftlichen Produktionsgenossenschaft (LPG) umfunktioniert worden waren. Noch immer erlebe ich voller Staunen, wenn ich in Erfurt, das einmal zu Kurmainz gehört hat, das Mainzer Wappen an einem Gebäude entdecke.

Ich habe eine etwa gleich lange Zeit in Sachsen (18 Jahre) und in Baden-Württemberg (16 Jahre) verbracht und bemerkt, dass es viele Gemeinsamkeiten dieser beiden Bundesländer gibt, sowohl auf ökonomischem als auch auf kulturellem Gebiet. Unter den Dichtern und Denkern sind Goethe und Schiller sowie Wieland und Herder die markantesten Beispiele. Bei den Musikern und Komponisten denkt man vor allem an Robert und Clara Schumann oder an Carl Maria von Weber, bei den Malern an Otto Dix. Auf wirtschaftlichem Gebiet sind sowohl die Sachsen als auch die Baden-Württemberger Tüftler und Bastler. In beiden Ländern waren und sind die Textilherstellung, der Maschinenbau sowie die Automobilindustrie und die Herstellung optischer Geräte hoch entwickelt.

Die Tatsache, dass ich die Hälfte meines Lebens im Osten Deutschlands verbracht habe, betrachte ich heute als Gewinn. Ich habe die „Diktatur des Proletariats" erlebt und weiß deshalb den freiheitlich-demokratischen Rechtsstaat zu schätzen, wenngleich ich auch hier manche Entwicklungen in der Gesellschaft kritisch hinterfrage. Die Summe meiner Erfahrungen hat mich darin bestärkt, wie wichtig die persönliche Freiheit im Leben eines Menschen ist.

Professor Horst Gundermann, ein Hals-Nasen-Ohren-Arzt in Neuruppin, der in einem Buch den Kampf seiner Familie um die Entlassung aus der Staatsbürgerschaft der DDR schilderte, formulierte es folgendermaßen: „Jeder Mensch bedarf eines freien Verfügungsraumes für sein ganz persönliches Leben. Er hat ebenso Anspruch auf ein ‚Glück', das er sich nach seinem Maße formen darf und muss."

Kurz nach meiner Übersiedlung in die Bundesrepublik stieß ich auf ein Zitat von Perikles, griechischer Staatsmann und Philosoph vor unserer Zeitrechnung, der bereits vor über 2000 Jahren gesagt haben soll: „Das Geheimnis des Glückes ist die Freiheit, das Geheimnis der Freiheit aber ist der Mut!" Dieser Satz drückte genau das aus, was ich all die Jahre gefühlt hatte, und ich ließ ihn in eine kleine braune Tontafel eingravieren, die noch heute über unserer Eingangstür hängt.

Doch „die Freiheit ist kein Zustand, sie ist eine Aufgabe", wie Altbundespräsident Walter Scheel einmal gesagt hat. Möge es uns gelingen, diese Aufgabe zu erfüllen, damit die Freiheit in Europa und in der ganzen Welt eine Zukunft hat! Gerade in jüngster Zeit scheint die in Europa von den Völkern erkämpfte Freiheit zunehmend gefährdet und muss vehement verteidigt werden, ein Thema, das auch unseren jetzigen Bundespräsidenten Joachim Gauck bewegt. Dies schulden wir unseren Kindern und Enkeln!

*Es ist vorbei! Am Brandenburger Tor 1990*

# Danksagung

Dr. Jörg Bilke war der Erste, der meinte, ich solle meine Erlebnisse niederschreiben. Später waren es meine Freundin Dr. Regine Fassbender in Mainz, Landrat Weber in Göppingen sowie Dr. Robin Lohmann und Jean-Marc Culas, der damals Vorsitzender der Deutsch-Französischen Gesellschaft in Baden-Baden war und inzwischen leider verstorben ist, neben vielen anderen Freunden und Bekannten, die mich ermunterten, es zu tun. Allen voran natürlich meine Tochter Natalie! Doch ich war noch nicht so weit. Es brauchte Zeit, die traumatischen Erlebnisse zu verarbeiten, Distanz zu bekommen. Zudem war ich in den ersten Jahren nicht sicher, ob es die Menschen im Westen Deutschlands überhaupt interessierte. Andere gestanden mir, dass sie nicht danach gefragt hätten, um mir nicht wehzutun.

Erst, nachdem ich auf Bitten von Frau Dr. Wegner-Kirchhoff alljährlich vor Schülern der neunten Klassen der Klosterschule zum Heiligen Grab als Zeitzeugin berichte, bevor sie nach Berlin fahren und das Untersuchungsgefängnis der Staatssicherheit in Hohenschönhausen, das heute Museum ist, besichtigen, ist mir klar geworden, wie wichtig es ist, der jungen Generation die Grundwerte einer freiheitlich-demokratischen Ordnung zu vermitteln. Diese Generation hat die Mauer gar nicht erlebt! Noch immer tut es weh, wenn ich darüber spreche, und ich habe das Gefühl, in Schlamm und Morast hinabzusteigen, von dem ich mich so schnell wie möglich wieder befreien möchte. Inzwischen kann ich etwas besser damit umgehen und habe dieses Buch geschrieben.

Mein Dank gilt allen, die mir immer wieder Mut gemacht haben wie meine Tochter.

Herrn Dr. Bilke danke ich für die Übernahme des Lektorats, meinem Mann Dieter für die Hilfe bei den Arbeiten am Computer und die Gestaltung des Covers, Herrn Dr. Pröhuber und Herrn König vom Helios-Verlag für die gute Zusammenarbeit.